ホームルーム活動

理論と実践

玉井美知子 編著

ミネルヴァ書房

はじめに

　HR（ホームルーム）あるいはLHR（ロングホームルーム）という用語が日本の高等学校で使われてから45年余り経ちました。

　私が一高校教師として初めてHR担任となった当時，HRやLHRで教師としてなにをしたらよいのかよく理解していませんでした。着任した翌月から男女混成のHR担任となりましたが，週一回50分間のHRでは生徒たちはわいわいがやがやで手がつけられませんでした。一学期末が近づく頃，このままではいけないと考え何とかしなければとHR運営についての実践記録的な刊行物を，図書館や書店で探し求めたり諸先生におたずねしましたが，私の納得いくものはみつかりませんでした。そうなると後は自分流に計画しそれを実行することしか残っていません。

　私が最も知りたかったことは，HR員の一人ひとりと可能な限り教師は触れ合う機会をつくり，教師と生徒の信頼関係および生徒理解を築く方法はないだろうかということと，もう一つは，HRでの活動を通して個人の問題を解決するとか，全員でHR集団内の必要な役割を分担して相互理解ができるようにするにはどうすればよいか，ということでした。

　これらのことを求めつつ試行錯誤しながらLHR運営の実践をはじめました。

　それから数年が瞬く間に過ぎ，その間に文部省高等学校学習指導要領解説，特別活動編「ホームルーム活動」の執筆等を担当したり，実践記録を高校教育系の月刊誌などに連載していました。また，思いもかけない高校の諸先生から「これならやれる」と励ましの手紙やエールをいただきました。特に諸先生の中で今は故人となられた三先生，東京大学名誉教授の沢田慶輔先生（教育相談学），東京医科歯科大学名誉教授の島崎敏樹先生（深層心理学），文部省視学官，後に東京学芸大学教授の飯田芳郎先生（特別活動，生徒指導）から直接のご指導をいただきました。そのご助言を思えば感無量です。

　これが私の次のステップの大きな原動力となったのです。

　最近の高校生たちの行動は親，教師を途方に暮れさせ，「近頃の子どもは何を考えているのか，さっぱりわからない」と嘆かせていると聞きますが，私の教育経験とその反省では，必ずしもそうとは思われないところがたくさんあります。それは悩み・喜び・苦しみ・悲しみなどについて彼らが青年期に直接体験する諸事実には，共通した一定の普遍性があることです。もちろん，情報や技術の進歩が加速度的に速くなってきたことが原因で，現時点特有の若者の悩みも多いことは確かです。が，心身の問題，男女の人間関係に起因するトラブルなどは昔からほとんど変わら

ないものが圧倒的に多いようです。私が長い年月をかけて実感した真理です。

　それはHR活動を生徒とともに実践してみればわかることです。

　社会がいかに変化しようとも，新しい環境の中にも古い時代との共通不変の理念や方法があることを決して忘れてはいけないのです。私が本書を敢えて出版する決心をした理由はそこにあります。

　本書は，HR担任および教職を志す人のために，第Ⅰ部を「実践に結びつく理論と解明──新・青年期の探究」，第Ⅱ部は「HR活動の具体的展開──赤ペン先生（筆者のこと）と高校生」で，生徒の生の声をそのまま掲載しました。特に「班（グループ）日誌」や「HR活動展開実践例」などは原文のまま掲載してあります。読者のみなさまのご判読により新しい展開・実践のお役にたてればと願っております。

　1989年，教職員免許法の改正によって，教職専門科目の中に特別活動の領域が新設され，教師の専門科目以外に「個人及び社会の一員としての在り方，生き方や進路の問題」を重視した研修が養成されています。その一助として「HR活動を助けるキーワード」を3人の若い現職の専門家にご協力をいただき，本書の巻末に収録いたしました。

　その構成は，(1)生徒指導の理解を助けるキーワード（田中正浩氏　駒沢女子短期大学），(2)進路指導の理解を助けるキーワード（石川雅信氏　明治大学），(3)教育相談の理解を助けるキーワード（井口祥子氏　臨床心理士・スクールカウンセラー）の3本柱です。

　これらのキーワードは毎日のSHRで実際の高校生活と結び付けて活用し「一日一言」ということで生徒に話すことにも役立つことと思います。

　なお，本書は，主に第Ⅱ部において，拙著『青年期の探究（Ⅰ）（Ⅱ）』（日本放送出版協会，1966・72年）を加筆・修正し，現代の学校教育に反映されるよう再構成した。

　最後になりましたが，本書の刊行を快くひき受けてくださったミネルヴァ書房社長の杉田啓三氏，編集部の河野菜穂氏に心より御礼申し上げます。

2006年1月10日

玉井美知子

目　　次

はじめに

第Ⅰ部　実践に結びつく理論と解明——新・青年期の探究——

第1章　HR活動とは　3

1 HR活動の名称 …………………………………………………………… 3
2 HR活動の教育的意義 …………………………………………………… 4
3 HR活動の意義とは ……………………………………………………… 4
　① 自主性を育てる　4
　② 集団に対する所属感や連帯感を育てる　5
　③ 集団生活における問題解決の方法を学ぶ　5
　④ 自己理解を深め個性を伸長させる　6
　⑤ 人間としての在り方生き方の育成を図る　6
　⑥ HR活動を通して，生徒指導の全機能を集約し，その充実を目指す　6
4 HR活動の機能 …………………………………………………………… 7
　① 生徒指導の基礎的な場としての機能　7
　② 生徒の諸活動の単位組織としての機能　7
　③ 学校の事務的な仕事を処理する場としての機能　7
　④ 教育活動の他の諸領域との関連についての機能　8

第2章　HR集団の形成と運営　9

1 HRの組織の編成 ………………………………………………………… 9
　① 望ましいHRの組織　9
　② HRの組織の構成とそれぞれの機能　10
　③ 係の組織と機能　10
　④ 小集団（班・グループ）を編成する　11
2 SHRの運営 ……………………………………………………………… 11

第3章　HR集団がまとまりやすい人数とその教育効果　　17

1　集団内の成員の適切な人数は……17
 1　玉まわしの実験から得たこと　　17
 2　情報交換や話し合いにあてはめて　　19

2　小集団を編成する意義……19
 1　小集団編成の効果　　19
 2　編成の方法　　20
 3　小集団（班，グループ）編成替えの方法　　21

3　リーダーとメンバーの役割の経験……21
 1　リーダーとメンバーの分化　　21
 2　リーダーの資質と条件　　22

4　HR内の人間関係を育成する工夫……23
 1　生徒との人間的な触れ合いを重視する　　24
 2　生徒相互の信頼感の深化を図る　　24
 3　HR担任の提案による集団活動の具体的な方法　　24

第4章　実践記録──班日誌を通して所属感・連帯感・成就感を育てる──　　37

1　班日誌を使って……37
 1　班日誌に取りくむまで　　37
 2　班日誌までの過程　　38

2　2学期になっての状況……42

3　1年間をふりかえって……43

4　班日誌の実施とその考察……43
 1　班日誌の実施後の評価　　43
 2　班日誌で留意すること　　44

第5章　話し合いの意義と方法　　47

1　話し合い……47

- ① 話し合いと会議のちがい　47
- ② 能率的な話し合いの手順　48
- ③ 話し合いの心構え　49
- ④ 議論と討論のちがい　49
- ⑤ 司会者の心構え　49
- ⑥ 司会者の技術と心得　50
- ⑦ 司会者の話し合いのルール　50
- ⑧ 記録の仕方　51
- ⑨ 記録者（書記）と提案者の心得　51
- ⑩ 発言の内容　52

2 話し合いの準備と形式　52

- ① 話し合いの流れと時間のとり方　52
- ② 話し合いの雰囲気づくり　53
- ③ LHR 展開に必要な「座」の工夫と話し合いの形式　54
- ④ LHR の展開を活発にするために　54

第6章　HR 活動の具体的な題材（テーマ）の選択と配列　61

- ① 基本的な考え方　61
- ② HR や学校生活の充実と向上に関すること　62
- ③ 家族の一員としての在り方——親と子の立場　65
- ④ 集団の一員としての自他の立場の理解　66
- ⑤ 個人及び社会の一員としての在り方生き方・健康安全に関すること　68
- ⑥ 自他の生命の安全と健康の増進　71
- ⑦ 男女の特性と相互協力のあり方　72
- ⑧ 男女の性の理解　73
- ⑨ 学業生活の充実・将来の生き方と進路の適切な選択決定に関すること　74
- ⑩ T 高校各学年別筆者の LHR 年間指導計画と活動計画を作成するにあたっての留意点　76

第7章　HR での個人指導と家庭との協力　81

1 HR 集団内の不適応現象　81

2 HR 担任教師の個人指導　82

3　個人指導におけるHR集団の機能 ………………………………… 83
　4　家庭との協力 ……………………………………………………… 87
　　1　教育環境としての家庭　*87*
　　2　家庭教育と学校教育のけじめ　*88*
　5　親（保護者）の多様性 …………………………………………… 90
　6　教師が親（保護者）に協力を求めたいこと …………………… 91
　　1　子どもの一日の生活を把握すること　*91*
　　2　親（保護者）と教師のあゆみより　*91*

第Ⅱ部　HR活動の具体的展開——赤ペン先生と高校生——

第8章　まず教師から　　　　　　　　　　　　　　　　　　　95

　1　教師の勇気と実践 ………………………………………………… 95
　2　ある特別活動の研修会での教師の本音 ………………………… 96
　3　私の実践をふりかえって ………………………………………… 98
　　1　新採用担任教師の1カ月目の悩み　*98*
　　2　HR活動の現状と問題点　*99*
　4　担任教師の新学期の準備 ………………………………………… 101

第9章　これからのHRづくり　　　　　　　　　　　　　　　105

　1　HR活動の必要性 ………………………………………………… 105
　　1　HR活動の効果　*105*
　　2　HRをみんなで育てる　*106*
　2　HR活動オリエンテーション …………………………………… 106
　　1　2週間たったHRの生徒の感想——班日誌より　*106*
　　2　LHR活動展開実践の記録例　*106*
　3　先輩たちにきくHRの運営 ……………………………………… 111

| 4 | HRは家庭だ──HR編成替えを経て（2・3年生の班日誌から）… 113
| 5 | 誰のための生徒会活動 …………………………………………………… 123

第10章　青年期の探究　　127

| 1 | 青年期の悩みや課題とその解決 ………………………………………… 127
| 2 | 青春の生き方 ……………………………………………………………… 130
　　1　Sさんの手紙と筆者の助言　*131*
　　2　人生各段階における生活課題と自他のライフコースから学ぶ　*135*
| 3 | 劣等感の克服──班日誌から …………………………………………… 137
　　1　議長をやめたい　*137*
　　2　学力がもう伸びないんじゃないか　*140*
　　3　劣等感よ，さようなら　*142*
| 4 | 集団生活の中で考える …………………………………………………… 143
| 5 | 問題行動・非行の心理的構造図 ………………………………………… 148

第11章　自己および他者の個性の理解と尊重　　151

| 1 | 親友とはなんだろう ……………………………………………………… 151
　　1　LHR活動展開実践例──望ましい人間像・親友とはなんだろう　*151*
　　2　LHRでの話し合いの録音を聞いて　*155*
　　3　青春と友情　*159*
　　4　友情ある忠告──Xからの手紙　*160*
　　5　Xからの手紙と相互評価　*171*
| 2 | 性格はかえられるか ……………………………………………………… 172
　　1　性格の多様な捉え方　*172*
　　2　性格はいつごろからつくられるのか　*175*
| 3 | 個性の尊重 ………………………………………………………………… 175
　　1　能力の限界　*175*
　　2　無限の可能性　*176*
　　3　自己を知ること　*176*

4　多様な個性の生徒と教師の指導 ……………………………… 177
　① 留意点　*177*
　② 教師のHR運営で重要なこと　*179*

第*12*章　社会・学校生活における役割の自覚と責任　*181*

1　むずかしい処罰 ………………………………………………… 181
　① 考査（中間・期末テスト）　*181*
　② 処罰の意義について　*181*
　③ LHRでの話し合いから　*183*

2　勤労体験とボランティア活動 ………………………………… 187
　① 勤労体験の意味　*187*
　② アルバイト　*187*

3　進路選択にあたって …………………………………………… 190
　① ある公立校の調査（LHRでの調査（2学年）50名）　*190*
　② 就職か進学かの前に考えたいこと　*191*
　③ 男女共同参画社会の中で　*192*
　④ 結婚・出産は男性と無関係ではない　*193*
　⑤ ボランティア活動　*193*

第*13*章　男女相互の理解と協力　*197*

1　男女の高校生の友情はどうあればよいか …………………… 197

2　男女交際はどうあればよいか ………………………………… 199
　① 性体験　*199*
　② 避　妊　*200*

3　愛と性 …………………………………………………………… 201
　① 愛とはなにか　*201*
　② 性教育の必要性　*202*
　③ 性犯罪　*202*
　④ セクシャルハラスメント　*204*

第14章 親と子の問題を考える　　205

1 家族について考えよう ……………………………………… 205
2 親と子の問題を考える ……………………………………… 206
3 自分の居場所——自分の城 ………………………………… 208
　① 親の城・子の城　208
　② 親から一言　210
　③ 子から親へのねがい　212
　④ 親と子の望んでいる共通点は　213
　⑤ 親と子の深い結びつき　215
4 生命の尊重と安全教育 ……………………………………… 218
　① いじめ　218
　② 暴　力　220

第15章 HRと赤ペン先生　　223

1 1年間のあゆみ ……………………………………………… 223
2 卒業前の班日誌から ………………………………………… 230
3 赤ペン先生からみんなへ …………………………………… 233

付録　HR活動を助けるキーワード ………………………………… 235

第Ⅰ部
実践に結びつく理論と解明
―― 新・青年期の探究 ――

第1章　HR活動とは

1　HR活動の名称

*ホームルーム＝HR

*高等学校学習指導要領
昭和22年　試案
　　26年　試案
　　35年　告示
　　　（38年実施）
　　45年　告示
　　　（48年実施）
　　53年　改訂告示
　　　（57年実施）
　　　　　特別活動
平成元年　改訂告示
　　　（6年実施）
　　11年　改訂告示
　　　（15年実施）

*教育課程の改訂は教育課程審議会の答申に基づき，学習指導要領が改訂される。HRがHR活動に改められたのは1987（昭和62）年の答申による。

*平成11年改訂告示（実施平成15年から学年進行）

*昭和24年以来飯田芳郎は「「HR」という外来語の日本語訳をさがしたがとうとう適訳がみつからなかった」とのべた。

　HR*は元来，アメリカの中等教育に始まったものであるが，1949（昭和24）年以来，日本に取り入れられて，1958（昭和33）年の教育課程の改訂で，中学校は「学級活動」となった。その後，1969（昭和44）年の改訂で学級を単位とする指導の場を分割して，生徒の自発的・自治的活動の部分を「学級会活動」とし，教師が意図的・計画的に指導する部分を「学級指導」として新設した。高等学校*では，1960（昭和35）年に「HR」という名称のもとに学校における基礎的生活の場として位置づけ，それ以降今日まで「HR」の名称で特別活動の歴史を築いてきた。今回，教育課程の改訂で「HR」は「HR活動」に改められた。それは，小学校および中学校で新設された「学級活動」との一貫性を図ることとしたためである。

　これまでの中学校における「学級会活動」と「学級指導」の相互の特質を生かしながらも統合して「学級活動」とした。この両者の相互の調和が必ずしも成立せず，学級会活動は生徒の自治的活動が主となり，一方学級指導は教師の中心的な指導が主という状況が一般化してきた。これは特別活動の教育的意義に照らして，必ずしも望ましい姿ではないので，両者を統合して教師の適切な指導のもとに生徒の自主的，実践的な活動をより活発にし，その集団の中で，よりひろい視野に立って「人間としての在り方生き方の自覚」や「自己を生かす能力」の育成を目指すという意図で「学級活動」とした。今回改訂した高等学校の「HR活動」は中学校の「学級活動」の基盤のうえに，よりいっそうの教育的意義を展開するという改訂の趣旨である。また，クラブ活動は，廃止され部活動として放課後等の，学校外活動となった。

2 | HR活動の教育的意義

　学校教育は，一人ひとりの生徒の人格形成を目指すものであるが，高等学校においては教科担任制と単位履修制による授業形態がとられているため，教師と生徒，生徒相互がまとまりにくいという欠陥を持っている。

　生徒が充実した学校生活を営む場，生徒の生活や活動を実践するための基礎的な場としてのHRが存在することに意義がある。HRは文字どおり学校における「家庭」であるといえよう。一人ひとりの生徒が家庭を築く役割を果たすようになるためには，教師と生徒および生徒相互が打ち解けた親密な人間関係を結び，喜びや悲しみを共有することができるような集団の育成が期待される。

　さらに，HRが学校経営上に果たす役割を理解し，HRをその実践の場としなくてはならない。そのような観点からみて，まず，教師と生徒の信頼感や生徒相互の連帯感に欠けているHRは，その基本的な条件に欠けているといっても過言ではない。

3 | HR活動の意義とは

　HR活動は教師と生徒，生徒相互が具体的な実践目標を共有し，その達成を目指している。特別活動の内容はHRを中核として，生徒会活動および学校行事と，それぞれの特質を持つが，いずれにも共通する原理は，一人ひとりの生徒の全人的に統合された人格の発達を図るということである。生徒の人格の発達に寄与する役割を明らかにするために，以下の6つの観点からHR活動の意義を考察してみよう。

■1 自主性を育てる

　自主性とは，他人に依存することなく，自己の正しい自由意思によって決断し行動することである。自主的な行動には，自発性，積極性，追求心，独創性，判断力，自律性，自制心，責任感などの心理的因子が統合されている。望ましい集団活動を通して生徒に自主性を育成するHR活動においてはこれらの自主的な行動傾向を促進し，定着させるような指導を重視しなければ

ならない。集団活動を通して自発的，自治的な活動を展開し，自主性を育成するには，望ましい人間関係を醸成し，相互の人間関係を活発化したり，集団目標と個人目標の融合を図り，適切な役割分担による自己存在感を自覚させることが大切である。生徒が自ら選択し，決定するような機会を多く持てるように，教師は必要な情報を適時適切に提供し，時には示唆や助言を与え，自主的な行動の結果や成果を認め，励まし，継続的に実践させるようにしたい。また，自発的，自治的活動が生徒の発達段階に応じて，学校の管理運営上の配慮から，あらかじめ生徒に任せられる範囲を定めて，全校で共通理解を図るようにすることに意義がある。

2 集団に対する所属感や連帯感を育てる

HR活動においては全生徒が積極的に活動するように指導することがその意義のひとつである。そのためには，生徒にHRをはじめとする種々の集団に対する所属感や連帯感を強めるよう指導する必要がある。この集団としての目標が一人ひとりの生徒の基本的な要求の充足にかかわっていることを生徒自身が理解し，その達成に努力することと，生徒相互が協力し合いHR成員が集団の中で安定感を持つことなどが大切である。さらに教師と生徒との信頼と親愛とで結ばれた望ましい人間関係が確立される必要がある。しかし，集団に対する所属感や連帯感を育てることを急ぐあまり，いわゆる強制的な方法に陥ることのないように配慮することがHR活動の意義を深めることになる。

3 集団生活における問題解決の方法を学ぶ

集団生活を続ける間には種々の問題が起こってくる。これらの問題の適切な解決に努め，集団の成員相互の利益を高め，人間関係を円滑にするように成員が協力し合わなければならない。そのためには，集団の秩序，規則，約束ごと（きまり）が必要になる。HR生活のきまりについては，生徒にその必要性を考えさせ，それを自ら守っていくような態度を育成する必要がある。このため，生徒にきまりの改善について考えさせるとともに，既定のきまりについては，自ら進んで守るように指導するその過程に意義がある。この指導過程とは集団内の諸問題の解決の方法を学び取る実践なのである。したがって，集団内のきまりを形式的に設定したり表面的に従わせていくような

指導は教育的意義があるとはいえない。

4 自己理解を深め個性を伸長させる

　生徒の個性の伸長を図るためには，一人ひとりの生徒の興味や関心を発達させる必要がある。そのためには，多様な集団活動にさいして個々の生徒に，はじめはいろいろな役割を受け持つようにして，その役割を責任をもって遂行できるように，潜在している個性をさまざまな形で発揮させる機会を用意し，その間の適切な指導を通して，一人ひとりの生徒の個性の確立を図るようにすることが大切である。このような指導を通して生徒自身に自己のさまざまな特質を適切に理解させ，それらを統合的に伸長させるように努める必要がある。この自己理解の深化や個性の伸長を図るさいには，家庭生活，社会生活，さらには将来の職業生活とのかかわりを見据えて指導をしていくことがたいせつである。

　したがって，これらの生活，特に将来の進路とのかかわりにおいて，適切な自己指導の能力の育成を図る指導をより充実させることに意義がある。

5 人間としての在り方生き方の育成を図る

　人間としての在り方生き方に関する教育は知・徳・体の調和を図りながら，それらを統一して自らの行動を選択・決定していくことのできる自主性の育成を目指すものである。これは高等学校教育全体にかかわる基本的なものであるが，特にHR活動やその他の特別活動は，人間としての在り方生き方を育成する直接的な活動を内在している。

　生きるということは，どのような行為を選択するかということである。自主的活動を尊重するHR活動では，生徒自身の自己決定という行為の選択がたいせつにされる。このような観点から，HR活動において，各教科・科目，特に教科「公民科」*との関連を深めて，人間としての在り方生き方についての自覚を深める教育をHR活動の内容の中心に位置づけていることに意義がある。

＊「公民科」は現代社会，政治・経済，倫理の三科目で編成されている。

6 HR活動を通して，生徒指導の全機能を集約し，その充実を目指す

　HR活動は生徒指導の全機能を補充し深化し統合して，計画的，組織的，継続的に推進する立場にある担任の教師が直接的な役割を担っている。最近

の学校の現状を見ると，生徒指導の鍵は担任の教師の指導力（熱意，教育的識見，実践力，包容力など）にあるといっても過言ではなく，HRにおける一貫した生徒指導体制が担任の教師の力量に深く関係する。

4 HR活動の機能

学校全体の教育活動の基礎的な単位集団として，HRの教育的機能を次に4つあげる。

1 生徒指導の基礎的な場としての機能

生徒指導は，すべての教育活動を通して行なうものであるが，特にHRは生徒指導の基礎的な場である。HR担任の教師と生徒および生徒相互の好ましい人間関係を育て，生徒が主体的に判断，行動し，積極的に自己を生かしていくことができるように，担任の教師は指導・援助を行ない，生徒の自己指導能力を育成していく。

その機能を有効に働かせるためには，生徒に自己存在感を与えること，共感的人間関係を育成すること，および自己決定の場を与え自己の可能性の開発を援助することが大切である。究極的には生徒一人ひとりの人格形成や自己指導能力の育成をねらいとすることからも，HR活動の場で学んだ内容を生徒一人ひとりが身につけるためには，集団場面の延長上に，個別場面における指導，すなわち，教育相談が必要となるであろう。

2 生徒の諸活動の単位組織としての機能

HRにおける集団生活の充実・向上に関する問題をはじめ，学年，生徒会活動および学校行事など全校的な集団生活に関する諸問題を，自発的な活動を通じて解決していくための，基礎的な単位組織がHR活動である。さらに，HR活動では自主的に諸活動の議事を提案し，民主主義の理念や手続きによって討議や責任のある議決を学んで実践したり，望ましい在り方生き方などを実践的に把握することが期待される機能を持つ。

3 学校の事務的な仕事を処理する場としての機能

HRにおける事務的な仕事の処理には，たとえば，出席の点呼点検などに

関すること，教室および活動に必要な施設設備（物的環境）に関すること，時間割，座席の決定，伝達事項，家庭との連絡事項に関することなどがあり，多岐にわたっている。しかし，これらは単に機械的に処理するだけではなく，仕事の内容をHRの生徒一人ひとりがよく理解し，分担して合理的，能率的に役割を果たせるよう，教師の援助や指導がそれらの活動と密接に結びついていかねばならない。「事務的な仕事を処理する」ための生徒の活動が実践されない場合には，HR活動の機能が停滞してしまうのである。それには毎日のSHR*とHR活動が運営上密接な関係を持つ。

*ショートホームルーム＝SHR（短時間HR）

4 教育活動の他の諸領域との関連についての機能

先にも述べたように，教科担任制，単位履修制のもとで，とかく群（烏合の衆）になりやすい生徒の教育活動の要として，HR活動は，各教科・科目，生徒会活動および学校行事における指導の連絡や交流を図り，それぞれの教育活動を補充，深化し，統合していっそう充実させていくための機能と，さらに，生徒一人ひとりの全人的な発達を促進するための基盤としての機能を持っている。

これらの機能が相互に関連し合い重なり合って，有機的に展開していくにはHR担任の任務と役割が大きい。

それらの機能が生徒の活動として展開するとき，HR集団はまとまりを高め，教科の学習にも効果をあげる結果となるといっても過言ではない。

第2章　HR集団の形成と運営

1　HRの組織の編成

　HRは、学校における基礎的な生活集団として編成されている。この集団としての機能を発揮するためには、生徒による組織の整備が必要である。HRごとに全生徒によって組織をつくることで、よりよいHRの生活を築いていくことに役立てなければならない。HRの組織を円滑に運営するためには、HR員の自主性を高めるような組織にしていく必要がある。

❶　望ましいHRの組織

　HRは、担任を交えた、楽しく明るい家庭的な雰囲気の中で、組織的に自主的な活動ができる場でなくてはならない。そのためには、(1)生徒の自発性、自主性が生かされること、(2)望ましい生活態度の形成や生徒相互の人間的な触れ合いを密にすることができること、(3)生徒一人ひとりの要望や意見が民主的な手続きで取り入れられること、などを目指して、HRの組織を確立することがたいせつである。

1）　生徒の必要性を生かしたHRの組織にするには
　HRの組織としての活動を機能的にするためには、あらかじめHRにおける生徒の活動の意義を明確にし、組織をつくる必要性やHRに必要な係についての理解、活動の方法やHRの生徒相互の理解などを得ることが必要である。また生徒の実態やHR、学年、生徒会活動の指導方針などを踏まえ、生徒の意思を生かしながら、必要感に基づいた組織をつくることが必要である。

2）　HRの組織と生徒会の組織との連携を図るには
　生徒会は、「全生徒を会員として組織し、学校生活の充実や改善向上を図る活動、生徒諸活動間の連絡調整に関する活動」その他の活動を行なうこと

になっている。HRの生徒は、当然生徒会に属しているので、生徒会の活動が十分な成果をあげることができるように、その委員会で計画立案した事柄をHR単位で協議し、全校的な盛り上がりを図るように配慮する必要がある。このために、HRの係の組織と生徒会の委員会の組織との連携が必要になる。しかし、HRは、それを単位とした独自の活動の内容を持つ組織であるので、HRが生徒会の単なる下部組織であったり、生徒会のためだけの活動であったりしてはならない。あくまでも、生徒会との連携を考慮しながら、HRの実態に即したHR組織をつくることが大切である。

2　HRの組織の構成とそれぞれの機能

　HRの組織の構成は、学校によってさまざまであるが、一般的には、HRの委員の組織、LHRの運営委員による組織、HR内の仕事を役割分担する係の組織の3つが基本的なものである。このほか、話し合いや学習・生活活動などの効果的な推進のための小集団組織や日直（週番）などの当番制もある（図2-2　HRの組織図（例）参照）。

1）　HRの委員

*書記＝記録者

　HRの委員は、HR全体のリーダーの役割を果たすもので、一般的には、HR委員長、副委員長2名、書記*2名、会計2名程度で構成されることが多い。そのほか、生徒会常任委員として、図書、体育、校規など数種が設けられ各2名程度である。役員はHR員の半数に満たないので、それら委員の下部組織を他の生徒の希望でつくり、自分たちが支援するという自覚を育てる工夫をする。

2）　LHRの運営委員

*ロングホームルーム
長時間のHR＝LHR
単位時間は50分。

　運営委員は、毎週1回程度、特定の日時を定めてLHR運営委員会を開き、LHR*の活動の月間の大まかな活動計画や1単位時間の具体的な活動の計画の原案を作成するほかに、HRの月や週の努力目標の設定、次週のLHRの展開の準備、各係間の連絡調整などを行なう。

3　係の組織と機能

　HRとしての集団生活をより充実していくためには、HR内の仕事を分担

処理していく係の組織が必要である。この係は，HRの生活に必要な仕事を分担し，実践を担当する。この実践活動は多様でHRによっても若干の差があり，独自の活動が展開される（図2-2，14～15頁）。

4 小集団（班・グループ）を編成する

　HR員の所属感，連帯感の育成を図ることにより，生徒が協力して活動した体験を多くもてばもつほど，一人ひとりの生徒の心情が育っていく。

　小集団は，生活，学習など複数のいずれかの係活動に属していることが多い。

　HR内で，生活に必要な係，生徒会常任委員にHR員が協力する係など，あるいは，班の編成による単位ごとの班長などある。また各々の，その係が中心になって，HRの全員の協力で活動するような場合もある。その係への生徒の所属については，これまでの経験，能力，興味，関心などを十分に生かすことがたいせつである。係の仕事を通して，協力し合って係活動を実践していこうとする態度が，さらに他の係の集団との協調につながり，やがてはHRにおける生徒相互の好ましい人間関係が醸成されることにもなる。

2　SHRの運営

1） SHRの意味

①　SHRの時間

　学校においては，SHR（ショートホームルーム）は「教育課程」に位置づけられていることが少ない。即ち「教育課程」にはしめされていないということである。しかし，実際には各学校のHRでは，SHRを毎日，始業前の10分間，放課後の10分間などのように時間をとって，HRの機能を円滑にするために効果的に活用している。

②　SHRの問題点

　出欠点呼，伝達，諸注意など，主として管理的な面に属することが行なわれているため，これだけに終わってしまう場合が多く，計画性が持ちにくい。偶発的な問題なども処理しなくてはならないので，継続的な指導計画の作成がむずかしい。しかし，その日その日の思いつきではなく，少なくとも毎日継続して，生徒理解ができる手だてを考えたい。生徒の自発的な活動が不足

表 2-1 SHR 活動の実際項目例

伝達事項の処理	出欠処理	3 分間スピーチ	コーラス
努力目標の樹立	先生の訓話	X からの手紙	漢字の練習
進路問題	座席の決定	LHR 残留事項の処理	生徒会,委員会報告
緊急問題の処理	LHR（次回）の協議		

しているため，生徒はこの時間を教師のいわゆる説教をする時間と考えて，受身の立場になっている場合が多い。HR 担任の考え方にも，SHR を効果的に実施するという認識が不足している。

2） SHR の効果的な活動

毎日の高校生活において，SHR の時間は，HR 担任と生徒との学校生活における潤滑油的な存在である。その中でも特に新しいカリキュラムを立案している学校の一人ひとりの生徒にとって，学校・学年あるいはコースなどの伝達事項は大切である。その中で HR を中心に毎日行なわれる SHR の効果的活動例を以下にあげる。

(1) 伝達方法の工夫例

学校が，全生徒へ向けて，あるいは学年生徒へ SHR の時間に放送することがある。その際には，HR 委員の書記（記録者）が伝達黒板に記録するが，HR 担任から HR 全員へ伝達する場合，正確に伝わらないことがある。そのため「伝達事項票」(32頁参照) を学校，学年で所定のところに備えて置き，職員打ち合わせの時に HR 担任はその票に伝達事項等を記入する。

SHR の時間に担任は HR 全員へ伝達する。その後 HR 委員の書記（記録者）へ伝達事項票を渡す。委員は伝達事項を板書したあと，HR 担任へその伝達記録票を返却する。HR 担任はそれを，順次綴じ込み管理しておく。

(2) HR の各委員会からの報告の時間を設ける。

(3) 毎日一人，輪番で，1～3 分間のスピーチを実施する。

SHR は生徒一人ひとりの人間関係をつくるばかりでなく，誰もが HR の役割を果たすのだという自覚をもつようになる。やがては，HR の役割を果たそうと一生懸命努力している友だちへ，わがことのように協力し合うようになる。

第 2 章　HR 集団の形成と運営

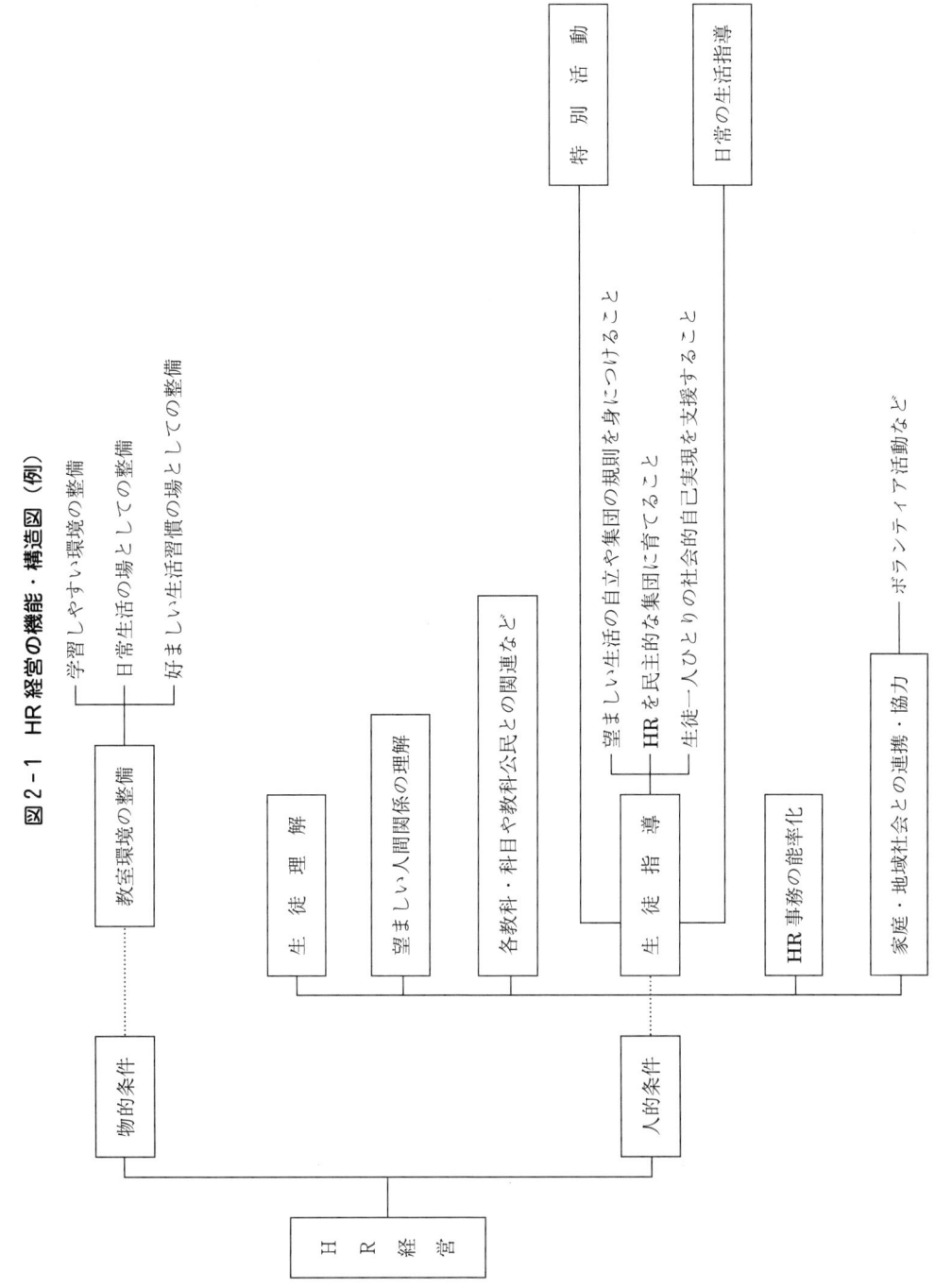

図 2-1　HR 経営の機能・構造図（例）

第Ⅰ部　実践に結びつく理論と解明

図2-2　HRの組織図と

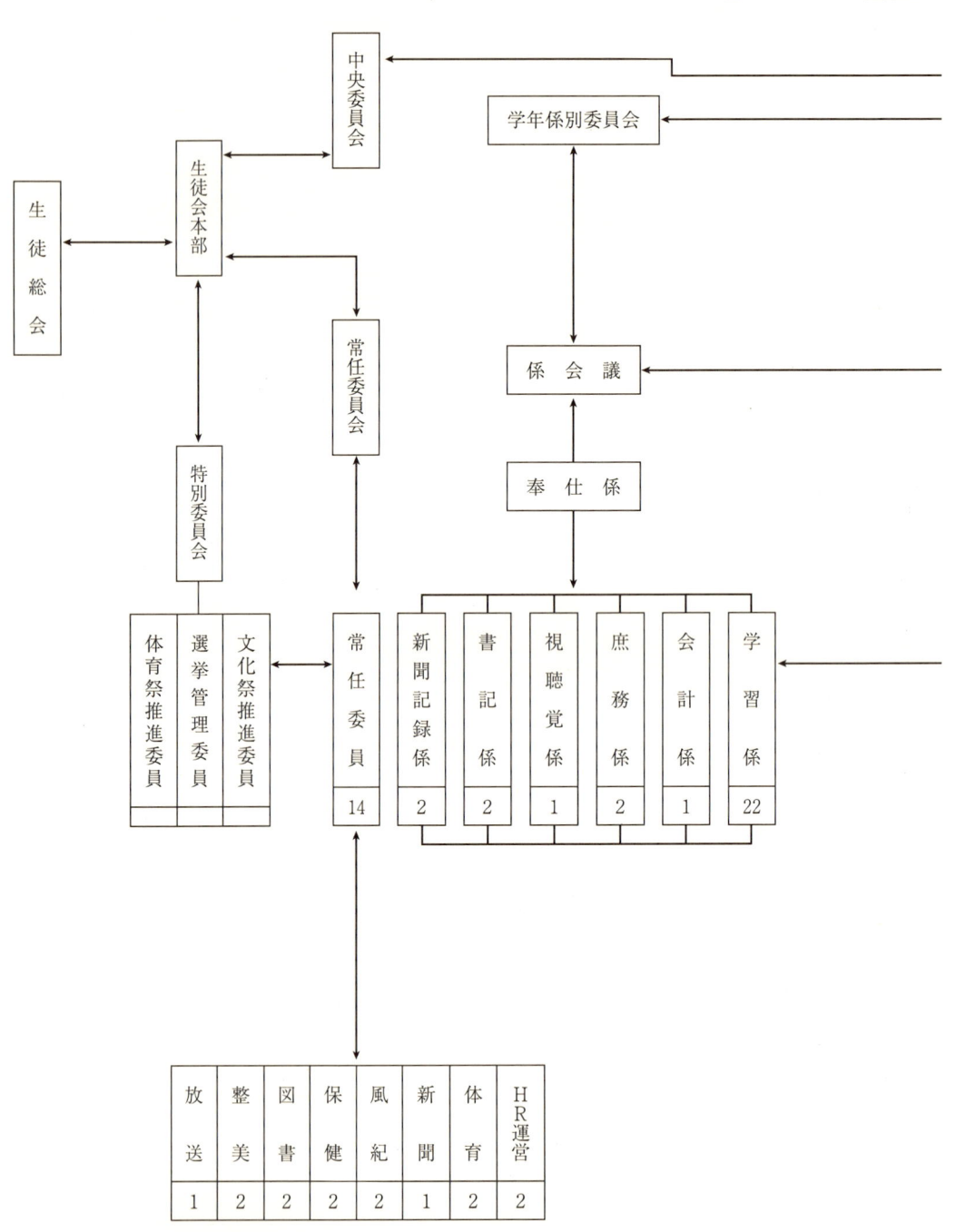

（注）　数字は人数を示す。

第2章 HR集団の形成と運営

生徒会組織との関連（例）

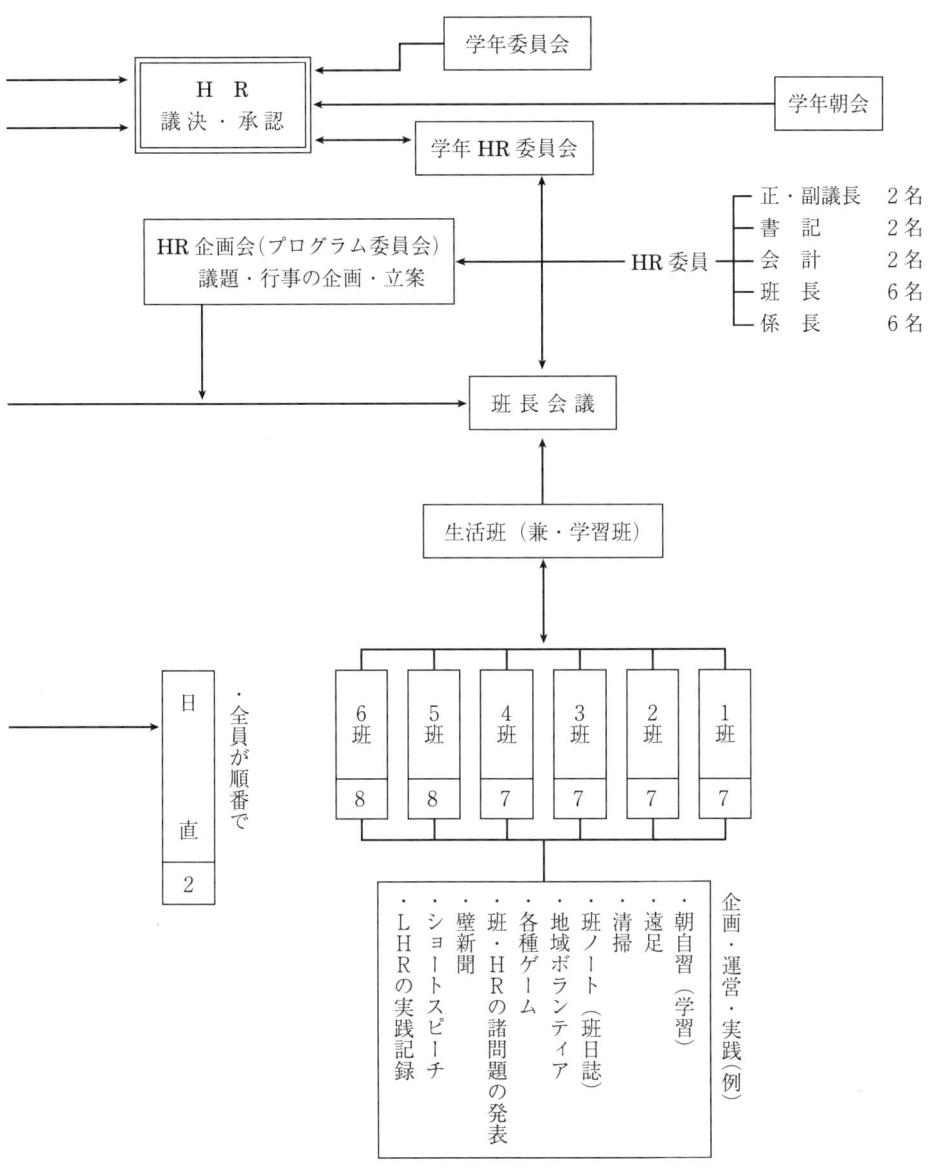

第3章　HR集団がまとまりやすい人数とその教育効果

1　集団内の成員の適切な人数は

　集団編成を行動面から理解するためにはまず集団の形成過程を分析してみる必要がある。

　HRで，人数の多少によって話し合いの状態がちがうことを私たちは無意識に体得している。たとえば，2，3人の場合は，心理的にまとまりやすいので司会者がいなくても気楽に話が進む。しかし，人数が少ないと，とかく馴れ合いになり雑談になりやすく能率的に進まないことがある。人数が5，6人の場合は，話し合いに相互の拮抗作用が働き，かえって活気が生じてくる。15～30人以上の集団になると，1回きりの集団の場合，成員の氏名を知ることさえ困難になり，個々が集団に埋没して発言が少なくなり，話し合いがまとまらない。不満が生じてくるのも，このように多人数の場合が多い。

1　玉まわしの実験から得たこと

　図3-1の実験は，NHKテレビ「高校生の広場」担当福沢平六ディレクター，島崎敏樹東京医科歯科大学名誉教授，筆者による「話しのキャッチボール」の一部の紹介である（1971年・再放送1972年）。

　条件は，リーダーをきめずお互いは未知の生徒でグループをつくる。玉まわし実験とは，円陣の中で玉の行き来の回数を調べる。

　(1) 4人の場合，ルールは特にない。背番号をつけた生徒4人を円陣に配置し「玉をまわせ」と指示する。2分ずつ2回行なった。その結果を平均してみると一人16～20回受けている。だいたい4人ともまんべんなく玉を受け取っている。ただし，向かいあった人同士の回数は似ている。これは，向かい同士の間で往復する「エコー現象」のせいであろう。

　(2) 8人の場合，(1)と同条件で実施した。その結果，12～18回と，4人のときより個々の受け取る回数は減ったが，ほぼ平均している。また4人のとき

図3-1 玉まわしの実験

(a) 4人の場合

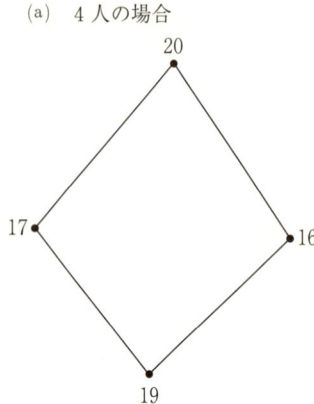

(b) 8人の場合

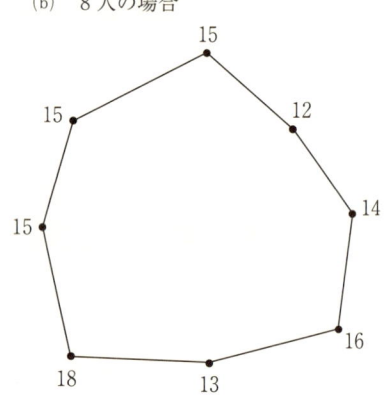

(c) 15人の場合

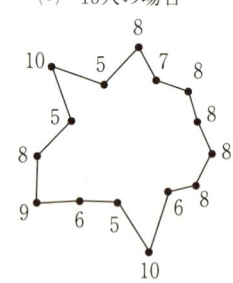

(d) バスケット部員 14人の場合

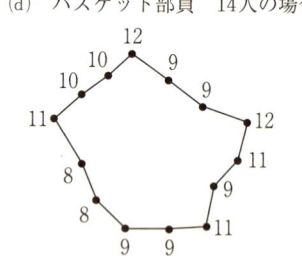

ほどエコー現象はみられないことがわかった。

　(3)15人に人数をふやして，同じように行なった。平均してみると，(2)のときより受けとる回数に差がひらきむらがみられた。図3-1(c)では，玉の行き来が多い生徒が2人と，少ない生徒が3人いる。そこには人数と玉を受けとる回数のバランスがくずれはじめていることがわかる。しかし，毎日一緒に運動する仲間同士のバスケット部員が行なった場合は，玉まわしの受けとる回数がずっと平均化してくる結果となった。

　この実験を別のところで半年間つづけた。その結果，何回目に玉が自分の手もとに戻ってくるかを調べた（再帰回数）。5，6人のグループのとき，人数と回数とが高頻度で合致した。つまり5人グループのときは5回目に返ってくるということである。しかも6人のときが最高頻度で合致する。それ以上でも以下でも頻度がばらつくということになる。

2 情報交換や話し合いにあてはめて

以上の実験を応用して，玉の替わりに情報交換や話し合いにあてはめた場合にも，集団の人数を考える必要があるということが理解できる。また，HRで小集団を編成する場合や討論をするとき，6人編成を多く採用することの意味が理解できよう。

*成員＝メンバー

集団の成員*が50人も集まるようなHRでは，玉まわしの実験からみると集団内の相互作用が平均的には行なわれなくなってくると考えられる。集団をいくつかの小集団（約6人ずつ）に分け，それぞれを単位組織として，そこで生徒が相互に活動することによって，教育的効果を高めることができる。

集団の成員によって得られる教育的効果とは，たとえば，集団に所属したいという一人ひとりの要求の満足，相互の敬愛や思いやりなどの道徳性の向上，集団成員としての必要な習慣，態度や技能が生徒相互に育成される。さらには集団活動に参加することによって行動や性格の自己評価や相互評価がなされるということなどである。

2 小集団を編成する意義

1 小集団編成の効果

小集団を中心とする研究がきわめて広く行なわれている。集団力学（グループダイナミックス），集団成員の人間関係（ソシオメトリー）などは代表的なものである。たとえばHR集団約50名の生徒を小集団単位に分けて，具体的な活動を展開しながらその集団を自分たち成員の一人ひとりが育てていくその過程に人間形成の意義がある。HRの生徒の一人ひとりは個性も環境も異なる。HRは，そのような生徒によって構成されている集団で，そこには，はじめから共通理解と共通の必要性に基づいた，望ましいHRの目標があったり，目標を達成するための望ましい組織ができているわけではない。

成員の一人ひとりに，同じHR集団の一員としての自覚がうまれ，相互の意思のかよい合いがみられるようにするためには，できるだけ大きな集団を小集団に分けて，相互の接触を密にする機会や場を意図的につくることが

効果的である。
　HR内に小集団を編成する効果として、どのようなものがあるか、次にあげてみよう。
　(1)自己表出（欲求）表現（言葉や行動）のよい機会や場となる。
　(2)相互理解を広め、よりよい友情を育てる場となる。
　(3)男女の特性や個々の成員のよりよき個性の発揮や伸長の場となる。
　(4)楽しい話し合いや、仕事の役割を分担し協力する場となる。
　(5)情緒的な安定感が持てる場となる。
　(6)個人の持つ問題を発見し解決するとともに、他の友だちの立場や問題を解決する場となる。
　(7)集団の行動基準に従うことによって、望ましい社会的生活態度をつちかう場となる。
　(8)HRの諸活動の基礎的な場となる。
　(9)よりよきリーダー、メンバーの役割の自覚ができる場となる。
　(10)小集団の成員の編成替えをすることによって、HR員の交流を図る場となる。

2　編成の方法

　小集団＝班を編成するには、まず次のことを活動の見通しとして全員で理解しておく必要がある。
　(1)編成方法を決める。準備委員を選び、原案をつくる。班長を選出して、どの班長の班にはいりたいか希望をとる。これは新1学年では困難なことがある。その場合は担任の指導で抽選などをすればよい。
　(2)小集団（班）を編成する。人数は6人。リーダーを決める。男女混成グループにすることなどを決める。
　(3)小集団の名称、小集団内の役割分担（組織化）、活動目標、活動のきまり、その他を設定する。
　(4)座席など、小集団のまとまる場を設定する。
　(5)小集団の活動の見通しをたてる。「班（グループ）日誌」を通して「学校生活」と「個人生活」の記録を輪番で書く。
　(6)清掃当番や委員会活動などを行なう。

3 小集団（班，グループ）編成替えの方法

　HRでの小集団編成には次のような類型がみられる。(1)基本グループ（学習活動やHRでの諸活動が行なわれる固定的なグループである）(2)係グループ　(3)即席グループ（バズ・セッション・グループともいう）。このうち(1)は生活グループとも呼んでいる。このグループ編成は6〜8人。男女の構成はできるだけ平均的にする。なお，座席もグループがまとまりやすいようにしておく。グループの編成替えは，一定期間がすぎたら抽選などで行なう。人間関係を新鮮に保つばかりでなく，HR内の人間関係を多彩に持つようになるからである。小集団編成は生徒相互の心理的交流や連帯感を深めるのに効果的な指導方法の一つであるにもかかわらず，多くの高校で，(1)のような基本的なグループをつくることをしていない。むしろLHRで，(2)〜(3)のグループをそのつど必要に応じて編成することが多い。

3　リーダーとメンバーの役割の経験

　HR集団や小集団には，その集団が持っている役割や仕事を円滑にすすめ，能率をあげるために先導的・中心的な働きかけをする人が必要になってくる。その人がリーダーであり，そのような働きかけがリーダーシップである。このことを次の実験が証明している。

　図3-1の「玉まわしの実験」と同じように，5人が円型になって玉をまわしたとき，各自平均的回数を持つことができたが，別の実験で，各自に異なった断片的な情報を伝え，それをお互いに交換し合い，全部の情報を集めてみると答えがわかるような問題を解かせた。図3-2では中心になる成員がはっきりしてないので情報がむだにぐるぐる回り，各自が持っている情報が十分にいきわたらなかった。そのため限られた時間で能率的に正しい答えを出すことができなかった。図3-3では，⑤は自由に他の①〜④までの成員と情報交換ができるので，4人の持っている情報を早く入手し，正答を見出して，4人に結果を早く正確に報告することができた。

1 リーダーとメンバーの分化

　上記の実験から3人以上の集団では，リーダーとメンバーとが分化してい

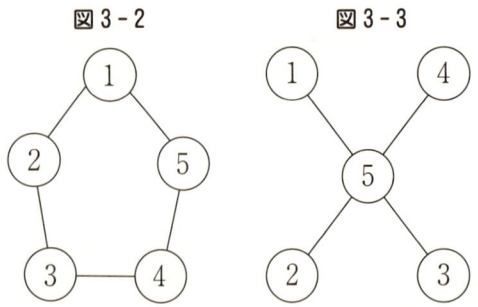

るほうが有利であることがわかった。しかし，図3-3は能率的ではあったがこの作業には不満が多かった。一方，図3-2は各成員が平等に集団に協力しようとする意欲がみえたというのである。

その理由は特に高校生の年齢段階では誰もが，図3-2と図3-3のいずれもの経験を持つとともに，図3-3の中心的な役割⑤（リーダー役）が常に同一の生徒で固定しないように配慮する必要がある。すべての生徒がリーダーとなる機会を持つようにしたい。また，メンバーの役割を経験しながらリーダーの役割を身につけていくようにすることが望ましい。自己実現の欲求は誰にもあるからである。

ところが，HR内でのいくつかの自然発生的な，すなわちインフォーマルな集団では集団内の役割が分化していないで，ほとんど全員が同列にあるか，またはボス的な者によって支配されているかの場合が多い。後者の場合のようなボスは，前者のような集団を権力によって配下にまきこむことは容易にできる。しかしそのようなボスをリーダーとはいわない。

2 リーダーの資質と条件

集団の機能，たとえば仕事をする機能や集団保持の機能を果たす場合，中心的な役割を果たす人がリーダーであるといえる。そのような人はどういう資質をそなえているかということについて，ソシオメトリックスを用いて調査した結果を列挙してみよう。

(1)積極的で集団に向かって自主的に働きかける，(2)他人のいうことを十分聞ける，(3)表現力にすぐれている，(4)まとめる力がある，(5)問題の処理が的確にできる，(6)理解と判断が的確で早い，(7)勇気がある，(8)アイディアに富んでいるなどである。(1)～(8)までの資質を全部そなえているということは考

> **HR のリーダーの資質とは**
> HR 経営の中でリーダーの資質は大切な要因になる。
> 「生徒の人間関係がさまざまな要因からゆがめられていることも少なくない。HR のリーダーの問題も大きな要因で，善良な資質をもったものでなければならない」
> 「しかも学級・HR 全員に何らかの形でリーダーになれる機会を与えるということを指導しなくてはならない。特定のリーダーだけに特別の指導をおこなうというように狭く考えてはならない」(「生徒指導の手びき」100頁)＊
> しかし HR に適当なリーダーのいない場合は誰でもよいから順番にやれ，ということは HR 経営上よい方法ではない。中学時代の役員歴，本人の希望等も聞いて参考にし，全員で知恵を集めて互選することもよい。
> ところが，ある HR がリーダーとして選出するにも，経験のないものばかりの集りであることも考えられる。
> 教師にとっては，ついていない，運の悪いことだと考えることもあろう。役付をしても生徒に自信がなく，ちょっとした HR 内の人間関係につまずくと，全く役目から逃避してしまい，HR の中が手がつけられないような状態になることがある。議長や委員長が自信を失うと，連鎖反応のように，次々に役員は逃避しはじめ，無秩序になってくることはよくある例である。
> 担任は，役の任期まで，たえず助言をして勇気づける一方，HR 員の協力を全員に求めるように働きかけ，いっそう，議長や委員長の仕事の明確化と責任を理解させて，彼らの困難を打開させなければならない。

＊「生徒指導の手びき」文部省1965年刊（初版）現在も発刊されている。

えられないが，集団の仕事を果たすことで，すべての生徒はこれらの資質がそなわるように努めていきたいものである。そのためにも，HR 委員の選出などの際には，とかく成績がトップである人とか，人気がある人ということになりやすいので，できる限りそういう一面だけでなく，いくつかのリーダーシップをそなえたリーダーを選出できるような，共通理解が必要である。それがとりもなおさず望ましいメンバーシップを持つことにもなるのである。

4　HR 内の人間関係を育成する工夫

　生徒相互の人間関係を改善するためには，HR 担任は，個々の生徒の理解を深め，一人ひとりの生徒の特質を生かすとともに，生徒の自発的な活動を助長し，望ましい生活態度の形成を図ることがたいせつである。このための多様な工夫が考えられる。

1 生徒との人間的な触れ合いを重視する

　　　　　心身ともに目覚ましい発達を遂げる時期にある高校生は，これまでの教師の権威を絶対視する傾向から脱して，教師の考えの一方的な押しつけに対して批判的な傾向が現れてくる。教師が生徒の心に通じていない場合には，生徒の内面に迫ることができなくなる時期でもある。しかし，このような教師の権威に対する反発がある反面，生徒の内面に立ち入ってみれば，孤独感や不安感を持っていることが多い。その外見的な強がりにもかかわらず，心の奥では自分の複雑で不安な気持ちを深く理解してくれる教師を強く求めていることが多い。したがって，HR 内の生徒と接する機会を最も多く持っている HR 担任は，生徒との間に，人間同士という親密な関係を結ぶようにつとめる心がまえと，具体的な方法を工夫して実践することがたいせつである。

2 生徒相互の信頼感の深化を図る

　　　　　HR 担任と生徒の間ばかりでなく，生徒相互の人間的な触れ合いを基盤として指導の充実を図ることが重視される。なぜなら HR では，個々の生徒が，教師や他の生徒の経験や意見を聞き，それを手がかりに自分自身を見つめ，自己理解を深めることによって，自らの力で自己の生き方を決めていく過程をたいせつにしているからである。このような過程で HR の生徒相互が信頼感で結ばれると，あまり価値のないと思われるような意見や失敗の経験の発表であっても，互いに受容し合うような好ましい人間関係が展開できると考えられるからである。

3 HR 担任の提案による集団活動の具体的な方法

　　　　　これまで述べてきた教師と生徒，生徒相互の人間関係，および生徒理解を深める方法として，次の 6 つの活動を述べる。

　　1）　ショートスピーチ（3 分間スピーチ）
　　　　　短時間や長時間の HR で，生徒は決めた順番で 3 分間だけ話をする。題材は生徒の自由で，全員の前に出て話す。聞き手は話す友だちの考えや気持ちに触れることができるだけでなく順番であるから平等の機会を共有できるので，相互の立場の尊重と理解に効果のある方法である。毎日継続して行な

うことがたいせつである。発表者が欠席のときは次の番の人が話す。欠席者が出席したとき，自分の役割を果たす，というルールをつくっておく。

2） 班（グループ）日誌

　HRを小集団（班，グループなど）に編成する。各班は1冊ずつグループ日誌（班日誌（章末資料3-①-1，27頁，3-①-2，28頁参照））を所有し，毎日1人ずつ輪番でそれに書く。

　班日誌には上の段に「学校生活」，下の段に「家庭生活」について書く欄があるので，各班の班員は日誌を1日家庭に持ち帰る。翌日，HR担任に渡す。教師はその日誌を読んで，教師の欄に助言や意見を書く。そのとき生徒の記録が簡単で「書くことなし」などとあれば，その生徒の様子を観察したり，思っていることを一言必ず記入する。生徒は，班日誌を担任に提出する機会に話すこともできる。いわゆる，「チャンス相談」の場を持つことになろう。

　HR担任はその日誌をSHRで生徒に返却する。教師は1日に班の数だけの班日誌を読むことになり，1週間から10日で，HR全員の日誌に目を通すことができる。一方，生徒は班全員の日誌を読んで，教師や友だちの意見に，触れ合う機会を平等に持つことができるようになる。また，適当な時期に抽選などをして，班編成を替える。しかし，班日誌はそのままの班にとどめておき，その班の中で新班員によって継続して記入する。生徒は，班編成替えの機会を得て，さらに多くの別の友だちの意見を日誌を通じて読むことにより，友だちに対する理解が深まるといえよう。

3） LHR活動展開実践記録

　LHRの記録（章末資料3-②-1，29頁，3-②-2，30頁参照）は各班が毎回順番で担当する。

　図に示した区分で，実施記録が枠組みされているが，生徒の創意工夫で改善していくことが望ましい。各班がLHRの題材，司会，記録，調査などを全員で役割分担していく。このように各班は，まとまってLHR運営を果たすことになる。この経験から全員にHR運営についての関心と協力が活発に展開しはじめるであろう。

4） 日直日誌

日直が班の所属を離れて当番活動をすることで，生徒の自主的活動が展開される（章末資料3-③，31頁参照）。日直の記録は HR への評価となる。

5） SHRの伝達事項票

HR 担任が伝達事項票（章末資料3-④，32頁参照）に記入したものを，毎日の SHR で書記（記録係）が受けて HR のサイド黒板に正確に板書する。伝達票は教師が累積しておき，必要に応じて，HR 委員から HR の反省，評価の資料として公表させる。HR 担任が不在のとき代理の教師に依頼しやすい。

6） 生徒各自が所有している LHR ノート

LHR で，話し合いや討議を行なっていて時間がきてしまい，結論を出せないことがある。各自は意見を各自の「HR ノート」（章末資料3-⑤，33頁（A，B）参照）に自分の問題として記述する。一定の時期に，HR 担任はそのノートを提出させて HR 担任の意見を記入し生徒へ返却する。また，HRで，必要に応じて生徒の意見のいくつかを，HR 担任が全員に伝えると，いっそう連帯感を持つようになろう。HR 担任が必ず感想を一言記入する習慣を心がけることがたいせつである。生徒はこのことが励みになって，次も一生懸命自分の考えを書いて提出するようになるであろう。

これまでに述べてきたことをまとめてみると，「章末資料3-⑥」のようになろう。

HR 担任が生徒の活動を円滑にし，HR 集団がまとまるように工夫した資料の作成は，教師にとって労力が大きいかもしれないが，HR 活動の展開をよりよくするためには，「HR 集団の凝集する過程」として（章末資料3-⑥ 34〜35頁）まとめてみる必要がある。そして，評価し，改善していきたいものである。

資料 3-①-1　班（グループ）日誌（例）

先生のことば	学校の生活								年月日曜日
	当番の状況		ホームルームのできごと	班（グループ）のできごと	早退者	遅刻者	欠席者	班（グループ）の出席状況	
	学校全体の行事・その他	先生から受けた注意伝達						班（グループ）・ホームルームの反省・要望	
先生のことば	私の生活記録								
	出版社	著者	書名	読書感想、または読みたい本		日課表　下校以後をくわしく記入	起床時 / 下校 / 就寝時		天候 / 記録者

第Ⅰ部　実践に結びつく理論と解明

資料3-①-2　班日誌の実際（例）

班の出席状況	2月1日 土曜日　天候 晴れ　記録者 A.T.
欠席者	なし
遅刻者	なし
早退者	なし
班のできごと	出来事というもあるが、淋しいときは淋しいからとりあえず…
様々な生き方を自分でつくり出すことがはじめてできるもの。これを見ずしてえらいとか、知恵が欠ける等と言うのは解るものではない。	
ホームルームのできごと	寿之オショートスピーチ
とうじの状況	学校全体の行事を今他
先生のことば	（手書きの長文コメント）

私の生活記録

| 起床時 6:30 | 下校時 1:00 | 就寝時 1:00 |

日記 / 読書感想または読みたい本

書名：ソレしかない
著者：
頑張ります！！

先生のコメント（手書き）

資料3-②-1　LHR（ロングホームルーム）活動展開実践記録[*]

題材	学校題材		HR題材		年　月　日	
	ねらい			司会		所要時間

事前討議	展開形式 （討議形式） 調査等，メディア教材等

導入　展開（経過）		運営上の留意点
	どんな話し合いの内容がでたかの経過を書く。	

まとめ	
	記録者

評価・反省	話し合いの内容や，HRの運営について結果の反省などを書く。

担任のことば	
	HR担任氏名㊞

*　次頁のLHR活動展開実践記録参照。

資料3-②-2　LHR実践記録（例）

題目	学校主題	HR活動展開実践記録	月　　日
	HR主題	**HR文庫について**	所要時間　50分

1. **テーマのねらい**　HRの中で，HR員が選んだ良書を読むことによって，相互の理解をふかめる手がかりとする。互いに良書を1冊ずつ持ちよれば50冊集められる。HR文庫を通して，読書感想などを書いて，互いの意見を交わし，高めていく。

2. **事前準備**　①HR運営委員会を開いたとき，HRで読みたい本，交換したり，よいと思う本は購入したらどうかということになった。②各班で本の購入の件について考えること。購入するとしたらどのような本がよいかを考えてくる。④読んで感銘をうけた本，㋺友だちにすすめたい本，㋩今読みたい本，㊁HRに寄贈，貸出してもよい本を図書委員へ書いて各自提出する。③用紙を配っておく。

3. **司会**　図書委員2名，HR議長1名　書記2名

4. **形式**　班別話し合い，グループディスカッション

5. **主題の展開**

　　　　　　　　　　　　　　　15分　　15分　　20分
　　　　　　　　　　　　　　調査報告　各班話し合い　全体討議

6. **HRの経過**

司会・図書の意見が班日誌のNさんから出ていて，読書欄のところに書いてある感想を読むと自分も読みたいし同じ本を買うよりも交換した方が，もっと多くのよい本が，多くの人に読まれるから調査したらどうか，ということでした。私たちは大変よい意見なので先生に相談し，HR運営委員会で意見を出し，アンケートを作成したわけです。それを黒板に書いておきました。（全員見る）

司会・各班でHR文庫式のものを置くことについて，今から15分間話して下さい。また班の中で本を寄贈してもよい人の名と本，貸出してもよい本なども出して下さい。

担任・HR文庫といっても，書棚式に置いて図書委員が貸出をするというのです。（班別話し合いが開始される）

司会・各班から意見をどうぞ。（要約）全班，HR文庫は賛成，だが本は毎月何冊購入するか，図書費はどこから出すのか，という点が質問される。

図書委員・HRの会計と相談してみますがこちらの考えでは毎月500円にすればと思っている。つまりクラス費の半分を本に使うのです。会計のWさんにきかなければだめでしょうが。

司会・多数決で毎月の金額をきめてよいですか。（要約）1番多いのが500円〜1000円で，1B費は1人50円にする。その他，各自の本を文庫へ寄贈，貸出しをする。今週までに文庫に入れること。そのとき，自分が推せんする言葉を200字内に書いて本のカバーの裏に貼る。

司会・先生からどんな本を読んだらよいか話していただきます。

7. **指導上の留意点**　読書の果たす役割は人間の成長に大変役立つ。読書習慣を持たない高校生は将来のびない。習慣をつけるには自分に合った方法で読書プランを立て自分の読む本のリストをつくって今学期の読書計画を立てる。次に読書の感想を交換する。友だちと話し合う。家人と話す機会を持つ。教師の指導がなければ文庫は貸し本屋と同じであることを自覚しよう。

学校の図書委員会の資料など，大いに利用する。本箱（カラーボックス）は担任の研究室において貸出すことにした。（図書委員の係のしごと）

資料3-③　HR日誌（日直日誌または週番日誌）（例）

		年　　　月　　　日　　　曜			天候	
日　　直	男氏名		女氏名		遅刻者	
掃除当番	班		日直目標			
掃除当番欠席者					早退者	
掃除状況		机の中		教室以外の当番場所・状況		
		黒　板			欠席者	
		戸じまり				
		ごみ箱				
		廊　下				
HRのできごと				HRの反省・要望		
先生から受けた注意・伝達				その他学校行事		
HR担任のことば					担任印	

	時間	科目	授業態度・補欠の先生の名・その他	教室の整備状況
今日の授業について	1			
	2			
	3			
	4			
	5			
	6			

資料 3-④　SHR 伝達事項票（例）

	No.
年　　HR伝達事項　　HR担任　㊞	

伝達・注意事項　　　年　月　日（　）	天　候

1	
2	
3	
4	
5	
6	

時　間　割　変　更　表

時間\曜日	1	2	3	4	5	6	7	8	9
月									
火									
水									
木									
金									
土									

資料3-⑤　各自がもつLHRノート（A）（B）（例）

1年 B組のホームルーム年間計画予定表

学期	第一学期					第二学期					第三学期				
月	4月	5月	6月	7月		9月	10月	11月	12月		1月	2月	3月	備考	

第一回ホームルームの記録・私の感想

自己紹介について
みんなが集まっていくんだ
みてていいかんじ。

LHRの時間に話されたり、決まったこと、または、発表できなかったことや、残された問題などを中心に自分の心の記録をしておこう。

資料3-⑥　HR集団

指導の過程 集団の凝集する条件	はじめの生徒の実態	教師の指導・援助
1. 目標についての共通理解	*はじめはHR内の生徒一人ひとりが不安定な心理状態 *無関心またはそれを装う *HRの目標に対し，受動的あるいは拒否的である	*はじめはHRの目標を具体的な生活に即して教師が説明し高校のHRの意義，機能がわかるようにする *教師からHRの目標の提言をする *HR像について生徒に提言をさせる機会をつくる
2. 一人ひとりの心理的な結合	*互いに知り合いたい気持ちが強い *互いに警戒し，閉鎖的，不安感がある *インフォーマルなグループにかたまりやすく，排他的である *教師を冷淡で，無理解と感じている	*生徒理解への暖かい態度，援助と励まし *自己紹介をする *個別面接と相談の計画と実施 *HR日誌，グループ（班）日誌の意義と実践の指導および3分間（ショート）スピーチの実施 *班編成をする
3. 役割の理解とその分化	*全員が委員の役割に理解がないため，委員は役割遂行に自身が持てない *一般に日常のルールを守らず不平不満が多い *委員の仕事の執行を妨害するとか，冷やかしたり，足を引っ張ったりする	*HR委員その他の係の仕事の明確化 *HR全員に役割分担させる *HR委員への奉仕活動への援助 *HRにおける伝達事務等の合理的・能率的な方法の工夫を助言する *LHR，SHR運営の役割分担
4. 成員相互に所属感，連帯感がある	*成員相互は，無関心で暖かい思いやりがなく，助け合うことをせず，冷淡にみえる *HRで発言せず，決定事項に従わない *提案しても，反応が見えない *何をやるにもまとまらない	*教育相談，個別面接により集団に適応できない生徒の早期発見と指導 *チャンス相談，呼び出し相談，グループ相談をする *集団内での人間関係の調整を図る
5. 個人的要求の充足	*一人ひとりが承認されていないという意識が強い *外部からの拘束，不自由を感じている	*生徒一人ひとりの興味・関心や能力に応じた指導と援助 *すべての生徒にリーダーの経験の機会を持たせる *個人差，性差に応じた悩みの調査を行ない，自己理解の援助をする

（出所）　筆者，1975年作成。

の凝集する過程（例）

生徒の活動	指導の重点的なねらい	備考・資料等
＊新しいHRの目標について実現のための目標を各自が提言する。目標を整理し，共通点を取り出し，HRの目標をつくる	＊HRの目標は個人の目標と関連し合って共通の目標となる	生徒手帳，学校要覧，LHRの手引，ハンドブック，学校組織図
＊生徒は相互理解できる ＊多くの友人と付き合うことにより，立場や性格，家族環境，趣味，進路等を理解するようになる ＊友人間に協力，親和が生じるようになる	＊活発な話し合い，意思の疎通，信頼と相互の人格尊重ができる ＊自主性・協調性が高くなる	HRノート，日直日誌，グループ（班）日誌，個人日記（手記），Xからの手紙，ショートスピーチ（3分間） アラームウォッチ・キッチンタイマーを活用する。
＊班活動，係活動，委員会活動やボランティア活動等を行なう ＊自主性が高まり，あなたまかせが少なくなり，民主的にHRの運営を行なう ＊役割の交替を行なう	＊リーダーシップとメンバーシップの調和を体験することができる ＊HR内の事務的処理の合理化と効率の高い運営が工夫できる ＊役割の交替により，他の役割の立場がわかり，改善が行なわれるようになる	HR委員会の任務内容一覧表，HR運営の役割表，SHR・LHRの年間指導計画と活動の計画表
＊自然発生的な仲間とHR集団とが調和するようになる ＊LHRでの発言が真実にふれるようになる ＊個人的・内面的な問題もHRで集団思考ができる	＊建設的意欲が高まる ＊共に実践するよろこびを味わうようになる ＊責任性・価値志向性ができるようになる ＊私たちのHRという誇りを持つようになる ＊HRで奉仕活動を惜しまない	合同HR，宿泊HR，合唱コンクール，教師によるワイド相談
＊相互に連帯意識が高まり，悩みを友だちに話せる雰囲気がでて，暖かく，落ち着いたHRの雰囲気がつくられ一人ひとりが努力するようになる ＊学習その他の活動に満足感がある	＊個性・創造性を伸長する ＊民主的な人間関係ができる ＊自主的学習態度が強くなる	各種調査，検査，生活歴，生育歴，各種日記手記，Xからの手紙，3分間スピーチ，教育相談，家庭訪問

第Ⅰ部　実践に結びつく理論と解明

参考文献
(1) 玉井美知子『青年期の探究(1),(2)』日本放送出版協会，1966，72年。
(2) 玉井美知子『高校でのホームルーム指導の実際』学事出版，1974年。
(3) 文部科学省「高等学校学習指導要領解説特別活動編」2003年，文部省『高等学校学習指導要領解説特別活動編』1990年。

第4章　実践記録
――班日誌を通して所属感・連帯感・成就感を育てる――

1　班日誌を使って

　自主性の確立については，人間の発達の過程における環境や教育の程度によって，大きな個人差がある。

　また自主性とは，他に依存することなく，自己の正しい自由意思によって決断し行動することである。しかし現代社会では，相互依存は不可欠であるから，100％の自主性は現実にはありえないということである。したがって，相互依存をしていきながらもできるだけ自主性を育てていくことが，生徒指導上の現実的目標であると共通理解しておく必要がある。できるだけ自主的能力を高めるための実践活動の機会を多く持つようにしむけたりする教師の指導計画が重要である。

　特に高校生は，自発的な活動に対する欲求もいっそう強くなり，その充足によって望ましい教育的価値の達成がより容易になる反面，いきすぎの弊害も起こりやすく，はなはだしい場合には生徒の本分を逸脱してしまうような場合もある。その意味で，教師の適切な指導の確立に格別の注意をはらうことが必要となろう。実践上の具体事例として「班日誌」を取り上げ，生徒がどのような過程をへて自主的活動を展開していったかを以下で述べてみよう。

1　班日誌に取りくむまで

　T教諭は，2年B組の担任になった。この機会にHRで班日誌をつくることを計画した。そこで新たに選出されたHR議長と副議長とを呼んで，かれらの考えを打診してみたところ，「まだ，だれも経験がないので，LHRの議題にしても否定されるでしょう」という返事であった。

　この返事はT教諭の予想していたとおりであったが，とにかくなんとか実践に移してみようという気持ちに変わりはなかった。このように，班日誌を定着させてみたいという気持ちを持ったのには理由がある。T教諭はこ

の学年の授業を受け持っていないので接触が少ないことと，このクラスは1年のとき怠学や遅刻，カンニング，喫煙などの問題行動をあいついで起こし，謹慎処分を受けたり始末書の提出をさせたりした生徒が数名いた。そのときのHR担任が生徒の気持ちをつかんでいなかったこと，生徒同士も互いに結びついていなかったことによると感じていたからである。

そこで班日誌を通じて，教師は生徒の行動や気持ちの動きを知り，さらにはHR全体の雰囲気の変化を知ることができるし，また生徒にとっては生徒相互で長所や短所を知り合ったり，いろいろな思いや出来事についての考え方をぶつけあい，意見を交換し合える場になると考えたのである。

2 班日誌までの過程

1) T教諭の提案

T教諭は，HRで委員たちがあまりのり気でなかったが，議題として次のLHRで提案を行なった。要約すると次のようである。

班編成をしたあと，各班1冊ずつ（資料3-①-1参照）班日誌を持ち，各班1名ずつ担当する。

（例）1班のA君は「学校の生活」と「私の生活」を書いて，翌日朝，担任へ提出する。そこに教師とA君の出会いがある。日誌の「先生の言葉」欄ではA君の考えや質問に答えたり意見を書く。教師は提出された班日誌をSHRの時間に各班の生徒に返却する。A君は「先生の言葉」を読んだ後，Bさんへ班日誌を渡す。BさんはA君と同様に実践する（輪番制という）。土曜日・日曜日・祭日にあたった人は「私の生活」欄などだけでも自由に書く。

このようなことをHR員に話したところ，大部分の生徒が賛成をした。

2) 発足当初のころ

いざスタートを切ると，HRの話し合いで問題になったようなことはなく，「はじめはあまり気がすすまなかったが書き出してみると一つの楽しみができたように思える」「わたしの番になったらどうしよう，なんて書こうかと心配していたが，いざ自分の番になったらすらすらと書ける。文を作り文字を書くのがへたなわたしは，この機会に自覚して直していきたいと思う」「日誌を書くことによってみんなの生活がわかり，自分を改めるのによい方

法だと思う」というような内容が書かれ，みんな堰を切ったように男女ともまじめに書いていた。はじめのころ，生徒の書いたことがらで特に目だったのは，学校に対する不平不満が多かったことである。一例をあげると，「2年のあるHRでは多少遅刻をしても遅刻にならないが，わたしたちのところでは出席簿をよみあげるときに出席していなければ遅刻だとしている。不公平ではないか」というようなことである。しかしそのようなものだけではなく，学校に対する要求や批判めいたものがあったのが回数が重なるにつれて少なくなり，建設的な意見がふえてきた。

　回数を重ね自由に書かせると，かえって反省的・建設的なものになるのだということにT教諭は気づいた。

3） 1カ月後のT教諭の指導

　1カ月後，T教諭はHRで日誌の感想を発表し，これまでの書き方の足りないところを説明し，マンネリズムに陥らないように注意した。どの班も男女混合の編成であったので，よく読むと記録に男女の違いが出てくる。特に男子の場合，試験，勉強，成績のことが約70％も盛られていたので，7班（7冊）の班日誌の中から選んで生活経験の違いが互いに日誌を通してわかり合う記録，仲間の生活に刺激されて大いに反省・発奮した例，温かい友情を求めている生徒の例，読書を通して日常の生活が豊かになってきた例など，日誌の一部を読みあげて生徒たちの望ましい内面的な生活の成長を紹介した。

4） HR内の変化

　1学期の中間考査の約2週間前，班日誌に試験のことが80％以上も書かれていたので，LHRで「中間考査をどう切り抜けるか」という主題を，具体的に各班からの問題や個人の問題を取り上げて論じ合うことにした。まず各人に試験前の勉強方法について話させたところ，不得意な教科はどのくらい前から取りかかったらよいか，などということが問題になってきた。

　ある生徒が，班日誌に「自分が試験日までに，どのように勉強計画をたてているかを書いていけば，お互いにそれを読んでよいところを吸収できるんじゃないだろうか」と言い出した。ほかの生徒からも同じような意見が出た。「わたしの場合，試験の10日前に予定をたてて勉強するのですが，掛け声だけでうまくいかないのです。ある人にとって得意な教科でもほかの人には不

得意なこともあるのですから，得意な教科をもっている人は，班日誌にその教科の勉強方法とか毎日どのくらい勉強してきたかを書いてほしい」という意見も出てきた。

　さっそく翌日からそれを実行することになった。翌日の日誌には「自分は数学が不得意で，復習しようと思ってもわからないところだらけである。どうか教えてください」という内容があった。それに対して，同じ班の中から「放課後いっしょに勉強しませんか」という返事が書かれてあり，そこから放課後のいわゆる「自主学習」が生まれてきた。なかには2～3人で早朝学習をする生徒もふえてきた。それが後に，B組独自の「学習係」が誕生した。そして週間単位で学習した国語，数学，英語について復習程度の学習が早朝展開された。出席率は100％になっていた。

　さらにLHR*が活発になってきたのである。T教諭のHRでは学年の一定の主題，HR独自の主題をとりまとめて，HRの議長らが手ぎわよく進行する。その際，班別に主題を分担しそれぞれの班で責任をもって，「事前準備，司会，展開，まとめ」（LHR活動展開実践記録参照*）という運営を，HR運営委員会と協力しながら行なっていくことで，班での活動が分担できるようになった。T教諭はほとんど傍にいて，時おり助言をするくらいである。もちろん最初のころは自らが司会をしたり，生徒が司会をする場合には一緒についていて司会者をリードしていくことを繰りかえし行なっていた。T教諭が不在のため，代わりの教師がHRの時間に行なったときでも生徒たちが自主的にやるので，その教師が驚き感心して教員間で話題にしたということである。

*LHRとは1単位時間のHRをさす。
（1単位時間は50分）

*第3章，4-3-3）LHR活動展開実践記録のこと。

5）2カ月後の状況

　2カ月経過したところで，LHRで班日誌について論じ合ってみた。そのおりの話し合いの内容は，次のようなことである。

　(1)自分の書いたものに対して，先生が赤ボールペンで表現や誤字の訂正をしてくれたり，感想や意見を書いてくれるので（HR担任のニックネームは赤ペン先生），それを読むのがとても楽しみだ。もっと他の班の日誌を読めるようにしてほしい。休み時間に各班の日誌をみんな並べて，自由に読めるようにしてはどうか。

　(2)班の編成替えをしたらどうだろうか。いろいろな人と交わったり，意見

の交換をしてみたい。
　(3)思ったことを書きたいと思うが，今だにほんとうのことが書けそうにない。
　(4)自分が毎日つけている日記にはほんとうのことを書くが，班日誌にはあたりまえのことしか書かない。
　(5)自分は今だに班日誌は無意味だと考えている。だから書くのはめんどうだ。
　(3)，(4)，(5)の意見は数が少なかった。だいたいみんなは班日誌を書き，ほかの人たちの考えに多く接することができて，趣味や考え方，生活環境がよくわかり非常に参考になるといい，この点からみると，班日誌と個人の日記との性質の違いに対する理解ができているようであった。

6） T教諭の感想から

　T教諭は，一人ひとりの生徒の考え方を尊重しながら，社会性に欠ける生徒に対してできるだけ温かい援助をしていきたいということから班日誌の計画をたてた。最近では，生徒はT教諭の思いもよらなかったことを次々に書いている。個人を知るうえにも非常に参考になった。
　たとえば「近ごろ勉強する気がなくなった」という内容が散見されたり，提出日に班日誌を持ってこなかったり，教師の留守中に机上にのせて帰ったりする。そのようなときT教諭は「何日の放課後，話をしたいから来るように」という伝言を，その生徒の日誌にはさんでおく。また「近ごろ顔色が悪いようだが，どこか悪いのか」というようなことを日誌を受け取りながら生徒に声をかけるようにした。
　7月ころから，男女の交際に関連して，好きな異性のタイプやきらわれる異性の態度などについて書かれるようになった。また教室内のエチケットについて，3分間スピーチに出た意見がきっかけで，それぞれの班日誌に守ってほしいエチケットを書くようになった。その結果を校規委員がまとめて，「2Bエチケット集」ができるようになった。
　ときおり家庭生活の問題まで触れてくるようになってきた。「親になぐられたので，くやしいから夜1時ごろまで公園でぶらついて帰ってやった。このようになぐられるのはおれくらいのものだ！」と書いてあったので，T教諭は彼と話して，家で父親になぐられた経験のある人たちの意見をHR

で聞く約束をした。その結果彼ばかりでないことがわかって，自分の言動を反省するように気持ちが変わっていった。このようなことからいっそう生徒相互の理解が深まったとともに教師に対する信頼感が強まったことをT教諭は感じた。そのほか班日誌に生徒からの手紙がはさんであり，紙上相談式の内容も見られるようになってきた。

1日に約7人（7班）の生徒を観察しながら，1週間でほぼ全生徒の班日誌とともに生徒と顔を合わせることができるのでその集積の価値は大きい。T教諭にとっては，1日に7冊の日誌に批評や意見・感想を書くことはたいへんな手間であった。しかし，書き終わったあとは楽しい充実した気持ちになり，教師自身が人間として真剣に生きなければならないことを痛感しながら毎日生徒に感想や意見を書きつづけてきた。

2 2学期になってからの状況

(1)例外なく全部の生徒が日誌を書くようになった。そこでT教諭は当分の間このままにしておこうと考えた。しかし数名の生徒は，いぜんとして学校の規則などについての不満を並べていたので，これらの問題を学年会で検討し，生徒指導部や他教科関係の教師などとの間で検討し，手だてをつくし個別指導をするように計画をたてた。

(2)日誌の内容には「朝のSHRの時間を，勉強のしかた，進路のことなどについて，班や全体で話し合って有効に使いたい」「3分間スピーチを個性のあるものにしたい」などの建設的な意見がふえてきた。

(3)HRの中の思いがけない出来事が書かれ，教師の気づかないようなことを早く知るようになった。そのほか読書欄を通じてみんなの読書の実態がわかり，図書委員がHR文庫を立ちあげる提案をするようになった。その委員を援助する奉仕グループは，HR全員が一人1冊ずつ推せん文を本の「見返し」に貼り，氏名を書き，図書を持ちよる提案をした。それから本に貸出しカード，ブックポケットをつけ，カラーボックスに入ったHR文庫が誕生し利用されるようになった。

3 │ 1年間をふりかえって

ある女生徒の手記から、要点を次にあげてみよう。

「1年間があっというまに過ぎてしまった。T教諭が強く言っていた自主性というものが次第になんであるかわかってきたように思う。最初のころLHRがつまらなかったが、最近は考えることが苦痛でなくなりみんなの考えがわかり、私の考えと比較することができるのでよい勉強になった。その潤滑油は日誌だと思う」。

T教諭の手記から、

「みんなはお互い誰が誰だかわからず、最初の1ヵ月はほとんど私の指示通りに動いていた。そのうちにHRの組織づくりが始まったのである。最初のころ、みんなは結論が早く出ないといらいらしてそのことを無駄なことだときめつけたり、HRの時間がもりあがらないとつまらないという無関心な表情をし、司会者が悪いとか委員が悪いといったあなたまかせの態度になっていたようである。しかしみんなで、そのつど反省し話し合いを具体的に行なってのり切ってきた。

それらは「班日誌」を続けてきた記録の中からその足跡をうかがうことができる。みんなの謙虚な反省と真実を語り合える雰囲気、良いことは伸ばしていこうという集団の姿勢は学校という社会の中だからこそできるのだと思う。その中での経験や活動が、将来プラスになるだろう」。

4 │ 班日誌の実施とその考察

1 班日誌の実施後の評価

*班日誌の実施後の評価44頁のアンケート参照。

班日誌を通してその効用が大きいことがわかる。このHRの「班日誌の実施後の評価*」を紹介しよう。アンケートの結果、次のようなことがわかった。

(1) 班日誌をやってよかったと、大半の生徒は思っている。

(2) 「教師のことば」は、班日誌の活動を決定する大きな要素になっている。それだけに教師はその信頼にふさわしい懸命の努力がたいせつであり、それ

第Ⅰ部　実践に結びつく理論と解明

```
┌─────────────────────────────────────────────────────┐
│         班日誌実施後の評価アンケート項目（例）        │
│  問1　班日誌をやってよかったか    ②だいたいやった    │
│    ①非常によかった              ③どちらともいえない │
│    ②よかった                    ④だいたいやらなかった│
│    ③どちらともいえない          ⑤ほとんどやらなかった│
│    ④悪かった                  問4　HRT のことばの欄について│
│    ⑤非常に悪かった              ①返されるとき必ず見る│
│  問2　班日誌をどういう場と考えるか ②時どき見る       │
│    ①先生と会話をし悩みや楽しみを分けあ ③ほとんど見ない│
│      う場                        ④自分がいっしょうけんめい書いたとき│
│    ②友だちと会話のかわりをする場    見る           │
│    ③自分の話し相手にする場     問5　他人の班日誌を読むか│
│    ④自分の記録をつくっておく場    ①機会をみつけてたいてい読む│
│    ⑤自分のことより HR の友だちの気持 ②時どき読む  │
│      ちやようすを知る場          ③ほとんど読まない │
│    ⑥しかたなくやる場           問6　他の班日誌を読むか│
│  問3　今までの班日誌をふりかえって，ど ①機会をみつけてたいてい読む│
│      のくらいいっしょうけんめい書いたか ②時どき読む│
│    ①力いっぱいやった            ③ほとんど読まない │
└─────────────────────────────────────────────────────┘
```

が生徒との対話不足の解消となる。

(3)各班の結びつきには，班日誌の交換や班編成替えを可能なかぎり約2カ月ごとに行なうことが必要である。

(4)教師は生徒の興味・関心等の実態を班日誌の中から把握することができる。HR 内の問題がわかり，一人ひとりの生徒の生活状態を知る手がかりとなろう。約1週間で大半の生徒の様子がわかるので担任にもメリットがある。

(5)生徒一人ひとりが班日誌を教師に手渡す際に，HR 担任は生徒に声をかけたり視診ができるので，生徒にとっては「チャンス相談」や「よび出し相談」の機会を得ることができる。

(6)生徒は集団の問題を自主的に協力して，解決する努力を惜しまないようになる。

2　班日誌で留意すること

(1)生徒が自発的に校則違反を書いたときの教師の態度についての疑問を発している。生徒が教師を信頼して，このような告白的なことを記述するようになれば班日誌は成功である。しかし生徒がどうしてもその校則を納得できないような場合こそ，HR の討議で十分話し合うことが必要であり，正しい

ことを実行させるのに教師は勇敢でなくてはならない。旧態依然とした校則を生徒に押しつけることのないように，生徒の声をとらえたらしかるべき組織につなげて，生徒の問題に応える努力や解決の方法を工夫するようにしていく必要がある。要は自分たちの学校に所属する集団をよくしていこうとする姿勢がたいせつである。

(2)個人の問題は班日誌の記述のみで軽重をつけ難い。それらをみんなで共に考えたとき，そこに妥当な結論を見出せる。

第5章　話し合いの意義と方法

1　話し合い

◼ 話し合いと会議のちがい

　話し合いとは，集団で話し合うこと（集団思考）であり，会議とは議事規則にしたがって運営され，多数決によって決定するということである。以下に，それぞれの特色をあげてみよう。

　1）　話し合いの特色
　①各人の違った考え方，意見や経験が自由に述べられる。②参加者のそれぞれの考え方に刺激を与える。また，考えることを活発にする。③問題解決に対する協力の手段として用いる。④参加者全員の協力による解決であるため，一方的に与えられた解決ではないのでその実践について全員が熱意を持つことができる。⑤話し合いは多数決ではなく少数意見も発言の機会が与えられ共通理解へ到達する。⑥自分の立場をはっきり述べる機会が与えられるとともに，他の人の考え方や立場を知ってそれを尊重するという民主的な生活態度を育成する。

　2）　会議の特色
　①議事規則は，討論が公平に，しかも，短時間にすすめられるためにある。②多数の意見が支配する（多数決の原理）。③多数者・少数者の両方の権利が守られる。④動議の取扱いには一定のすじ道や正しい順序がある。⑤議長は公平な態度と判断とで，責任のある議事運営を行なう。⑥すべての構成員がいつでも知ることができるように，議事の進行について記録を保存する。

2　能率的な話し合いの手順

話し合いの手順が良くなかったために話し合いがすすまず，司会者（リーダー）が自信を失うといったことがよくある。そのようなことが続くと，HR の雰囲気が非常に不安定になってくる。

それでは，どのようにすれば能率的に話し合いができるのか，以下にその手順を挙げてみよう。

(1) 第一段階

解決する問題を一人ひとりがはっきりと自覚するようにする。話し合いの司会者は，問題の重要性と正しい受けとり方を全員にしめし，よく理解できるようにつとめる。提案者や発言者の言葉で不明確なものは正して，共通理解するようにつとめる。

(2) 第二段階

なぜ問題になったかを具体的に司会者は明らかにする。HR 員はそれを理解するための必要な情報や資料があるかどうか検討する。

(3) 第三段階

解決案を班別に提案し，各班で検討して整理する。話し合いの技術がいちばん活用されるのはこの段階である。他の人たちの意見や立場を尊重しながら，相互に理解を深める。①予想される解決案にはどんなものがあるか，②全員の考えが一致する点があるか，③予想される解決案に対して参加した人の考えが一致する点があるか，④一致していない点があるか，それは何か，⑤意見や態度について一致しないとすれば，それは何によるか，⑥感情の対立があるのか，など。

(4) 第四段階

これまでに出た解決案のなかから，最善のものをえらぶ。そのための基準は，①問題の要求と一致しているか，②実施できそうなものか，③解決案は少なくとも現在までの段階でほんとうに望ましいものであるのか，④解決案が出るまでに，みすごした問題はなかったか，⑤解決案が出たときの基本になる考えをもう一度たしかめて，妥当であったか，など参加者は検討する。

(5) 第五段階

みんなが賛成した解決案を実践にうつす。その際解決のために，実施の見通し，協力分担を検討する。

(6) 第六段階
実施の結果の反省，失敗の原因を追求し改善する。

3 話し合いの心構え

話し合いが能率的に効果をあげていくために，司会者や参加者は次のことをお互いに守らなければならない。
(1)主題（テーマ）について必要な情報を提供できるように事前に準備する。(2)すでに論じられたことをむしかえして，会の進行をさまたげない。(3)違った立場や別の論旨について，みんなで公平に考える。(4)解決案に対して，結論に協力する。自分の提案が取りあげられなくても話し合いとしてのまとめに協力する。(5)意見に関係なく，ルールやエチケットを保つこと。聞き方を上手にすること。

4 議論と討論のちがい

議論とは，ある提案，ある意見やある考え方に対して，反対者または賛成者がそれぞれの提案，意見，考え方のポイントを発表して，相手のそれらの論旨が不当であるかどうかをはっきりさせていくことをいう。したがって，相手の反対主張を論破し意見をたたかわすことである。

討論とは，かなりあらたまった形式をふみ，支持する意見や立場のちがいが決定的なために，特定問題についての主張と反対主張に分かれて，相互に順々に相手の説を論破・主張しあう口答形式の議論をいう。討論を身につけるために，(1)問題となっていることがらを判断するのに必要な材料を多く収集する。(2)確信をもって，しかも相手を説得できる表現力を身につける。(3)常に問題意識を持って，現実の問題を観察したりして自分自身でもトレーニングする，などがあげられる。

5 司会者の心構え

HRで話し合いを進め，結論をひき出すために，その時間内に次のことに気をくばる必要がある。
(1)みんなが話す機会をつかむように，(2)話が横道にそれないように，(3)特定の人の話がはばをきかさないように，(4)たいせつなことがぬけないように，(5)話題が固定しないように，(6)多くの人の意見の一致と賛成が得られるよう

に，など。

6 司会者の技術と心得

(1)司会者は次のことを心得ておこう ①議題（話し合いのテーマを発表する）。②会議「話し合い」を構成する当日の役割を紹介する。たとえば司会者，提案者，記録係，助言者など。③展開の形式。たとえばシンポジウム。④所要時間の予定など。以上のことを参加者に事前に伝えておくことが大事である。

(2)司会者は発言を平等に引きだすように配慮する。①問題を判るようにする。②話し合いの形態を明確に伝える。③男女が平等に発言する工夫や同じ生徒に偏らないように配慮する。

(3)話のすじ道からそれないようにする。要点を箇条書きで板書する。

7 司会者の話し合いのルール

司会者は話し合いのルールを知ったうえで，それにしたがって司会をすすめていくことがたいせつである。馴れるまでHR員に以下のルールを徹底させる必要がある。

(1)発言者は手をあげる（学年合同HRなどの場合は，HR名，氏名もいうようにすると，記録者の整理がしやすい）。

(2)発言者は司会者の許可を得てから発言する。

(3)発言者は内容を要領よくまとめて，いつまでも長く発言をしない。

(4)参加者は人の発言をよく聞き横取りしない。

(5)参加者は発言をけなしたり笑ったりしない。

(6)必要に応じて採決するときは，多数決に従うが少数意見もたいせつにし，反対の人も決まったことには従う。

(7)意見を出さない人の気持ちも考える。

だまっていてもHRに参加している人もいるし，そのような人は反発したりせず無言の反抗をしていることもある。指名しても「ありません」という言葉の中には，単純に受けとれないものもあるかもしれない。しかしできるだけ話す機会が持てるように，順番に指名をするとか，二人同士の話し合いで，どちらかの一方の人を指名するなど，話し合いの結果を発表するようにする。これなら意見を出さない人が発言する機会としてむりがなくてよい。

(8)司会者は先生をあまり意識しないようにする。

　発言者のなかにはHR担任を意識するあまり，先生の顔をチラチラとみて話す人がいる。HR担任にばかり気をとられると全員が話し合いの意欲をもたなくなる。先生の方から声をかけてくれるまで，あるいは，みんなから「先生の意見をきかせてください」というまでは，司会者はみんなの方を向いていることがたいせつである。

(9)先生の許可を得てから採決や決議をすること。

　先生の許可を得ないで，金銭にかかわることや他のHRとかかわること，あるいは，学校運営上にかかわることを決めることはできない。あらかじめ先生に相談し許可を受けるとか指導を受けてから採決を行なうようにする。

(10)採決の仕方。

　会議では採決するとき，挙手，起立，投票の3つが使われることが多い。なかには「賛成者は拍手をしてください」ということもある。また提案について一般には賛成の方から採決し，反対はそのあとで採決する。

　このように会議のルールをHR員が共通理解することによってはじめて民主的な運営ができるのである。HRの一人ひとりを尊重し，平等に公平に進めることがたいせつであり，特に司会者は，参加者がこれらを守れないときには納得させる。

8　記録の仕方

　HRの「記録ノート」には次の要項を用意しておくと便利である。

　①月日　記録者氏名，②場所，③欠席者・出席者人数，④LHRの司会者，⑤提案者，⑥議題，⑦話し合ったこと，⑧決定事項，⑨残った問題，⑩HR担任の意見

9　記録者（書記）と提案者の心得

　①記録者は大抵は発言しない。採決の結果や全体の意見のまとめを発表したり，記録をした結果を発表しそれをHR担任が保管する。②提案者の心得。提案者は提案する内容をはっきり掴んでおき生徒に判るように発表の工夫をする。また皆に聞こえるようにはっきりと言い，決められた時間内に終わらせる。自分の提案が話し合いの結果，取り上げられなくても，それにこだわらない。

10 発言の内容

　発言の内容を分けてみると，(1)質問の仕方，(2)意見の出し方，(3)賛成の仕方，(4)反対の仕方，(5)修正の仕方がある。

　(1)質問の仕方では（確かめる質問）―「○○でよいですか」または「○○と解釈してよいですか」。（一部質問）―「○○までわかったのですが，Xのところをもう一度言ってください」。（深める質問）―「○○というのはよくわかったのですがXはどう考えますか」，と3種類ある。

　(2)意見の出し方ではまず意見なのか質問なのかはっきりさせる。そのつどこれは質問か，提案か，意見かをはっきりとさせ発言するようにする。そのため結論や結果を先に言い，その理由や経過の説明はあとにするように心がける。

　(3)賛成の仕方は誰の意見に賛成かをはっきり言ってから，その理由を言うようにする。

　(4)反対の仕方は誰の意見に反対なのかをはっきり言う。そして理由を言うようにする。

　(5)修正の仕方はさらにつけ加えるなら「それより○○にしたほうがよいと思います」と自分の考えを出すとよい。

　以上，本節では司会者が心得ておかなければならないことを中心に，参加者の心がまえを述べたが，民主的な話し合いのルールにしたがって，お互いに参加してよかった，発言して考えが広がったという充実感・満足感をみんなが得ることにより，次第に楽しい HR をつくりあげる原動力になっていくと思うのである。

2　話し合いの準備と形式

1　話し合いの流れと時間のとり方

　(1)話し合いの第一段階――開会（1～2分），報告（2～3分），議題の説明（1～2分）

　この段階では，話し合いをすすめるということを全員に知らせる。司会者，

提案者を紹介して，これからの HR の時間を有効に運営することに協力を求める時間である。報告などの時間が守れるように，あらかじめ十分に連絡しておくようにする。

(2)話し合いの第二段階――提案説明（3～5分），質疑応答（3～5分）

この段階は，短い時間で要点の提案を発表するようにする。

(3)話し合いの第三段階――討議（20～25分），議決（5～7分）

十分に時間をとって，話し合うようにする。全体の時間50分のうち，その2分の1以上をとるように時間を配分する。

(4)話し合いの第四段階――閉会（1～2分）

この段階は，会のまとめと，次の LHR の予告，連絡をふくめて簡単にする。

2 話し合いの雰囲気づくり

(1)話し合いがしやすい環境をつくる――HR 全員の気持ちをやわらげ，何でも話せるような雰囲気にするため，「HR ソング」とか「簡単なゲーム」を行なうなどのレクリエーションを導入で扱うようにする工夫がほしい。そして司会者が「さあ，はじめましょう」という声で，一同が静かにするなど，約束にしたがって実施するとよい。あるいは HR の目標を全員で読みあげる。そのテーマ音楽をカセットテープに録音して流すなどの工夫もできよう。特に合同 HR（学年全体，あるいは3年と2年の HR の合同など）の場合には，簡単な立て札をつくり，学年，司会（議長），記録者，提案者，その他の必要な役割を書いておくとよい。

＊立て札は画用紙を2分の1に折る。

3-B
司会（議長）

(2)会場や場を工夫する――HR でも講堂でも，まず会場づくり，座席づくりを工夫することがたいせつである。座席が自由である場合，好きなもの同士がかたまったり，ポツンとひとりになってしまうものもでてきたりすることが多い。また会議に参加意識を持たないものは，なるべく目立たないように，中心からはずれた席に座る傾向がある。これは人間の心理である。さらに授業形態のように教壇へ向かって一方的に並べられた机や椅子では，話し合いの場としては工夫が乏しすぎる。座席はできるだけお互いの顔が見えるように配置する。

第Ⅰ部　実践に結びつく理論と解明

3　LHR展開に必要な「座」の工夫と話し合いの形式

1）「座」の工夫（資料A）

(1)丸形の座席づくり——机を真中にあつめるか壁側に集めて，椅子だけを円形にならべる。人数によっては二重に椅子をおく。話し合いの最も基本の形である。

(2)コの字形の座席づくり——一般にはコの字型が多い。会議の場合は提案者や司会者（議長），記録者（書記）などを中央の位置におくのが便利である。

(3)班（グループ）型の座席づくり——班（グループ）などで討議をする場合である。

(4)その他の座席づくり——机と椅子を扇型にしたりすることによって，雰囲気をかえることができる。

これらの座席づくりには，黒板に簡単な図をしめしておくと，各自が仕事を手早くすすめることができ時間の短縮にもなる。

2）LHRテーマの展開に必要な話し合いの形式（資料B）

話し合いの内容によって，いろいろなテーマに即応した話し合い形式を取り入れてみるとよい。以下の資料B図(1)〜(10)を参考にしてほしい。

4　LHRの展開を活発にするために

LHRの主題別展開例を(1)〜(6)まであげてみた。参考にして創意工夫してみよう。

(1)グループディスカッション，(2)Xからの手紙，(3)インタビュー形式，(4)パネル，シンポジウム，フォーラム形式，(5)レクリエーション，(6)ロールプレイ。

第5章　話し合いの意義と方法

資料A　机，椅子を使った話し合いの座の工夫例

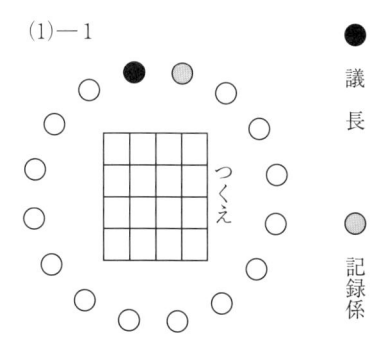

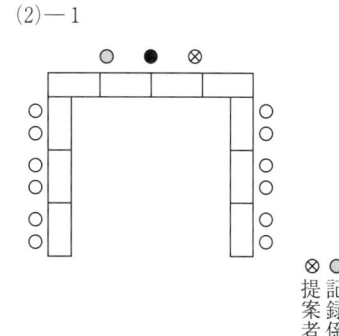

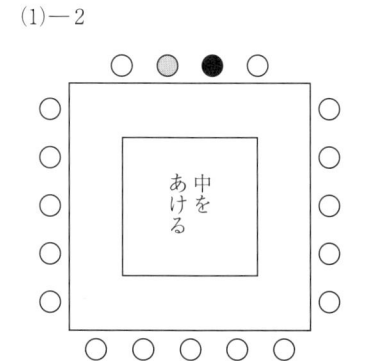

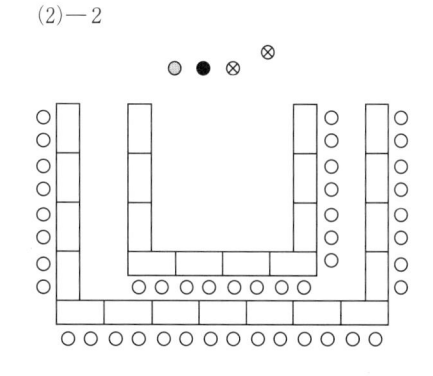

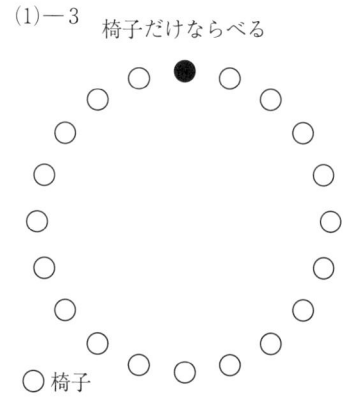

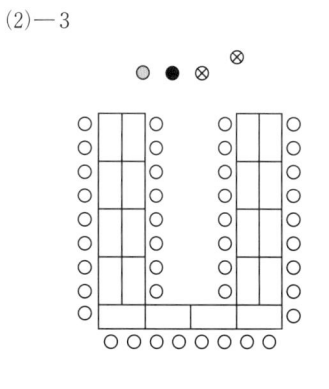

(1)-1　●議長　○記録係

(1)-2

(1)-3　椅子だけならべる　○椅子

(2)-1　⊗提案者　○記録係　●議長

(2)-2

(2)-3

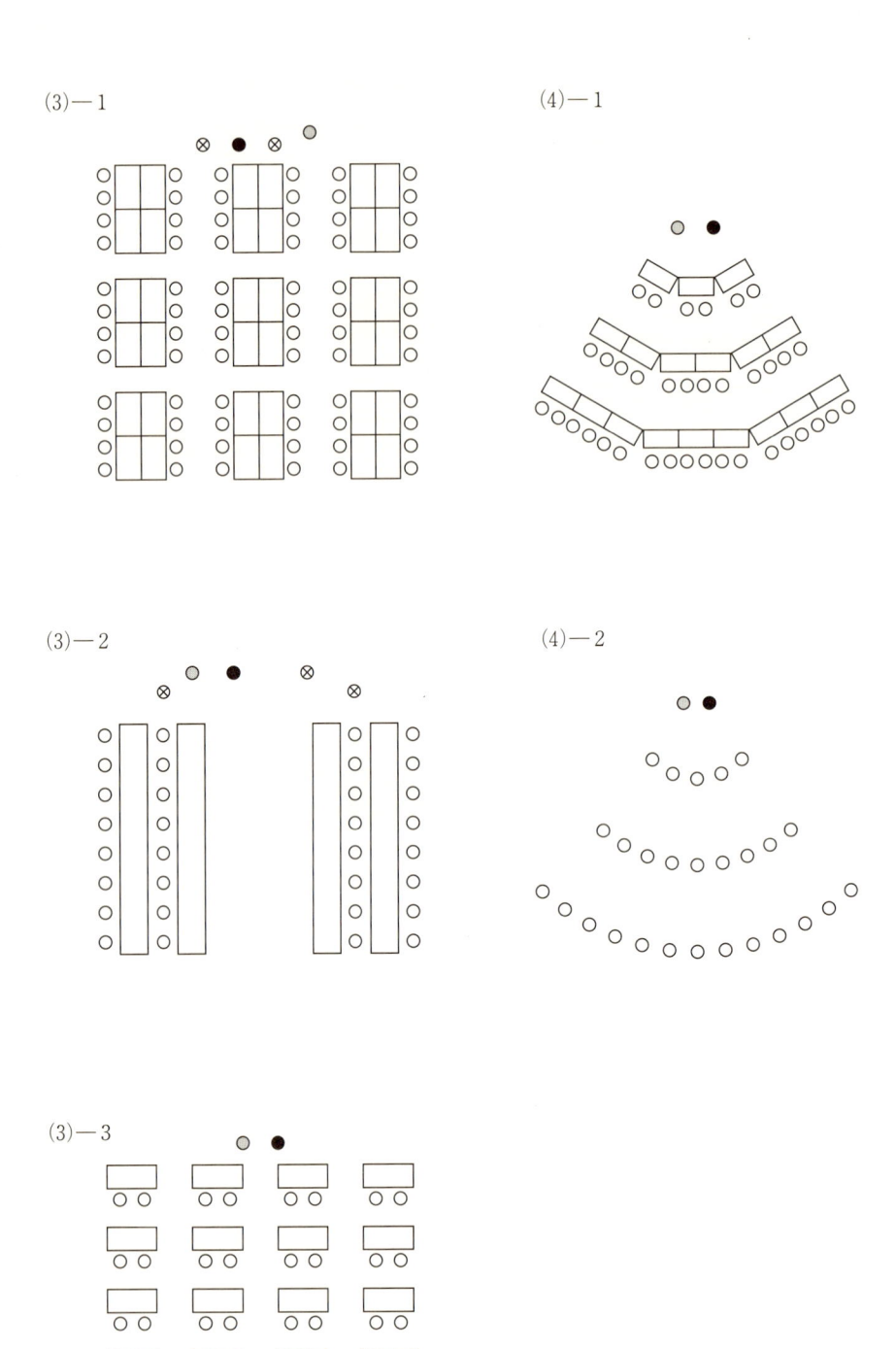

第Ⅰ部　実践に結びつく理論と解明

(3)－1

(4)－1

(3)－2

(4)－2

(3)－3

資料B　テーマの展開に即応した話し合い形式の例

(1) フリートーキング

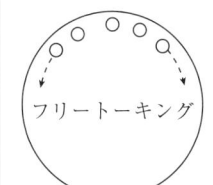

例，自己紹介などの場合

各HR員があらかじめ200字以内に内容をまとめておいて自己紹介をする。

氏名，住所，出身校，趣味，特徴，感想を特色を持たせてユーモアたっぷりに書く。

HR担任は用紙を集め，無作為に全員に配布する。以下(6)の番号呼びの方法をとる。

(2) パネル・ディスカッション

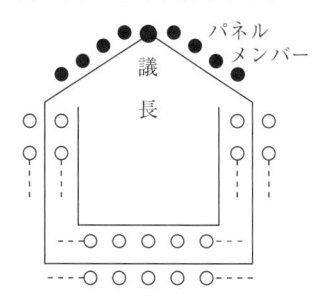

前面に議長，パネル・メンバー，（ちがった立場からの意見を代表する2～3人）を出し，議長の司会で意見を交互に言う。適当なところでHR員にも意見や質問を出すようにして進行する。

(3) フォーラム（公開討論会）

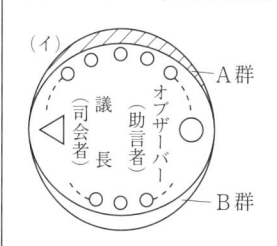

(イ) 最初からHR員を対立するA群，B群に分けて，相互の自説を主張させる。横道にそれないために議長の他にオブザーバーをつける。

例　男性からみた女性，女性からみた男性の場合。

(ロ) HRを2群に分ける。互いに自説を主張する。横道にそれないようにオブザーバーまたは助言者をおく。

(4) シンポジウム

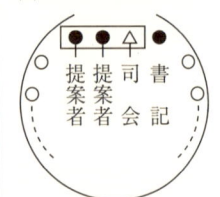

提案者に短時間話をして自分の意見を言う。そのあと、HR 員からの質問・応答の形で進行し討論する。

この場合一人の提案者だけのこともある。二人以上のときもある。

(5) グループディスカッションまたは、バズ・セッション。(6・6討議)

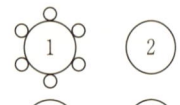

HR の小グループや臨時の組分けで話し合いをする。この場合5～6分話し合いをしてその結論を代表が全体の会議に発表したりするので6・6討議などとも呼ばれている。内輪で気楽に話し合いができるのが長所である。全体の会議にはパネル・ディスカッションまたは主題の性格によって、フォーラム、シンポジウムに移行できる。

アンケートの結果から、柱（問題）ごとに各グループに分かれ、ここで話し合ったことを各グループで発表し、その中から全体で必要だと思うことを司会者が整理し、それを全体で討議する（シンポジウムという形式になる）。高校生活におけるさまざまな問題を出すときとか、悩みを出し合うときもこの方法は大変やりやすい。LHR の年間計画作成についてのテーマ選択、問題提案にもよい。

バズ・セッションとはいくつかの小集団が、一つの問題を、ブンブン蜂のごとく話し合う。時間を6分位に切る。そのあと小集団の代表が意見をまとめて発表し、全体の討議の議題を取り上げて、それについて話し合う。

(6) 番号呼び

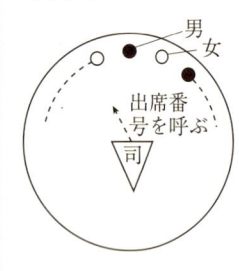

司会者が馴れていないとき、HR 員の名前をおぼえていないとき、指名されても話がしにくい雰囲気のとき、男女がなるべく当たるように配慮して、まず司会者が、たとえば3番と呼ぶ、3番の生徒はハイ、と返事をして立つ、司会者は3番に自己紹介をさせる（これは別のテーマでも質問ができる）。それが終わったら3番に好きな番号を呼んでもらうように司会者は説明する。3番は、次に28番と呼んだとする。28番は立って3番の質問に答える。このように次々番号を呼ぶ。司会者も自由に質問ができる。

(7) ケーススタディ

事例を追求するのに、はじめから全部解説してしまわず、問題を追求する過程の中に、だんだんと条件が明らかになるようにする。なぜそうならなければならなかったかを追求していく。

HR で悩みとか問題を作文にして（無記名でもよい）、それを提出し朗読する。または問題に合う名作文を読んで、その主人公の立場が理解できるまで追求し、相手の気持ちを考えていく。

座席は特にきめなくてもよいが、円形でも並行でもよい。

第5章 話し合いの意義と方法

(8) 公聴会

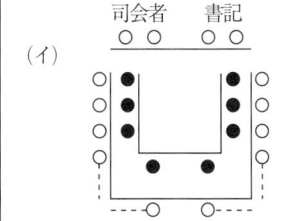

(イ)

内側に問題,または議題に対して意見を持っているものが集まる。
外側にはその他の生徒が,聴取し質問をする側にまわる。

(ロ) 模擬（国会・裁判）

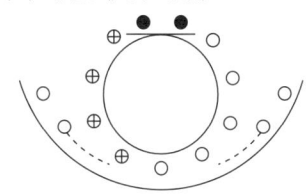

ある議題について（生徒会費の値上げなど）政府側と議員側とに分かれて,議員側は与党と野党に分かれて論議を進める。

(9) ロールプレイ（役割演技）

両者の立場に立つ生徒が,その立場を話し合う。"先生と生徒"や"親と子"を生徒がそれぞれ役割をもって話す。
司会者が親の立場に立つ生徒を指名する。指名された生徒は子の意見や言い分に答え,母または父らしい言い方で話す。
それぞれの立場になって,話し合う。

(10) 普通の話し合い

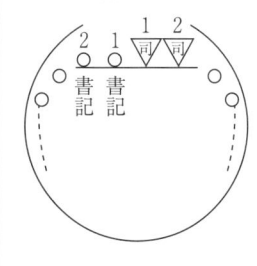

司会者がテーマを解説し,各自が平等の立場で意見を述べる。
司会者は男女2名または1名でよいが,馴れないとき,問題がむずかしいときは2名がよい。
疲れたときは司会者交替を宣言すればよい。

(出所) 玉井美知子作成。

4 LHRの展開を活発にするために

　　　　　　　以下は，LHRの主題（テーマ）別の展開例である。参考にしてほしい。

1．事前準備
(1) 主題（テーマ）のねらいをHR校時より少なくとも4日まえまでにHR員に徹底しておく。
(2) 主題に関する資料の収集，アンケートの作成，結果の集約，発表準備。
(3) 司会者の決定，グループ別（班別）に司会者を決定し，主題の分担をしておく。
　　　　複数制の司会者，教師の司会など。
(4) HRの展開の形式と座席づくりの工夫。
(5) 参考資料，助言者，指導者の決定，ゲスト等の考慮をして主題にとりくみやすいよう工夫をする。
(6) 視聴覚教材の利用（録音テープ，CD，DVD，書籍，新聞など）

2．LHRにおける主題別の展開例
(1) グループディスカッション（バズ・セッション）形式

アンケートの発表	グループディスカッション	話し合いの内容をグループごとに発表する。	全　体　討　論	ま と め
5	10	15	15	5

(2) Xからの手紙（性格，進路，悩みなどの助言）応用としてSOS形式

全員に用紙を配布記名する。	用紙を回収，再びよく繰って全員に配布，用紙の記名の友人に関する助言を書く。Xからとする。	用紙を回収し，記名宛に配布する。	各自のところへきたXからの手紙の内容をよく読み，返事を書く。指名されたら，文をよみ，自分の意見を述べる。他の2〜3人の友人の意見もきく。
5	15	10	20

(3) インタビュー形式（番号呼びによる自由な話し合い）

3分間スピーチ，合唱ゲームなどを導入にする。	司会者は自由に出席番号を呼び，その人に質問する。答えた人は次の人を番号で呼ぶ。そして質問をする。	ま と め
10	35	5

(4) パネル，シンポジウム，フォーラム形式

録音テープ聴取，または代表者の意見を発表	パネルなどの意見に対して質疑応答	全　体　討　論	ま と め
15	15	15	5

(5) レクリエーション
　　（例）音楽鑑賞

準備，プログラムの発表，司会者あいさつ	各自のリクエスト曲を中心に，その曲をえらんだ理由や思い出などをかたる。	ま と め
10	37	3

(6) ロールプレイ（親と子，先生と生徒等）
　　役割をきめて互いにその立場になって問題を解決する。

（出所）玉井美知子作成。

第6章　HR活動の具体的な題材（テーマ）の選択と配列

1　基本的な考え方

　高等学校学習指導要領は次の内容三項目を示している。
①HRや学校の生活の充実と向上に関すること。
②個人及び社会の一員としての在り方と進路の適切な選択決定に関すること。
③学業生活の充実，将来の生き方と進路の適切な選択決定に関すること。
　①のようにHRにおける集団生活の充実・向上及びそれにもとづく学校生活全般の充実・向上を図る活動内容と，②③のようにHRの生徒が共通して当面する現在及び将来に関わる問題をHR活動を通して解決する活動内容とに分けて考えられるが，それぞれの活動内容がおのおの独立していると考える性質のものではない。これは相互に，直接，間接に関連している。したがって生徒の実態や取り上げる題材などに応じて活動内容の相互の関連を図ることについても留意し，HR活動の個々の時間の充実はもとより高校生活全体を見通して充実したHR活動が進められるような指導計画を立てることが重要である。
　①題材の選択と構成と配列にあたっては，学年間の関連を図りながら，全校（全学年）的な見通しのもとに行なわれるが，一般的には学年を単位として構成されるものが多い。同一学年のHRの間に不調和が起こらないように，たとえば，学年ごとのHR運営委員会（HR担任と生徒による）において検討を加える。各HRの独自性を生かしながら，相互の連絡や協力を図るためには，この委員会が必要である。学年目標を設定し，その観点に即して，委員会は各HRが共通に取り上げる具体的な内容を選び，それを取り扱いやすくする。
　②共通題材には，全学年に共通のものと各学年に共通なものとがある。全学年に通じるものは，学校・地域・生徒の実態などを考慮するとともに，各HRとも共通に取り上げなければならない課題を考えるようにする。

第Ⅰ部　実践に結びつく理論と解明

　　　　　　　③各HR共通題材のほかに，各HRが自由に取り上げることができる余地を残した計画を作成する必要がある。（例，学校行事，生徒会活動など）

*偶発的な問題
このHRだけの突発的な問題，思いもかけない問題をさす。

　　　　　　　④偶発的な問題*と共通題材との関係をふまえるなどの弾力的な扱いを考慮する必要がある。
　　　　　　　⑤各HRでの委員会活動が行なわれるように議題を考慮する。
　　　　　　　⑥各HRごとに題材を細案化するには，HR運営委員を中心とし，各係の代表などを随意に加えて，各HRごとの活動の計画を，なるべく具体的に作成するようにする。この計画が，HRの生徒全員に理解できるようにする。
　　　　　　　以上のことを基本において，具体的な題材の選択・構成を考えてみよう。

2　HRや学校生活の充実と向上に関すること

　　　　　　　HRは学校における基礎的な生活集団であることはすでに述べたが，そこでは特に取り扱う内容として「HR内の諸問題の話し合いと処理」「生徒会活動・部活動と関連する問題」「家族，集団，社会の一員としての自覚」などがある。
　　　　　　　ここでいうHR内の諸問題というのは，単に学校からの伝達的な問題を処理することのみをさしているのではない。まずなんといっても，HRにおける「教師と生徒，生徒相互の好ましい人間関係」を育てるためには，「HRの目標の共通理解」や「共同生活の中での仲間の理解と役割に対する

*小集団またはグループ組織をさす。

協力」，さらには班組織*をつくったり，班日誌（グループノート）を活用したりして互いに理解を進めるための題材を取り上げる必要があろう。なお，座席の決定，3分間（ショート）スピーチなどの具体的な活動即題材というようなものもある。
　　　　　　　また，LHRの具体的な展開に必要な技術などの運営方法を，全員に理解させるために取り上げる必要のある題材もある。
　　　　　　　HRと生徒会との関連では，HRで討議した結果を，生徒会へ提出する手順の理解とともに，生徒会員としての望ましいあり方などを十分話し合う必要がある。部活動の理解と参加については，勉強と部活動の両立や，部活動内の人間関係の重要性，合宿の意義などを問題にすることが考えられる。このことは部活動に参加していないHR員の理解も得られる。
　　　　　　　以下に，具体的な題材を4つあげて，その題材設定の理由を考えてみよう。それぞれのねらいや内容にもふれることが望ましいのであるが，紙面の都合

第6章　HR活動の具体的な題材（テーマ）の選択と配列

上それらは省略する。

1）　HRへの提言と諸問題の解決
◉題材設定の理由

個々の生徒のHRに対するビジョンや率直な提言をとおして，HRの本質を考える。このことはHR活動の出発にあたっての「オリエンテーション」とも考えられる。HRの運営を円滑に進めるため，成員としての役割，教師とHRとの関係，HRの理想像などを話し合って，HRの目標の共通理解を促す題材である。なお，新1年生には中学校との関連を配慮しておく必要があろう。

特に，HRは生徒のもので，教師が介入すべきではないという考えを持つ生徒も一部にいる。HRにおける教師の指導や援助が重要であることを理解させることがたいせつである。

2）　教師と生徒の人間関係
◉題材設定の理由

教師と生徒との厚い壁などとマスコミなどでもさわがれ，かつて美徳とされたものが現代の社会悪のたねにされている。いくつかの調査結果でも，「先生に相談しようと思わない」という答えが圧倒的である。これまでの学校紛争でも，教師は現体制の中にあり権威の手先である，したがって敵だとまで極言されている。しかし，教師が無用であるとは決していわない。生徒が求めている教師とは，「生徒といっしょに人間的なつき合いをしてくれる先生」「許容的な態度で生徒を理解してくれる先生」「誤りがあれば厳しく指導してくれる先生」なのである。したがって，教師は，人間的な面での豊かな人柄を持っていて生徒とつながりを持つことがたいせつであることはいうまでもない。新しい感覚で教師と生徒の結びつきを考えるとき，ティーチングマシンでないのはどんな点かをよく生徒と討論するとよい。その反面に，生徒はどんな生徒でなくてはいけないか，自由でわがままにふるまい，教師に求めるだけでよいのかどうかを考え，教師と生徒のどのようなかかわりが望ましいのかを十分に話し合いたい。

▶関連する題材例

「仲間づくり」「HRの運営方法」「班と係活動」「委員会と委員の仕事を支

援するメンバーたち」「話し合いの方法」「自己紹介」「座席のつくり方」「班日誌の効用」「ショートスピーチ（1〜3分間)」「HR 内のエチケット」「先輩，後輩」「HR 担任に望むこと」

3） 生徒会活動*への提言
◉題材設定の理由

「学校紛争*」が起きてから生徒会の立場は微妙である。生徒会の無力を叫んで生徒会をおしつぶし，それにかわって生徒自治会をつくろうとする動きなどもみられた。HR で生徒会について考えるのは，学校全体の問題をいろいろと根本的に再検討しなければならないからである。もし生徒会に建設的な意見が勢力を占めているときは，学校の問題を生徒会を通じて処理することができるであろう。そこでは生徒の自主活動と学校の教育目標とが一致し，HR 活動も盛んになれば，学校も活気づく。そのような理想的な生徒会はどうしてつくられるのか。その基盤は何といっても HR で，これが健全に育成されれば，まず正常な意見が勝利をしめるであろう。HR の時間をないがしろにして，教科の時間や自習時間にあてたり，運動場での単なる遊びでつぶしている場合，なにか問題が起きると，話し合う雰囲気が持てず生徒は個々バラバラとなり，自分勝手なことをはじめる。

特定の生徒が HR の意向を支配するような事態は，そうしたことから生まれてくるのである。生徒会の健全な運営は HR の基盤の上にこそ成立する。学校としては，学校が主導権をにぎるということではなく，HR における民主的な雰囲気をたいせつにし，その集約として生徒会を育成していくことがたいせつである。

生徒だけで生徒会を動かすといっても，個々の生徒は勉強もし，部活動もやりながら生徒会のために働くわけである。したがって，教師の側面的な援助がなければ，生徒会の適切な運営は期待しにくい。

一般に，生徒の生徒会活動に対する関心は低調である。無関心な状態をそのまま放置するとどのような問題が起こってくるか，生徒議会*を通して HR と生徒会とのつながりをうまくつけていくためにはどうしたらよいか。抽象論に陥らぬよう，現状の反省に立って具体的な問題を取り上げて考え，生徒の自発的な活動と，あわせて教師の適切な指導の必要なことを理解したい。

*生徒会活動の名称は，平成11年高等学校学習指導要領特別活動の改訂による。
*学園紛争ともいう（1969年〜）。その後一部の都道府県の高校に広がった。

*第2章1②の図2-2 HR の組織参照。

*生徒議会
各 HR の常任委員会，特別委員会（行事などを行なう）。

4） 公民性について

◉題材設定の理由

　現代の日本ほど思ったことを言い，思ったとおりに行動できる国はほかにないと思われる。言論の自由，行動の自由といっても諸外国の例にみるごとく，それほど自由ではない。公民の公という字は共通という意味を持っているが，共通の利益のために行動し，発言する公民的自覚は，現代のような複雑化した社会ではことに必要であり，その欠如は他にも大きい迷惑をあたえる。大都会のように人口が密集しているところでは，交通規則などいろいろ守るべきルールが必要であり，それを守ることが日常生活では絶対不可欠であるが，規則だからやむを得ず守るという態度が多いために，人の見ていないところでは平気でそれを破る。だれにも迷惑をかけなければよいとか，みんなやっているという気持ちでスピード違反をする。

　公民的自覚というのは上からおしつけられ，やむを得ず規則を守るという消極的態度をいうのではない。善悪をよく考え，自分の良心に従って行動する。古くさいようだが，お互いの利害関係が複雑なこの社会においてはこれが究極的には社会の繁栄につながるのである。

▶関連する題材例

「生徒会は誰のもの」「生徒会委員会と HR 委員との関係」「民主的，国家社会の形成者として必要な資質とは，具体的な例をあげてみよう。」

3　家族の一員としての在り方──親と子の立場

◉題材設定の理由

　最近の高校生は，ともすれば集団の規律を無視したり，統制を拒むことをもって自主や自由と考えがちであるが，これでは集団生活はなりたたない。したがって，集団の中でだれもがリーダーであると同時に，メンバーであるという経験を持たせながら，集団の一員となる自覚を持つ必要がある。

　特に家族の一員としてのあり方については，理論的な問題ではなく，具体的な生徒の問題であるから，HR で扱うときにはそれだけの配慮がないと，表面的な問題で終わってしまう。家庭の相互の人間関係を話し合い，生徒の学校生活の背景にある家庭の問題を共に考えて，よりよい家族の一員となれるように援助していくことが望ましい。

　またマスコミでは親と子の断絶などという言葉を横行させている。どうい

＊「家族の一員として」必修教科「家庭」のテキスト「家庭総合」を参照。

うことがらが断絶しているというのか。親も子もわからないままであってはならない。親と高校生自身の意見の衝突や相互の無理解についての判断がどういうところからでているのかをお互いに反省する機会を持つ必要がある。家庭における家族の人間関係を快適にするために，お互いの人間性の長所・短所を認め合って，改めるべきは反省するような生活態度を持ちたい。

　一般に悩みの相談をみると，高校生の場合は男女交際・勉学・進路，その次が家族の問題である。その内容は表面的な，どこの家庭にもあるような，親子のお互いの甘えの中にあるようなものではなく，むしろ，人間関係の根本にかかわるもので，血のつながりがあるだけに，いっそうすさまじいものがみられる。こういう生徒のいることも考えて，いつでも相談にのれるような雰囲気をつくって，生徒の個人情報を他へ漏らさないようにしながら，家庭のあり方や家族関係を考えていきたい。

　また，青年期の特徴である，理論的な面は強いが行動面に弱い，直情的でありブレーキがきかない。また，古いものは悪く，新しいものは良いという二者択一の単純な考え方がある。こういう面についても家族生活の中で考えてみたい。

　▶関連する題材例
「私の家族紹介」「親への願い」「親へ一言・子どもへ一言」「自分のライフコースと親のライフコースの作成による比較」「きょうだいけんか」「虐待」「親孝行」「親子の断絶」

*個人情報保護法2003（平成15）年5月30日施行。第1章から第6章の規定がある。第4章から第6章の規定は2005年4月施行。
*山根常男・玉井美知子・石川雅信編著『テキストブック家族関係学』ミネルヴァ書房，2006年参照。

*第Ⅱ部第10章2－②参照。

4　集団の一員としての自他の立場の理解

1）集団の中のエゴイズム

◉題材設定の理由

　ここ2，3年の間に高校生活の内容は大きく変化している。それは「高校生の自己の発見」とでもいうべきもので「自主的」とか「自由」という言葉が生徒にとっては最も大きな魅力である。自主的といい，自由といわれるものの内容は果たして本当に自主的で自由であるだろうか。民主主義をはきちがえ，他人の社会生活に害を加える者がいるように，高校生活に自主・独立が導入されてくると，そのうちのあるものはエゴイズムを発揮するようになる。集団の中にエゴイズムがはびこると始末におえない無秩序・無規則状態が起こってくる。

例をあげると，遅刻，弁当を時間かまわず食べる，他人の所有物を断わりなく借用する，掃除当番をさぼるなど，数かぎりなく学校生活の中にみられる。

こういうことになれば学校内の民主化は後退するばかりか，学校側の姿勢を硬化させて以前にも増して窮屈となる。それは教師にとっても生徒にとっても不幸な出来事である。それを防ぐことをみんなで考えなければならない。HR で自分たちの周囲にもそうした傾向がないかどうか話し合い，もしそのようなことがあれば具体策を考えるようにしたい。

2） 学校の規則
◉題材設定の理由

学校の民主化はよいが，近ごろの生徒はずいぶんだらしがなくなったとは多くの教師のぐちである。なぜ学校の校則・規則が守られなくなったのか。

まずそれが学校から一方的におしつけられた規則であるということに対する反発，また良いこと悪いことの見境なくなんでも改革しようとする傾向のゆえに，現在守らなければならない規則をも否定してしまう。以前は校則を破る場合，悪いと知りながら破ったという感じがあったが，現在は違う。校則など守る必要がない，だから破るのだという気持ちが強い。これは集団行動のうえでたいへんな錯覚である。掃除当番をさぼったり，他人のものを断わりなしに使ったり，学校の器具を無断で借用して破壊しても届け出なかったりすることは，どんな時代でもよいことではないはずである。

高校生自身はそれらがわかっているのだが，現実に「タテマエ」と「ホンネ」の 2 系列にならないように，HR 内の問題を通して十分に話し合うことがたいせつである。

人間はおかれた環境によって左右されることは明らかで，集団の規則はなぜ必要かを，集団の中のエゴイズムと関連させて話し合いたい。

▶関連する題材例

＊池田潔『自由と規律』岩波新書，1949年。

「当番とさぼり」「無断早退」「代返」「遅刻」「自由と規律*」「学校の校則」「校風について」「アルバイトについて」「オートバイとばし」「非行と愚行」「カンニング」「飲酒・喫煙」

　　＊ これらは SHR などでも扱える題材である。

5 個人及び社会の一員としての在り方生き方・健康安全に関すること

学習指導要領では,「健康で安全な生活に関すること」と「個人及び社会の一員としての在り方生き方」という内容で二分されている。そして,「青年期の特質や自己の理解,望ましい生活態度の確立,自他の生命の安全と健康の増進,男女の特性と相互の在り方についての理解,人生観や勤労観の確立」などが考えられる。

ここで扱う具体的な内容は,教科指導における「公民」や「保健」の内容をいっそう発展させるというのではない。むしろHRの中で,一人ひとりの問題を掘り起こし,協力して助け合い,自己をみつめ,自己の内的生活の充実を経験するよろこびを持つようにすることである。

また,人間として望ましい生き方について集団生活の中で話し合うのであるから,お互いの人間関係ができているか否かで,題材の深まり方が違ってくる。また他方,そのような個人の問題を扱うことによって,HRの人間関係がいっそう深まることも期待されるのである。

なお,「男女の特性の理解について」は,両性のちがいや,性に関する今日的な問題も含めてむりのない扱いをしたい。

1） 青年期の特質の理解——孤独について

◉題材設定の理由

青年期の特徴として,不安定な情緒,人生に対する疑惑,孤独などがあげられる。友だちと陽気にさわいでいたかと思うと,突然,孤独感に襲われる。それは自我の自覚であり,親から離れつつある青年の精神の独立へのあかしでもある。

孤独感にはいろいろな情緒がともなう。自分がだれよりもみにくく見えたり,能力が劣っていると思い込ませたりもする。そのために,他人との交際などの人間関係に自信を失い,孤立したり劣等感にとらわれたりして生きる意欲を失う。それがこうじると自殺することもある。また,孤独から逃れようとする際に,助けを異性に求める傾向もある。したがって,男女交際の問題とからめて孤独を考えてみると,案外,孤独の原因が明確になってくることがある。

近ごろの文化的な生活は合理化されてきたにもかかわらず,忙しくて困る

人の方が多い。その忙しさのためにかえって，一人で自分をみつめる時間を積極的に求めて，真の孤独の意味をつかむこともたいせつである。それはまた，自主性を確立した人間の姿でもあることを理解したい。
　▶関連する題材例
「親・教師などに対する反抗」「依存心」「悩み」「孤立」「私の相談相手」「携帯電話」「不特定多数のメール」

2） 望ましい生活態度
　① 生きがいの発見
　◉題材設定の理由
　高校生活は有意義であると結論するためには，高校生活を通じて人生の生きがいを発見することがその前提であろう。
　まず，現在の高校生活の中で高校生は何に生きがいを感じているか。勉強やその余暇の部活動に情熱をもやし，来るべき大学進学や，就職に希望を持っているであろうか。
　生きがいを人生の全体においてとらえ，考えることはたいせつであるが，そのような広い長期の人生を築きあげていくためには，毎日の生き方自身に着目しなければ地についたものとはならない。また，人生をかえりみたとき，人間の成長発達の段階に応じて次第に生き方が変化していくものであることは，多くの先人の示すところである。高校生時代の生きがいとは，高校生活を精いっぱい生きていく喜びであり，充実感であると考えられる。そのような充実感は，人それぞれにその経験や内容によって多様であることを理解する必要がある。自分の生きがいだけがすべてであるという考え方から次第に成長して，他のものを受け入れられる弾力的な考え方を持つようになっていきたい。
　▶関連する題材例
「幸福な生き方」「青年の理想と現実」「介護支援について」
　② ボランティア活動
　◉題材設定の理由
　いくら社会の規則が整備され，生活環境が改善されても，それだけでは人間関係はうまくいかない。友人が病気で学校を休んだとき，その友人のために休んだ講義の箇所をコピーしておくとか，電車の中で見知らぬ人が急病で

倒れたとき，その人を介抱する。その他規則にないことで私たちがやらなければならないことはたくさんある。

それは人間の善意というもので，これが人間関係にうるおいをもたらす。奉仕の行為は，相手を援助するが，それと同時に，自分自身もよいことをしたという後味のよさ，充実感を感じるものである。

人間が社会生活をしていくうえで，この気持ちがなくなると，お互いに「不信感」が湧いてくる。教師は生徒を信用しないし，生徒は教師を疑う。買いものをするにも売り手と買い手がお互いに警戒し合う。

しかし一方で注意すべきは，奉仕（ボランティア）を強調すると，強制的に奉仕をさせられる場合が起こるということもある。「奉仕が犠牲にならないように」とは，奉仕（ボランティア）活動をする者自身が特にいましめるべきことである。

生徒の発達段階から考えて，社会全般の風潮が自己中心的で，他のことはかえりみないようであると，奉仕のたいせつさがよくわからないことがある。また，奉仕ができた成就感の喜びを味わわないときには，その意味も理解できないものである。できるだけ身近な体験の中から話し合いの素材を選ぶようにしたい。

▶関連する題材例

「ボランティア活動を体験して」「奉仕と犠牲」「HRにおけるボランティア，サービス活動」「HR委員の仕事を支援するHR員（メンバー）たち」

③　勤労の尊重

◎題材設定の理由

機械文明が今日のように発展すると極度に生活が合理化され，その反面人間は無精になってしまう。

働くことは，社会生活の中では絶対になくてはならない人間の生きがいの一つである。また人間関係をいっそう緊密にするためにも必要である。勤労には奉仕的な意味も含まれている。単に自分だけの利益のためにのみ働くときには勤労とはいい難いのである。

人間がやらねばならぬ仕事で，社会的にみても必要なことは非常に多い。そのような広い立場で勤労を考えるとき，勤労の社会性が合理化される。勤労には何かしら建設的な香りがあり，私たちの社会をよりよくするためには欠くことのできないものである。

高校生の年代は，自己主張がともすると自己中心的になり，肉体的な活動をともなうものは，苦痛感の方が先にたつもののようである。勤労のうちの労働が強く意識され，それをさける傾向がある。学校内の民主化とか規約改正とかいろいろ叫ぶが，自分に課せられた仕事に対しては，勤労意欲が非常に不足しているのである。

　したがって，これをどのように生徒が納得し，社会・学校および家庭においてそれを実践するかの具体的な工夫をする必要がある。

　▶関連する題材例
「アルバイトを考える」「生きがい」「働く喜び」「バイタリティと勤労」「サービス」

6　自他の生命の安全と健康の増進

1）交通事故を防止する

◉題材設定の理由

　最近の高校生のオートバイ熱はたいへんなものである。それは家庭の経済状態に余裕があることや，日本のモータリゼーションのめざましい発展がもたらしたものであるといえよう。青年たちはテレビや週刊誌によって車のスピード感の魅力をあおりたてられ，そのカッコよさにあこがれている。そのいくらかを，味わわせてくれるのがオートバイである。

　青少年の交通事故のうち被害・加害ともオートバイが多い。学校によってはオートバイ通学を許可しているところも多く，被害者になる例より加害者になる例が多い。またオートバイほしさに盗みを働き，また，スピード違反をして警察に検挙される高校生も目立ちはじめた。学校ではオートバイに乗せないにこしたことはないが，乗ってはいけないという規則もつくりにくい。

　オートバイ以外では，自転車で歩道を通過して歩行者を傷つける場合や，歩行者として道路を歩くとき，道幅をいっぱいに歩いたり，前後に注意しない状態で歩いたりすることがよくある。その点，どのように交通事故から自他の生命を守るかということについて考えたい。

2）公害について考える

◉題材設定の理由

　現代科学技術の発展にともない，生産量の増加とともに狭い日本の国土は

第Ⅰ部　実践に結びつく理論と解明

天地ともに汚染され，住民の日常生活はおろか，生命をおびやかす結果が生じている。社会問題としておとながまずこの問題を解決しなければならないが，高校生も新聞・テレビ等を読んだり視聴したりするにあたって，その正しい認識を持つ必要がある。人間存在の基底ともいえる身体についていえば，身体は，自然との間の生物学的均衡を必要とする。周知のように都市化の無計画・無責任な進行が都市公害と産業公害をひき起こし，自然の破壊によって人間をめぐる自然条件と人間との均衡を危機におとしいれている。

平成11年7月環境基本法第2章環境保全に関する基本的施策第6節地球環境保全等に関する国際協力等（第32条〜35条）に，「生活環境の保全については経済の健全な発展との調和が図られるようにする」とある。他教科との関連も深いので，生活廃棄物など，また地球上に鳥や牛などから感染するインフルエンザウイルスやSARS（サーズ）など原因不明の問題が広がっている。さらに人から人へ感染する原因不明のAIDS（エイズ）がある。これらに関心を持って，身体の健康を守る生徒の関心を高めるようにしていきたい。

▶関連する題材例
「通学と安全について」「青年期の特徴と交通事故との関係」

7　男女の特性と相互協力のあり方

◉題材設定の理由

高校生男女が肩を並べて歩いていても少しも奇異な感じをいだかなくなった。高校生活では，共学校であれば部活動，夏休みの課外活動などで男女が協力し合うことが多い。そして，そこから男女の交際が生まれてくる。

男女交際のエチケットは，互いに協力し合っていろいろな行事や活動を遂行するとき守るべき基本のルールである。男性と女性がそれぞれの特徴を生かして対等に交際することがたいせつであるが，ややもすると相手を利用することになることがある。特に高校生では異性に興味を持つがゆえに接近するといった例は昔も今も同様にある。したがって，男女の特性に対する相互理解を促すには，単なる恋愛ゴッコとか，遊びだけで交際をするというようなことではなく，男女の協力の仕方，ものごとに対する受けとめ方，処理の仕方，発展のさせ方の相違の理解とか，家庭・社会における男女の立場のちがい（性差別），異性間の友情のあり方，相互のエチケットなどを話し合っておく必要がある。男子または女子生徒のみの高校の場合にも異性の理解は

たいせつであるが，共学校ほど具体的な問題が多いと思われるので，事例をもとにして題材を扱うとよい。

悩みの相談の中でいちばん多いのが，異性と交際したいがどう告白したらよいかという具体的な方法の質問である。方法を通してその深い心身の問題にふれるような努力が，先生と生徒の相互にほしいものである。

▶関連する題材例

「男女交際のルール」「異性の友，同性の友」「性情報とマスコミ批判」「男女間の友情」「友情と恋愛」「愛するということ」「男女雇用機会均等法」「男女共同参画社会の身近な問題の実現を調査する」「男女共同参画社会基本法」「女子差別撤廃条約」「ジェンダーフリー（Gender-free：性差からの開放）について」「ストーカー（Stalker：執念深くつきまとい危害を加える人）について」「セクシャルハラスメント（Sexual harassment：性的いやがらせ）について」

*「男女雇用機会均等法」1997年成立，1999年施行。
*「男女共同参画社会基本法」1999年6月公布，施行された。

8 男女の性の理解

◉題材設定の理由

生物学的・心理学的・社会学的な男女の特質や特徴は，時代とともに変化する。時代が男子に求める人間像を「男らしさ」とし，女性像を「女らしさ」とすると，「らしさ」は特に時代の産物であるということになる。

今日，マスメディアがつくりだす性の解放は，高校生の日常生活の周囲に，マンガや週刊誌・雑誌・映画・テレビ・セックスメールなどによって性的刺激を次々にもたらしている。おとなは習慣化されているかもしれないが，それらは高校生には，強い衝撃とショックを与えている。加えて，親の過保護な教育の結果から，青年たちに自己統制力(セルフコントロール)が乏しい現象が現われて，性におぼれるとブレーキがきかない者もでてくる。

したがって，男女の特性や性の相違について，十分ふれることがたいせつである。性は，賢く使えば人生を暖かく豊かにしてくれるに違いないことを理解したい。

*インターネットやゲーム

▶関連する題材例

「性の被害の防止」「性的非行とは」「結婚について」「家庭・家族とはなにか」「テレクラ」「援助交際」「性行為感染症，エイズ」「データブックNHK日本人の性行動・性意識から―NHK出版2002年」

第Ⅰ部　実践に結びつく理論と解明

9 学業生活の充実・将来の生き方と進路の適切な選択決定に関すること

1） 学業生活への適応

◉題材設定の理由

　この内容項目には高校生として切実な問題が多く含まれてくるので，生徒の関心も深いわけであるが，取り扱いにはそれなりの問題もある。特に不得意教科の担任が同時にHR担任の教師である場合，生徒は自己を閉ざして本当のことを話したがらないことがみられる。総括的な目標には「豊かな充実した学校生活を経験させ」とあるが，その生活の一つは学業生活で，学習の方法がよくわからずにいれば授業がおもしろくないであろうし，学校がつまらなくなる。したがって欠席や早退がふえ，問題行動の原因になる例が多い。

　この内容項目の柱には，各教科・科目の選択，学業生活への適応，進路の吟味と選択，将来の職業生活等への適応などが具体的に例示されている。これらのうち，「進路の吟味と選択」「将来の職業生活」については，特に題材を選択するときに，学年を追っての計画的指導の見とおしを持ち，入学当初は個性の伸長と理解に努力するようにし，2，3年生は，進路の選択や決定のために特に必要な情報に関する題材を選ぶなどの配慮が望ましい。

　生徒が学業生活について悩みを持つにはいろいろな理由がある。まず一番多いのが勉強の方法が能率的だと思わないということである。学習方法に自信を持つ生徒は意外に少数である。

　勉強の仕方の問題を調査すると「ながら勉強」というのが多い。深夜にCD・ラジオを聞きながら勉強をするとか，テレビを見ながら宿題をやるといったぐあいで，集中してやらなければならぬときさえも，ながら勉強なので，1時間で理解できることが，2時間，3時間とかかり，むだが多い。

　現代のようなマスメディア攻勢の時代には，よほどマイペースでやらないと能率があがらない。深夜のラジオを聞きながら勉強すると，興奮が静かに連続するのでねむけがふっとぶことはあるかもしれない。しかし，翌日は，一定の時間に起床して，一日の学習のスケジュールに従わなければならないことを考えると，それが能率的合理的であるとはいえないであろう。学習の能率をあげるには，タイマーをつけて時間の区切りを守るなどを実行し，特別なことをするのではなく，ごく当然のことを，着実に積み重ねていくこと

がたいせつであることを理解したい。
　▶関連する題材例
「能力と努力」「部活動と勉強の両立」「私の生活時間を分析する」「効果的な学習法」

2) 実力と学校の成績
　◉題材設定の理由
　大学入試に関連してよく起こる主張として，学校の成績などは問題にしないで，実力をつけた方がよいというのである。特に近ごろのように，学校における教師の授業の価値を軽くみる風潮のある場合には，なおさらこの主張が幅をきかす。たしかに，現実の問題としても試験のための勉強が効を奏するので，実力とは無関係によい点をとることもできる。それらに関しては学校におけるテストのあり方にも少なからず問題があるといえる。
　また，生徒の総合成績と希望する大学の受験科目との関係にも問題がある。たとえば，私立大学を3科目で受験する生徒にとっては，他の科目は不要であるから，最小限度の勉強で落第しない程度の点をとっておくようにするということが起こる。こういう実例が好ましいか否かの判断はむずかしいが，一般的にいえば，実力はやはりそれにふさわしく現れるものである。その点で，実力と学校の成績の関係を正しくとらえ理解するようにしていきたい。
　▶関連する題材例
「学歴偏重」「大学へ進む意味」「実力とは」

3) 進路の吟味と選択・進路の計画
　◉題材設定の理由
　現代の高度資本主義社会においては，私たちの生活をとりまく物理的・社会的環境の変貌が激しく，そのために高校生ならずとも，現在の時点のことだけを考えてみても社会の就業状況はきびしい（2003年，フリーター[*]は417万人）。したがって，未来のことは予測がつかないという風潮が強い。それだけに高校3年間に将来の進路設計図をえがいて，その路線にそって着実に歩を進めるということは困難であるが，これは，進路の計画がたいせつであることを否定するものとはいえないであろう。高校時代は学業成績や家庭の事情などで志望する目標の変化の多い年代であるから，進路の計画は必ずし

[*]「フリーター（フリーアルバイター）free Arbeiter」
定職につかず臨時的にパートタイム的に仕事に従事している人。

も固定的である必要はないが，自分と自己の能力を見つめ，自己理解への手がかりを適正に把握するとともに，目標実現のために，障害を克服して積極的に努力する態度を持つようにしていきたい。

▶関連する題材例

「個性の発見と適性」「ボランティア活動から専門職免許取得へ」「男女ともに資格取得できる保育士など」「男女雇用機会均等法から」「リストラ」「男女共同参画社会と就職」「フリーター」「女性と職業」「就職と進学」「大学の意味」

10　T高校各学年別筆者のLHR年間指導計画と活動計画を作成するにあたっての留意点

　　HRの新学習指導要領の内容項目に応ずる題材（テーマ）について筆者の実践経験から解説してきたが，題材は高校3年間を見通して，系統的・発展的な観点から題材を精選していく配慮も当然たいせつになってくる。また生徒指導・生徒会活動や学校行事の関連，およびボランティア活動・就業体験など勤労に関わる体験的な活動の機会などを取り入れ，家庭や地域の人々と連携することなど，題材を選ぶように留意する。また，HRにしばしば予測しない問題が持ち込まれることもあるので，それらを留意して題材の配列に弾力性を持ってHR活動ができるように立案したい。また，HR担任は，特別教室や学校の用具などの借用については，全校的立場で事前連絡や借用の許可を関係者に提出して，他のHRの使用と重ならないようにHR活動計画を作成したい。

資料　T高校各学年のHR活動年間計画表——題材の配列例

(例1)　HR活動年間計画表　1学年

月	主　題	題　材（小主題）[*1]	補助教材
4	新しい生活に入るにあたって	オリエンテーションの期間	
	高校生活とHRのあり方	1　HRの組織，班編成 2　HRの運営 3　LHRとSHRの運営法	
	環境の美化	1　服装の整美 2　美しい教室にするために	
	話し合いの意味		
5	学ぶ心構え	1　勉強の仕方 2　読書について 3　図書館の利用とHR文庫 4　中間考査を前にして	
	中間考査の結果の反省と出発		
6	共同生活　[*2] 　　　（そのⅠ）	1　共通の責任 2　礼儀について 3　友情について 4　家庭生活 　a　親の立場，子の立場 　b　家庭の手伝い	
7	自己をみつめて（そのⅠ）[*2]	1　定期テストを前にして 2　私の成績と反省	
	相互評価	Xからの手紙	
	1学期のHRをかえりみて		
	夏休みの生活プラン		
9	夏休みの反省		
	集団生活の中で考える	1　集団の中の自由と規律 2　正しい競争心と協力	
10・11	人間について 　——望ましい人間像——	1　私とはどんな人間か 2　性格について 3　人間の強さ弱さ 4　正しい自己主張 5　私の尊敬する人物 6　理想と現実 7　私の趣味	
12	2学期の反省	1　定期テストの反省 2　HRの反省	
	冬休みの計画		
1	新年の抱負，3学期の心構え 私の日記・グループ日記 男女共学のよさ		
2	個性と進路 能力と努力 心の健康（その1）[*3]		
3	1年を終わるにあたって	1　1年間のHRの評価と私の成長 2　私の悩み	

[*1]　小主題は生徒が活動する身近な題材（テーマ）。
[*2]　テーマの（そのⅠ）は，2学年の（そのⅡ）のベース。
[*3]　心の健康（その1）は，2学年の（その2）のベース。

(例2) HR活動年間計画表　2学年

月	主　題	題　材（小主題）	補助教材
4	中堅学年としての心構え	生徒会の役目とクラブ活動の在り方	
	HRの計画と運営		
	話し合いの意味		
	環境の美化	1　高校生としての服装 2　心と言葉の表現	
5	学力をつけるには	1　何のために勉強するか 2　正しい学習の仕方 3　科学的能率的勉強法	
6	共同生活 　　（そのⅡ）*1	1　自主と責任感 2　男女の交際と礼儀 3　友情のあり方 4　親の愛情，子の思いやり 5　家庭への奉仕	
7	自己をみつめて*1 　　（そのⅡ）	1　自分の生活態度 2　Xからの手紙 3　反抗と主張	
	夏休みの生活プラン		
9	夏休みの反省と2学期の心構え		
	自己を伸ばす	1　独立心について 2　自制心について 3　不正に対する抗議（集団と暴力） 4　強い性格，弱い性格 5　弱い性格の克服	
10	マスコミュニケーションについて	1　新聞のよみ方 2　ラジオ・テレビの利用について 3　マスメディアと真の報道	
11	新しい世代の生き方	1　ユーモアと人生 2　広い視野 3　趣味と娯楽 4　読書について	
12	生徒会役員改選にあたって	1　生徒会役員の任務 2　生徒会への希望と責任	
	2学期をかえりみて		
	冬休みの計画		
1	冬休みの反省と3学期の心構え		
	私の日記		
	心の健康（その2）*2 個性について		
2	私の進む道	男女共同参画社会の職業観	
	理想と現実		
3	卒業生を送る 社会は高校生に何を望むか		
	HR 1年間のあゆみと私の成長		

*1　テーマの（そのⅡ）は，1学年（そのⅠ）の発展したテーマのこと。
*2　心の健康（その2）は，1学年の（その1）の発展したテーマのこと。

第6章 HR活動の具体的な題材（テーマ）の選択と配列

（例3） HR活動年間計画表　3学年

月	主　題	題　材（小主題）	補助教材
4	最上級生としての誇り	1　最上級生としての抱負 2　最上級生としての立場 3　リーダーシップ，メンバーシップ	
	HRの計画と運営		
	話し合いの意味		
	修学旅行の心構え		
	修学旅行の反省	1　目的地と時間，日程 2　集団行動，自由行動について 3　修学旅行の収穫	
5	我が道を求めて （自己の進路）	1　自己の進路，自分に向く職業 2　進学への道 3　就職への道	
6	男子の立場，女子の立場	1　男子の長所と短所 2　女子の長所と短所 3　男女の交際と恋愛について 4　結婚の条件	
7	人生をみつめて　＊ （そのⅠ）	1　私の悩み 2　相手にみる悩み 3　人生における矛盾について 　a　人生の矛盾に取り組んだ人々 　b　青年からみた人生矛盾	
	夏休みの生活プラン		
9・10	夏休みの反省		
	人生をみつめて　＊ （そのⅡ）	1　私の人生設計（ライフコース作成） 2　幸福な家庭を築くために 3　自己実現と社会奉仕 4　人生の試練（失敗から立ち上がる）	
	青年とモラル	1　善悪の判断の基準は何か 2　人間の条件 3　望ましい社会	
11	世代のよろこび	1　各世代の理解と尊重	
	合理的なものの見方		
	先輩からの言葉	1　先輩の進学者・浪人からの意見をきく 2　就職者（先輩）からの意見をきく	
12	生徒会に希望する	1　組織と運営の検討 2　生徒会発展のための意見	
	2学期の収穫とHRの反省		
	冬休みの計画		
1	新年の抱負と冬休みの反省		
	校風について	1　本校の伝統 2　本校の長所と短所	
	世界の中の日本（愛国心について）		
2	巣立つにあたって	1　学校への感謝と希望	
	3年間のHRの収穫と私の成長		

＊　テーマの（そのⅡ）は，1学期の（そのⅠ）の発展したテーマのこと。

第7章 HRでの個人指導と家庭との協力

1 HR集団内の不適応現象

　HR集団はまとまっているように見えるが,細かに観察するとけっしてそうでないことに気がつく。その原因にはいろいろあるが,HR集団の一人ひとりが勉強（学習）という共通の条件の下に集まっているので相互間の競争意識が起こり他を抑えて自分が抜け出すことが先行するのである。したがって,朝から晩まで同一行動をとっていると親しくなければならないはずのものが逆にライバル意識に燃える個人の集まりであったりする。

　HRはそういう意味で競争相手が集まった集団で,HR担任がそれらを放任していれば,HR集団はまとまらなくなってくる。

　以上の観点からすれば,HRの成員の集団不適応現象は当然であるといえよう。あるHRの一人の生徒は,好むと好まざるとによらずそのHRに入れられており,右を見ても左を見ても競争相手ばかりであるし,自分は到底その競争に勝てそうもないテストの結果が繰りかえされれば,それだけ脱落せざるをえなくなるであろう。いわゆる怠学とか登校拒否など集団から離脱したがる傾向を生じる生徒がめずらしくないのは,HRが,一般的に考えられているような,無条件で楽しい集団にはならないことを示している。いいかえれば,HR集団とは,始末におえない要素の集合であることもあり,24時間,教師が監督指導ができる寄宿舎（寮）生活の可能な学校でない限り,一日のうちの何分のいくつかの時間を共有する要素の集団なのである。したがって,きょう帰るときに楽しくても明日登校するときは悲しみに満ちているという生徒の生活も存在しているかもしれないのである。

　このように考えてみると,指導者として,HRの「扇の要」としての教師の役割は重大であることは明瞭である。

　HR集団の指導で,もし多くの生徒が不適応症状を起こしているのなら,一人のHR担任教師の力では到底それらの生徒を指導してよい方向へむけ

ることは不可能である。しかし一般的にいって，HR の大部分の生徒は校則に従い，あたりまえの生活をしているのであるから，教師が把握できる特定の生徒に順次しぼって援助・指導をするようにすればよいであろう。

ここでは教育相談的な立場で HR の個人指導を考えてみたい。

2 HR 担任教師の個人指導

教育相談を現場の側からみると，まず相談を受ける HR 担任教師の側について考察してみよう。教育の効果があがるのは，教師と生徒の間に信頼関係が存在するときである。一人の教師が HR の全員から尊敬されるとしたらそれは珍しいことであり，そのような教師は，そのままで立派に教育相談をやっているといってもいいすぎではないのである。しかし，そのような教師はめったにいるものではない。HR 担任教師は，自分はその生徒を説得できるかどうか見きわめる能力を持たなければならない。そして説得や相談に応ずることが不可能な生徒であるか否かをたえず反省しながら，接していくことがたいせつである。そして相談に応ずることが不可能なことがわかってきたら，他の教師の力をかりて，その生徒のために最もよい方法を考えていく必要がある。たとえどんなに教師が生徒のことを考えていても，生徒が教師に好感が持てなかったりすることもある。教育相談に応じれば，なんでも指導効果があげられるとは言いがたい。そういう事情を承知したうえで，HR 担任教師は生徒の個別の相談に応じるようにしないと，最悪の場合は逆効果を招くことにもなろう。

したがって教師自身が常に心がけておくことは，生徒に接して，教師の生徒観・教育観，さらには教師自身の価値観や生き方についての改善がもたらされるような自分に対するきびしい態度がたいせつである。生徒自身もそのような教師に接し話すことによって，自分の迷いや苦しみの問題を直視できるようになるであろう。さらに教師自身の問題を解決することが生徒の行動の面の改善につながるようになるであろう。

筆者は1963年に，ミネソタ大学教授であったウイリアムソン，E. G. 氏に[*1]，ミネアポリスでお目にかかり，お話を伺う機会を得た。

ウイリアムソン博士の論文に「カウンセリングの理論と実際」（沢田慶輔訳）[*2]があり，その中で博士の長年の実践理論のポイントが述べられているのでそ

*1 Williamson, Edomondo Gliffith
*2 民主教育協会 1964年刊 IDE 教育資料 33集

の要約を紹介しておく。
「カウンセリングは一人ひとりの生徒の全能力を最大限に発達させることに力点をおく教育の一部分である」と定義し，カウンセリングの目的を次のようにあげている。

(1)個性を全面的に最大限に発達させること。単に知力や体力だけではなく，他の個人との社会的関係，審美観など，人格のすべての面の円満な発達を援助すること。
(2)自己の発達に対して責任をとるようにさせること。自主と依存とのバランスに加えて，自己統制ができるようになること。
(3)他の個人と，正常なたのしい関係を持つことができるように援助すること。生徒にチームワークの習慣，他人との協同の習慣を学ばせる必要がある。家庭・学校や地域社会において，社会的熟練を身につけていない者がみられるが，このような発達上のアンバランスは望ましくないので情緒的に成熟し社会的に成長し他人との関係において，うまくやっていけるように教えていくことが必要となってくる。
(4)情緒的発達との関連のあることで，個人が「気持ちがよくなる」ように援助すること。
(5)個人がその適応上の問題を，自分でよりよく解決できるように援助すること。

専門機関のカウンセラーがこれらのことをふまえてカウンセリングするのであるから，HR担任教師としても，生徒の問題解決にこのような心がまえでのぞみたいものである。

3　個人指導におけるHR集団の機能

1対1の個人指導には，HR担任の指導の限界がある。生徒によって異なるが，自分の力量からみてできることと，専門外でできないことがある。
たとえば前者の例をあげると，A生徒が近ごろ数学の成績がどんどん落ちてきた。勉強しているが効果がない。そのため自信をなくして数学恐怖症となっているようすが面接しているHR担任教師にはわかった。担任は美術

第Ⅰ部　実践に結びつく理論と解明

の教師であって数学はさっぱりわからない。しかし深入りはできないが，数学の教師にA君のことを話して，彼の問題の解決にのってもらうような働きはできよう。また後者の例では「自分はノイローゼである」ときめつけている生徒がいた。「登校する自信がなくなる」というのである。このような生徒の相談に担任教師は，情熱で生徒を登校させようと努力したが，ますます登校せず親から休学の申し出があった。しかし，それを受けつけず登校させようと努力して，ついに担任教師は生徒から拒絶されてしまった。

　この事例はHR担任教師が直接指導できることではなく，早期に総合健康診断を受けるように説得することがたいせつであるということを忘れないようにしたいものである。

　HR担任教師が生徒と1対1で教育相談を行なうことはたいせつな指導であるが，さきにも述べたように教師の力量に個人差もありそこに限界がある。生徒の生活の場はHRの中であるのが普通で，集団内の人間関係の場面では，誰もがありのままの自分になって，問題を持つ生徒の悩みを受け入れ，共に考える暖い雰囲気がつくられるようになるならば悩みの解決を促進する機能がHRに生じてくるのである。集団の雰囲気を好ましいものにするということはまさに，そのようなことをいうのである。成員相互で，各自の体験を出したり，問題点を率直に指摘し合ったりすることが行なわれるようになれば，教師の助言や指導よりも，同年齢の友だちの意見や評価の方が，ずっと身近に受け入れやすい結果になるのである。

　そのためにはHRで自由な発言の機会を常に用意することである。

　具体的には毎日順番にショートスピーチをするとか，班（グループ）日誌を書くとかLHRを活用して話し合いの工夫をするなど，いろいろな生徒の発言が自由にできる場を持つようにすることがそのコツである。なお個別面接で得た内容は，たしかに秘密な面が多いのであるが，問題を持つその生徒とよく相談して，HRにその生徒の問題を事例研究の形式で提出するなども効果がある。グループごとに，その問題解決のための具体的な意見がだされる過程で，問題を持つ生徒自身，友だちと意見交換をする。そのことが自分の問題を客観的にみつめることになるのである。それは，まさに自力で問題を解決する手がかりとなる。また，問題意識が低い生徒にも視野を広げることができることも期待できよう。

　このように問題の解き方を学ぶようにさせることがたいせつなのである。

第7章　HRでの個人指導と家庭との協力

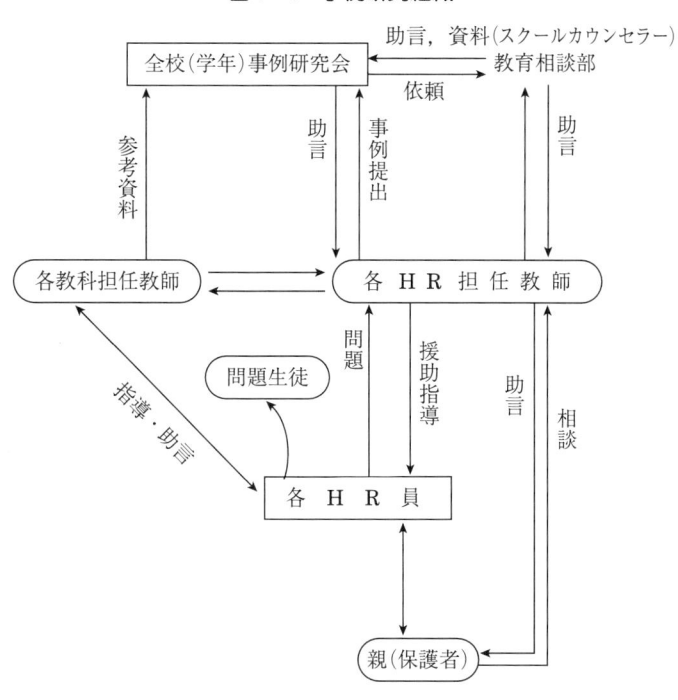

図7-1　事例研究組織

```
                     助言，資料（スクールカウンセラー）
       全校(学年)事例研究会 ←──── 教育相談部
          ↑    ↑    ↑            ↑
       参考  助言  事例           助言
       資料        提出           
          │    │  依頼            │
     各教科担任教師 ⇄ 各 H R 担任教師
          ↑              ↑  ↓  ↑
       指導・助言      問題 援助 助言  相談
                           指導
          └── 問題生徒 ←── 各 H R 員
                                ↓
                            親（保護者）←──
```

　ウイリアムソン，E. G. 博士は「生徒が目の前の問題を解くことに心をうばわれ問題の解き方を学ぼうとしない。カウンセリングの成功は，この点について適切な援助をするか否かにかかっている」と述べられていることを深く味わいたいものである。

　HRでの個人指導にあたって，図7-1のような組織で事例研究会が行なわれる。HR担任教師と教育相談担当教師（スクールカウンセラー）の間に常に望ましい連携が行なわれるようにすることによって，生徒の指導援助が効果的になってくる。なお個人指導のための相談カード（図7-2）を作成して保管しておくと系統的な相談に応じられやすい。このカードは一人ひとりのいわゆるフェースシートであって，問題発見および問題内容や面接指導・援助については「継続記録パンチカード」に記入し，フェースシートとともにファイルボックスにおさめプライバシーを守って，パソコンに入力して管理する。

図7-2 相談カード例（担任教師が記入する）

㊙　　　　　　　　　　　　　　記録者氏名　　　　記載年月日

氏　名		生年月日		保護者		所属	年　　組
現住所				電話		性別	男　　女

問題点または問題行動の概要	(1) どんな行動か (2) いつごろからみられたか (3) 今までどんな処置や指導があり，その結果はどうであったか
本人の現況 （必要に応じ項目を選択する。）	(1) 性格（性格，向性検査等の結果） (2) 学校における生活態度 (3) 校外における生活態度 (4) 学業成績等 (5) 標準検査の結果 (6) 健康状態（身長，体重，胸囲，顔色，特に体形，眼，鼻等） (7) 基本的生活習慣 (8) くせなど (9) 読書傾向 (10) 趣味，興味
生育歴	(1) 幼児期（それ以前　①妊娠中における母子状態，②出生時の状況，③幼児期の病気，④言語，歩行開始） (2) 児童期 (3) 中学生期 (4) その他　特に教育，しつけ等にたずさわった人
家庭環境	(1) 親（保護者）について (2) その他の家族関係 (3) 生活概況
友人関係	(1) HR内におけるソシオメトリー (2) 特に親しい友人との関係
学外の友人関係	
原因診断	
指導措置	
その後の経過	
（実情把握） 他機関との連絡 幼小中の連絡	
考察	

4 | 家庭との協力

　ほとんどの生徒がすごす場は家庭である。生徒がおかれている家庭には，いろいろ複雑な要素があるものである。
　教育環境としての家庭をどのように考え，学校としていかなる方法で家庭の親（保護者）との協力が行なわれるか，考えてみよう。

❶　教育環境としての家庭

　ひとりの生徒を理解するとともに全人的な調和のある発達を援助するには，生徒の家庭をとりまく社会的・文化的な地域の特性や，その家庭内における家族関係（特に情緒的な人間関係が重視されよう），家庭の経済的事情，教育的・文化的な雰囲気の有無，親（保護者）のしつけの態度や教育についての考えなどを知る必要がある。それぞれの家庭（保護者）にはさまざまな特色があり，生徒の人格の形成や行動に大きな影響をおよぼしている。
　たとえば最も多い全国的な傾向としては，高校生を持つ母親は多くの場合夫婦共働きをしていることである。また核家族の傾向は大都市で年々増加している。この平均的な状態が，高校生にどのような物理的・情緒的影響を与えているかを考えておかなくてはならない。
　問題行動をおこした高校生の親の中には，子どもの行動にあわてふためいて悪口雑言で子どもを罵倒しておきながら，教師には「もっとうちの子より悪いことをしている生徒がいる」という親が以前よりふえている。また，教師が問題行動を起こした生徒に，「親（保護者）を招喚するから」というと「先生は，僕のことを親にいいつけて，親子関係をぶちこわそうとするんですか。それが先生のやる行動なんですか」などという生徒もいる。
　また一方母親は子どもにべったりで，高校ではひたすら受験勉強に猛進すればよいので，家族の一員としての役割分担など余計なことをする暇があったら勉強してもらいたい，という親が多い。
　家庭と学校の協力をさまたげているものは，さまざまな要因があるけれども，子どもは家庭の子どもであると同時に，学校の生徒であるというきわめてあたりまえのことを忘れているところにある。

第Ⅰ部　実践に結びつく理論と解明

2　家庭教育と学校教育のけじめ

1)　親（保護者）と教師の役割

　親と教師との関係は，教育に対する考え方や子どもの見方によって変わっていく。子どもに将来役立つ知識・技能を授けるのが教師だという受身の考えでは，親は教師に依存し指示や助言の末節にふりまわされて，教師の下請けになってしまう。これに反して親と教師は，子どもの人間形成の面で，まず家庭と学校という場で子どもに働きかけることによって生涯を生きぬく健康な精神力や実践力をつちかうようにさせるのが教育だという考えにたつとき，親と教師は他をもって代わることのできない独自の義務と責任があるということになる。親と教師は子どもにとって必要であるけれども，本来同質のものではないから，子どもの教育のために，両方から話がでなければ望ましいものにはならない。まず学校から親（保護者）へ協力を願う必要がある。

2)　学校から家庭への連絡

　学校から家庭への連絡には校長から出されるものと，HR担任教師や学年主任の教師等から出されるものとがある。校長から，学校行事などの通知，事務連絡，成績通知表，健康診断の結果，家庭調査票などの他，学校だより，学校新聞なども配布される。それには多くは校長の教育方針などがおりにふれて述べられるので，3年間の高校生活の実態が子どもを通して連絡されるというわけである。ところが，実際，高校生になった子どもから，通知や連絡をうけた親はまことに少ないのである。それは全校生徒に校長名のプリントがHRで手渡されても，そのプリントを生徒は家庭へ届けないのである。途中で破いてしまい両親にみせない場合が多い。彼らは開封して「なんだつまらない」と思って破ってすてるか，落書き用紙にしてしまう。したがってPTA総会でも成績懇談会や授業参観でも，全く親（保護者）に連絡されないのである。

　このような状況は現場の教師はいやというほど体験する。したがって，親（保護者）との連絡はどうしても工夫するようにしなければならない。まず一般には，A（教師⇄生徒⇄保護者），B（教師⇄保護者）の二通りを考えておかねばならない。どんな名案もお互いに連絡できなくてはなにもならないのである。Bの方法は，最近インターネットや携帯電話網が発達している

のでそれを利用するのがよい。その場合，HRのPTA役員の10人くらいを連絡網のネットワークポイントにしておけば簡単に連絡できる。

　Bの方法をとる下準備としては，一度保護者と面接しておくことがたいせつである。声だけや画面だけではお互いに信用できないのである。入学式後，あるいはHR編成替えのあとなるべく早期に親（保護者）面接，あるいは親子面接（談）＊をしておくとよい。一度面接しておけば，お互いのイメージが頭の中に残るので，電話連絡をしても話が通じるのである。学校に来られない親（保護者）には，家庭訪問をすることもある。親（保護者）と面接した際，「これから1年間，生徒の指導上でなにが起こるかわからないので，そのときはできるだけ電話連絡をしてお互いに協力していこうと考えている」といったことを親に十分伝える必要がある。また，手紙の連絡を生徒に託した場合は必ず学校へ親（保護者）から電話連絡をするように生徒に伝えておく。授業中であれば事務係が必ず聞きとどけてくれるということぐらいまで，きめこまかに伝えておく必要がある。こうしておけば生徒の側からは，「先生と自分の親とは連絡が非常に密である。うっかり嘘をいったり，さぼったりできない」ということにもなる。したがって，Aの方法で連絡をとっても，親（保護者）の方に届くことになる。このように，まず，学校と家庭のパイプをつないでおくようにする。

＊親子面接としてあるが，生徒の兄姉，祖父母，叔父，叔母などでもよい。

3）　家庭から学校への連絡

　親（保護者）に学校へ連絡する機会をもたせるのはたいへん大事なことである。親（保護者）は，学校へやたらに連絡すると先生が迷惑に思うだろうとか，余計なことをいったために子どもの人間関係が悪くなるのではと戸惑う事例が多い。

　たとえば，①遅刻，欠席，早退などの理由と届出，②身体・健康上の重要な変化や病気の状態，③家族に重大な変化があったとき，④子どもの性格，行動の著しい変化，⑤友人関係に変化があったとき，⑥進路の変更など。教師が知れば子どもの教育に参考になることを親（保護者）から連絡してもらい，また学校は，個人の秘密を厳守することを親（保護者）に伝えておく。

5 親（保護者）の多様性

　生徒が十人よれば十色であるように，親（保護者）はそれよりもっと複雑であることはすでに述べた。親（保護者）が学校に対してどのような態度であるかを筆者の経験から分類してみよう。

1) 学校不信任型について

　学校の教師のやり方に対してあまり好感をもっていない。当然子どももその雰囲気の中で育っているから，教師を信用しないことが多い。

　この型の親（保護者）には，はっきりした事実を提示して，子どものことに関する事実のみを客観的に説明し，その結果を示すようにすることがよい。このケースで，担任教師はできるだけその生徒を説得し共感をつくりだすように話し合いを持ちたいものである。教師の努力が実を結ぶのは，生徒との相互信頼を育てていくことである。それと共に親（保護者）との話し合いこそ信頼を築いていくことはいうまでもない。

2) 無関心型について

　入学式以来，卒業まで一度も学校へ親（保護者）として来校しない例はよくある。学校で親（保護者）を招喚してもこないので，家庭訪問をした。母親は教師とあう時間を短縮しようとする。「学校のことは，学校にまかせておけばよい」という。それが極端な場合，事件が起こったときですらまるで他人ごとのような言動をする場合もある。子どももそれを承知で自分の行動を親（保護者）に知らせていない。こうした親（保護者）に対しては，できるだけ子どもの行動を伝えて，放任していることは問題行動へ進展していくことを悟らせることである。

　学校教育の影響の及ぶところには自ら限界があるから，高校生が大きな罪を犯すことについて，いくら親（保護者）にその可能性をあらかじめ報告しても効果のない場合がある。その内情は大抵，親（保護者）の無関心に起因するのである。

6 教師が親（保護者）に協力を求めたいこと

1 子どもの一日の生活を把握すること

　生活を把握することは干渉的なものでなく，側面的にである。まず，学校へ遅刻・早退などをせずに登校しているか，子どもの高価な所持品はたしかに親（保護者）が承知しているものであるか，あるいは自分の小遣銭で買ったものか，友人関係はどうか（電話がかかってくる相手などから察せられる場合もある），健康状態はどうか（毎日の食事のとり方・顔色などをみることが第一である），このようなことで何よりも早期の手がかりがみつかる。

　以上のようなことは，最初の面接のときプリントにしてわたしておくとよい。そして教師も一人ひとりの生徒について，これらの事柄について観察をしていなければいけないが，全部にもれなくというわけにはいかないのである。このような注意のもとにおいて異常が発見されたら，教師は他の教師の協力を得ながら早速それに対処することである。

2 親（保護者）と教師のあゆみより

*「都道府県青少年健全育成に関する条例」
深夜とは午後11〜午前4時
バイク（オートバイ）
現在免許取得16歳以上
　普通二輪400cc
　大型二輪18歳以上
パチンコ満18歳以上
ボーリング午後11時まで

　親（保護者）と教師，教師間の意見がちがうと子どもの教育がうまくできないのと同じように，親（保護者）と教師との間に見解の相違があると教育の効果があがらない。たとえば，〈高校生はパチンコをしてよいか〉〈深夜喫茶店に入ってよいか〉〈セックス雑誌をみてよいか〉15歳で免許なしだが〈オートバイに乗ってよいか〉などである。

　ボーリングはパチンコと異なり，親（保護者）・教師の中でも賛否両論があろう。教師のとるべき立場としては，友だち同士でボーリングをする場合のそれに要する金銭はどこからか，深夜喫茶で悪い友だちと交際していないか，学校をさぼってパチンコへ行っていないかに注目することである。深夜喫茶については大抵の親（保護者）は反対するが，大都会の地域によっては，勉強の合間に近所の深夜喫茶で音楽をきくことを悪いとしない親（保護者）もいる。ただそれだけの話なら問題とはならないかもしれないが，たとえば青少年は各都道府県青少年健全な育成に関する条例にしめされている「興業場等への立入りの制限」で深夜（午後11時から午前4時）に外出することは

禁じられている。一歩あやまればそうした法律にふれることも考えられるので手放しでよしとする親（保護者）には賛成できない。

漫画をみてよいかどうか，反対する親（保護者）や教師にすれば漫画の中には，暴力やセックス，薬物などに触れた誇張的なものがあるので，それが青少年にはよくないとするのである。

オートバイに乗ることは，学校への登下校に使用することに関しては学校である程度規制できるが，休日などに乗りまわすことの規制はむずかしい。オートバイを買って与える親（保護者）にすれば，多くは一つの遊び道具を買ってやったつもりであるから，教師が介入するにしても危いから気をつけないといけないという安全指導以上を出ることはできない。しかし，高校生のオートバイによる人身事故は多いので全校はもちろん地域社会的規模で警告する必要がある。

以上のようなことは，事前に親（保護者）と意見を交換しておくことができればよいのであるが，よほどHR担任教師が配慮して「HRだより」などで意見を述べておくとか，HR単位だけでなく学年単位で，あらかじめ問題を親（保護者）からもらい「ワイド相談」（パネル・ディスカッション形式）を実施する方法もある。相談担当者は，HR担任，学年主任，生徒指導部長，教頭，養護教諭，司書教諭，スクールカウンセラーをレギュラーにして，問題に応じて，専門家（都道府県警察の担当官）をゲストに招くなり，各教科担任などのゲストの席をもうけておく。一つの問題を，それぞれの立場から意見を述べて，幅広くわが子の問題を解決するようにしながら進行していく。当日，親（保護者）から出る問題あるいは質問を十分に取り上げるようにしていくと効果的である。

親（保護者）と教師の意見の一致がみられない場合には，あくまでも自説を固持するというのではなく，親（保護者）の意見を十分に頭に入れて，学校の規則や法律及び地域社会の規則・方針に従って行動すべきであろう。それは特に子どもが社会人たちと政治活動などに関心を持ったときにたいせつなことである。

子どもと親（保護者）の考え方のちがいが親（保護者）と正反対であったとき，教師は生徒をどの方向に指導するか，教師にとって，これほどの難問はないのである。その都度，教師間の研修が大切である。

第Ⅱ部
HR活動の具体的展開
―――赤ペン先生と高校生―――

第8章　まず教師から

1 教師の勇気と実践

　「教師と生徒の結びつきは全人間的であり，教師は生徒の成長，幸福を自己の仕事として念願する。それは親子の愛に似ているのであるが，師弟関係は，さらに生徒が先生の中に真理を見ようとしていることにある。親のいうことは聞かないが，先生のいうことは聞くというのは，先生の中に道を見出そうとしているからである。

　師弟の間には，利害，権力，暴力等普通の人間関係にありがちなものがない。ただ真理と愛とによって結びつけばいいのである。

　このような人間関係であることもまた，教師の仕事をおもしろいものにしているといえる。

　教師は真理の上に立つという権威を持たねばならない。生命には繰りかえしがない。一日一日が新しく，一期一会である。教育には訂正できないものがあり，一回勝負である。だから教師は謙虚にならざるをえない」。

　これは，元東京都教育長・小尾乕雄先生の「教師は，聖職か，労働者か」の中の一文の抜すいである。まさにその通りだ，と深く共鳴している。

　教師の仕事には多くの役割と内容が課せられている。その仕事に，教育のよろこび，おもしろさ，というものが味わえるようになるには，生徒と教師の人間関係が，まずうまくいっているときであろう。だが，現実にはどうしたら師弟の関係がうまくいくのであろうか。そこが問題なのである。

　もう一つ，教師間の人間関係が，教育の目標に向って，学校の現状の中でどのように協力し合うか，またそれぞれの教師の役割分担に対して，互いに信頼し合い，研修し合ってどのように生徒指導上の問題につくしていくかということも，教育のおもしろさやよろこびを味わう大切な要因になってくる。

　しかし現実には，教師と生徒，教師相互の理解の仕方にいろいろなゆがみが出ている。つまり人間関係が，学校という社会の中で互いに閉鎖的で，教

職を生徒ぬきの無気力，無関心な態度であるところに問題がある。教育実践の中に切磋琢磨する激しい師弟の関係が教師の生きがいであるということが失われ，プライベートな家庭生活や個人の趣味の中にしか人間としてのよろこびを見出さなくなった一部の教師の中には，高校は教科指導をしていればよいので，HR の指導は余計なものである，という反論が今だに存在している。

生徒指導の点で学校全体の教師が協力できず，そのために，生徒指導の推進に努力する教師が，あたかも個人プレイのように考えられたり，その教師の涙ぐましい説得によって，やっと「やろうかな」の機運が生まれてくることなど，真理を探究するのに遠慮のない学校社会の中で実に割り切れないものがあると慨嘆する教師も多い。ただ，青年期の一番大切な岐点に立っている生徒をどのように援助し育成していくかという責任感と希望にもえている，それが教師の充実感なのである。繰りかえしのきかない一回勝負の生命をあずかっている，という厳粛な責任感と緊張感が教師の充実感となるのである。

2 ある特別活動の研修会での教師の本音

＊特活は「特別活動」を通称「特活」という。

特活部会で，HR の研究指定校の授業を参観したあと，5，6人の先生がたが残って話し合った。

A　HR という時間，なんとかしようと思いながら，どうも毎週追いかけられているようで大変ですなぁー。

B　うちじゃ，どうもここの生徒さんのように頭がよくないですから，あんなに立派な発言はとてもできません。とにかく学力の低い生徒を多くかかえている学校じゃ四六時中，生徒の問題行動に悩まされて，生活指導，つまり訓育面でどやしておかないと，すぐつけあがって大変なんですよ。HR はそれで終始しているようなもんです。

C　とにかく頭のいい生徒の集まりなら何をやっても成功するし，気楽なもんですね。

E　先生の学校じゃ HR はどうしていますか。

D　HR は時間としてとってありますが，実際は，テストや補習に使われていますね。内緒ですが……。

E　最近，中学から高校選択のランクを知らされて驚いたんですが，まあ，いつまでたってもこの分じゃよい生徒なんか集まりっこないな，と悲観的なんですがね。ところが，まずは大学進学率を高め，しかも一流大学へ合格できるようにしたら必ずよい中学生が入るから，とにかく『○○校に追いつけ，追いこせ』をモットーにしようではないか，というわけで7校時には授業や補習をしようという体制にふみ切りましてね。いやはや大変なんです。

F　そのことなんですが，ご同様にうちの生徒も学力は低い，しかもあまりに教科の学習指導にのみグイグイ生徒をしめあげたので，家出の生徒がボツボツ出てきました。学校では生徒は無気力になっていて，お互いに孤立化しているんですな……。ある学力の上位の生徒が，目標もなしに毎日追いまくられて，学校へ出たくないんだと母親に訴えまして，この問題を先生たちに提出して，現在考えてもらうことにしているんです。ここらで本当に考えなおさなければというわけです。

　教師はたしかに教育を健全な，生徒の全人的成長のために（実践する場として）教科指導の面に重点をおいている。そのことはまた，教育機能として考えられるものの中心をなすものであるからだ。しかし教育課程の領域は，教科，特別活動，学校行事があり，教科以外の総合的な学習の時間もまた教育機能として同時に働いていなければならない。個性を伸ばし，一人ひとりの環境条件のちがった生徒たちの資質を理解し適切な助言や指導を与えるのは，何といっても，教科外ではHR担任の仕事であろう。学習指導と生徒指導が教育課程の領域の中で，互いに車の両輪のような働きをしているということを理解し実践することがまず，教師の任務であろうと思う。

　あらゆる教育活動を通して，生徒の期待をうらぎらない教師としての努力と，教師自らにそなわる人格的権威が，生徒に信頼を与える。それが生徒を活気ある人間形成へとみちびくものである。教師が時には真理探究のため，生活習慣のしつけをするために生徒と激しい闘争をするという場面もあろう。生徒が理解するまではいつも一貫した態度で指導するだけの勇気と根気を持てる教師のきびしさは最高のものだと思う。

　ことなかれ主義の安易な気持ちは生徒を甘やかし，一時的な人気を集め得ても，生徒の将来にプラスになるとは思えない。ものわかりの良すぎる教師

になってはならない。それとよく似ているのが家庭での子どものしつけの場面である。ものわかりが良すぎる親の子どもは，行動の制約のぬけ道を自らつくる。また，親の意見のちがいや，父と母によってしつけがちがうときには両親に対する権威が失なわれるようになってくる。まさに「まず教師から」統一された校内の生徒指導の体制を整えていかなければならない。

3 私の実践をふりかえって

1 新採用担任教師1カ月目の悩み

　私が教師になって1カ月目，1年の担任になった。張り切って生徒の指導を一生懸命にやったつもりでいるのに，いつもぬけていることだらけであった。伝達事項のもれ，校規校則の徹底的な理解ができていなかったから，そのために，生徒指導の面ではエネルギーの大半を使ってしまった。男子生徒がHRの半数を占めていた。しかし私は男子の教科指導がなかったために，彼らを理解する手がかりを全くもたなかった。毎日のSHRとLHRの1校時間の接触にすぎなかった。だから，男子生徒はつわもの揃いのようにみえた。LHRの時間は，生徒が勝手に座席をしめ，しかも男女が二つに分かれていた（もちろん，他のHRも同様であった）。意見が男女いつも対立してなかなか折り合わない。また生徒は自分の考えていることと関係がないと全く無関心な態度をとり，話し合いはノーコメント。意見をきいても「よくわかりません」とつきはなし，司会者を困らせる。内職組もいるし，またグループが対立してどうにも面白くない雰囲気である。議長（HRの委員長にあたる高校もある）を呼んでHRの様子を聞こうとしても，話そうとしない。それが友情というものだ，という顔をしているのだから，担任としてはとりつくしまもない。また校外生活については驚くことばかりであった。学区内の環境は，いわゆる盛り場などが多く，彼らは大人の生活を見ていて，大人同様の遊びをやっていることなどが家庭訪問をしてわかった。つまり，生徒同士が友だちの家でマージャンをやったり，VTRを視たり，飲酒，喫煙をする。家庭の親たちは新しい教育に影響されてか親の介入できない全く別の世界へ子どもを託しているような錯覚を持ってしまった。「うちの子どもはもう大人も同じことで，なりは大きいし，手におえません」と放任して

いるのである。

　校外で事件がおきてから，あわててその生徒を追いかけまわしたこともある。日夜生徒のことで悩まされ落ちつく暇がなかった。

　互いに友だちのことをかばいあい，悪がそのまま通過するような時もあった。個人面接をしても，本当のことを話さない生徒もいた。したがって，やっきになってお説教に終わるようなHRの時間にもなったこともある。「こうしなさい」「こうすべきです」ということに終わっていたのだから，教師と生徒の間の信頼感が本当の意味であったとはいえない。生徒たちは，高校生活は要領よく勉強して試験にうまくパスし，最終目的は大学に合格すればよいのだ，という気持ちが強かった。「大学に合格すりゃいいでしょう」という考えだけの生徒もいて，HR全体をかきまわしていた生徒もあった。そんな生徒がボスになって，天気がいいから外で運動だとか，自習・散歩などと，たえずレクリエーションを要求する。とにかく頭の痛いHRの運営であった。

2　HR活動の現状と問題点

- 生徒の一人ひとりを把握していくにはどうしたらよいか。
- 生徒の自主性を伸ばしながら教師の指導を加えるにはどうしたらよいか。
- 生徒同士で協力と理解ができるにはどうしたらよいか。
- 本校生徒の自覚を持つと同時に，HRの一員としての自覚を持つようにするにはどうしたらよいか。
- 責任ある行動，校規校則を守る生活，各自が生産的なHRを運営していくためには，どのようにしたらよいか。
- LHRの時間に，話し合いが持てるような，興味のある主題（テーマ）はどうしたら得られるか。
- 各HRが共通の基盤を持つためには，どのようにしたらよいか。
- LHRの運営の技術をどのようにしたら修得できるか。
- LHRの展開のために，どのような補助教材を使ったらよいか。
- SHRの時間の利用はどうしたらよいか。
- 生徒一人ひとりがHR全員の前で自分の考えを話せるようになるためには，どのようにしたらよいか。
- HRの時間の確保をするにはどうしたらよいか。

- HR全員の学力向上をするにはどうしたらよいか。
- 放課後のHR委員会を実施しようとすると他の校内活動と時間がぶつかり，やりにくい。どうしたらよいか。

　これらを解決するには，全校の活動を円滑に運営するために諸規定をつくって，全教師が共通理解し，連絡を密接にして実践すること。その原動力は，校長のHR活動への理解がまず第一であろう。

　しかし教師間の共通理解はなかなか困難であった。

　HR担任がいわゆる「学級王国」的な考えを持っていると，生徒同士の理解が困難になり，学校全体で生徒指導をしようとしても機能しなくなる。また反対に放任しすぎているHRは他のHR経営との間に大きな開きがでてくる。これもまたやりにくい問題である。このような学校体制の不備を生徒は敏感にくみとっていく。

　班日誌からその例をあげてみよう。

「HRの要望」梅原忠夫——席をかえる時は，すべて生徒に責任を持たせた方がよい。先生の意見は参考程度にしてもらいたい。

　席をかえる時に僕たちが適当にかえることについては，ときどき先生は学校の方針だと言ってわれわれの意見を無視することが割合に多いと思うが，他のHRではすべて生徒にまかせているので，先生の意見は参考程度にしたい。

HR担任——学校の方針では，先生が席を決定することになっているのですよ。しかし，これは本当からいうと理想ではないと思っています。もし皆がすべてに自主性のある行動ができるなら生徒の意見を取り上げることもできるでしょう。早くそのようになって下さい。

　第二に，男女が交互に並ぶことについては，HRの時間にもよく説明をしたと思います。男子と女子を半分にわけると，どうも話し合いがうまくいかず，対立的になります。それから座席を指定するということが仕事の面から，また協力班としての点から，日誌を交換していく上から，授業をすすめていく立場からも必要です。いつも気の合った友だちのそばに集まって，授業中にふざけて先生がたに不愉快な印象を与えたりするばかりでなく，自由にすると対立的なグループを作るようになってきますね。梅原君が加藤君たちのところへつきたいということのためにさかんに座席の

自由を述べ立てていますが，みんなはいろいろな人とつき合っていくことは良いことだと思っているのにあなたがそれに反対をするというのは，わがままといわれても仕方がありませんね。考えなおしてみましょう。

梅原忠夫——HRの時間に，どうして僕たちのクラスだけがこんなに，きゅうくつなんだろうか。みんな外に出て，散歩やバレーボールをしている。ある先生にきくと「放送*」なんかは聞かなくてもいいといわれた。どうしてそのように学校の中でちがうのですか。先生が良いことだからといっても，反対をする先生が学校にいるとなれば，生徒として納得がいきません……。

* 放送とは録音教材のこと。

このように生徒は，学校の協力体制がととのわないと，敏感につつき出す。部活動顧問の教師が，生徒たちと学校のことについて話し合っているうちに，つい個人的な意見を述べたことが，生徒の都合のよい方にとられてしまったわけである。学校体制がうまくいかないばかりか，職員会議の決定でも秘密事項もあるのだが，その一部を教師が生徒にもらして指導がうまくいかなくなった例も多々ある。

4 担任教師の新学期の準備

4月，新入生を迎える担任の胸の中は，「今年こそはやるぞ」と意欲にもえている。だがしばらく担任から遠ざかっていたとか，新規採用や転任してきた教師たちにとっては不安な気持ちも多い。学校の方針はのみこめても生徒理解や生徒指導上の校則，規律などは，新入生と同じ程度によく理解していないことがある。このままHR担任として出発すると，毎日々々忙しく追いまわされるようになり，度重なるミスをすると，生徒の信用も失われていく。また，教師の盲点をつく思いがけない事態が起きて，自信を失うこともある。

それらの問題をあげてみよう。

- 生徒指導上のルールを生徒に自信を持って説明することができない。
- 一貫した指導方針がないために，生徒A，B間に不公平が起きて，生徒間に不満をいだかせる。たとえば，AとBが遅刻をした場合，教師に届出をして入室したAと，届出せずに入室した生徒Bについて区別しないで取り扱うと，A，Bばかりでなく，HRの生徒たちも，Bのようにしたって許

されると判断する。生徒は先生によって彼らの態度をかえることを知るようになる。したがって教師の権威を失うきっかけをつくるようになってくる。

- 生徒指導面で処罰を行なう場合に，生徒が学校の諸規則を知らなかったり，学校で諸規則を細部にわたって生徒に徹底して知らせていない場合，罰を与えることは教育的にもまずい。そればかりか担任や学校に対して生徒は不信感を持つようになってくる。たとえば，カンニングが発見された。すでに周知徹底した「試験中の心得」などが学校から文書で出され，生徒が理解している場合ならば，不正行為をしたときは，事情を聞きしかも納得の上で罰を与え，反省させることもできる。

これらの点は，ほんの一例にすぎない。生徒の望ましい習慣形成のために，積極的な努力をすることこそ，生徒と教師の人間関係をよりよく促進することはいうまでもない。さらに，生徒同士が集団生活の上での秩序を学ぶことによって，学校生活へ適応ができるようになる。その結果，各学年の協力体制も促進できるし，さらに全校生徒の協力により校内の秩序ある生活ができるようになってくる。

そこで「まず教師」から，校規校則を十分に理解しなければ，生徒集団を管理する教師の役割をはたすことはできない。

1) HR担任の業務

新学期に入る前の準備として必要なことを列挙しておく。

- 「出席簿」の作成，番号順，読みにくい文字はルビをつける。
- 「HR日誌」全校同形式のものがあるので担任として生徒が活用する方法を工夫しておく。
- 「緊急電話連絡網」一覧表，連絡ルートを保護者，生徒向けに数名宛のルートを作成すれば伝達の誤りが少ない。形式は学年あるいはコース別に共通形式にすることが望ましい。
- 「指導要録」の年度当初の記入，各欄を確認しておく。中学校からの「指導要録」を確認する。
- 生徒の「健康診断票」の整理と病歴のある生徒を把握してこれからの学校生活に配慮する。また養護教諭からの指導に心がけておく。
- 「LHRノート記録」全員に配布。

- HRの「備品台帳」(掃除用具，カーテン，ダスト分別BOX，机，椅子の数の点検。ナンバー。(事務職員が実施し，それをHR担任は確認。)
- ロッカー，くつ箱の番号点検整備。鍵を使用するときは名簿と鍵の番号を確認する。
- 「LHR年間計画表」(学年，全学年に関するもの)。
- 「生徒手帳」の内容の説明。
- 生徒の諸届(例)用紙確認。
  ①遅刻，②早退(欠課)，③外出，④異装，⑤放課後時間外残留，休日登校など，⑥アルバイト，⑦バイク使用等。
- 日直の役割と記録。用紙確認。

2) その他の配慮
- 特にHR員の教科指導がない教師が担任教師になったときは，生徒の訴えや考えを知るために，班日誌を活用するとよい。
- 机の上に処理，未処理の箱を置いて，書類の区別をしておく。処理は停滞しないこと。
- 生徒への伝達事項は，「伝達事項票」(32頁参照)を作成して毎日朝礼の教職員打ち合わせでの伝達を記録して「伝達忘れ」のないように努める。そのカードはHR委員の書記(記録者)に渡して黒板に書かせる。カードはHR担任教師へ戻す。担任教師はカードを整理管理する。HR担任が出張や欠勤のときは，あらかじめ代替の教師へカードを事前に渡して依頼しておく。
- HR全員が報告，連絡，相談(ほう，れん，そう)を忘れず実践すること。

第9章　これからのHRづくり

1　HR活動の必要性

　現在の高校生活は，ともすれば教科偏重となり，大学受験の準備や進路指導の場となる傾向がある。HRは高校生活本来のあり方を守り育てるために非常に重要な役割を果たしている。

　HRは「学校における基礎的な生活の場」といわれる通り，高校生活はすべてここを基盤として行なわれている。学習の面でも，部活動や生徒会活動の面でも，また，人間形成上重要な問題の討議についても，親睦を中心としたレクリエーションの場としてもHRが基盤になっている。

　日本の高校においてHRが重要視され，欧米の中等学校と比較すると特異な点がある。HRにおける教育の方法や場としては，非常に進んだものとして，日本の高校は誇りを持ち，これを育成するようにしていきたいものである。

1　HR活動の効果

　HRでは集団を単位として，一人ひとりを生かす工夫が必要である。集団の中で話し合うことによって，互いの理解が急速に深くなっていく。よい方向にHRづくりが行なわれるとき，HR員の融和が保たれ，相互に助け合いの雰囲気が生まれてくる。筆者が1年生の担任で早朝の学習を行なったとき，全員がそれに出席した。その結果遅刻がなくなった。自然に学習態度がよくなり，成績の平均が他のHRをはるかに引きはなすほどになった。また教室の管理もゆきとどいてきた。先生と生徒の人間的な結びつきと，生徒同士の友愛もHRから生まれてきた。これこそ教師にとって，かけがえのない喜びである。生徒同士は学校が楽しく，とりわけHRですごすなごやかな気持ちは，校外生活では求められないすばらしいものだと言っている。

第Ⅱ部　HR活動の具体的展開

2 HRをみんなで育てる

　これまでに述べたようなHRは一朝一夕の努力で生まれるものではないかもしれない。教師もHR委員も生徒も，HR集団をもりあげていく努力は大変なものだと思っている。「HRが高校生活において，どんな役割を果たすものであるか」ということについての理解と，強い意欲・勇気・根気が必要でそれだけのエネルギーを傾けても十分に価値のある仕事である。

2 HR活動オリエンテーション

　生徒の事実の記録，班日誌を通して，その累積を読みとってみよう。

1 2週間たったHRの生徒の感想──班日誌より

4月20日（晴）

夏山信一

　高校生になってから早くも2週間たった。この間，僕はいろいろな面で中学とちがった高校生活に気づいた。それはまず，高校の先生は中学の先生とちがって，僕たち生徒に勉強の意欲を湧きあげさせようとする努力と，勉強する必要性を教え与えてくれたことである。
　高校生活に欠かせない一つはHRであろう。毎週1時間のHRがあるが，いざはじめると，まだ司会者も馴れないせいか活発に発言しないのは，中学の生活と同じであるが，しかし先生は一生懸命にみんなが発言できるようにまた，明るいよいHRにしようとする努力が僕にもすぐわかった。
　この先生の努力を無駄にしないように，良い高校生の一員となってみたい，そう決心したのである。

2 LHR活動展開実践の記録例

　①自己紹介ゲーム，②私たちのHR─これからのHR─，③1カ月たった高校生活，④HR活動の計画と役割，など，実践記録を累積した。それらの記録を通して生徒の活動を理解してほしい。HRの展開方法は実践記録中のNo.3またはNo.4に記してある。

第 9 章 これからの HR づくり

記録用紙は本書第 3 章 29 頁を参照。

主題別担当班による記録者が記録して HR 担任へ提出する。HR 担任は保管して，いつでも生徒に公開する。

① 自己紹介ゲーム

題目	学校主題	高校生活オリエンテーション	月　日
	HR 主題	自己紹介ゲーム	所要時間 50 分

1. テーマのねらい
　HR の親睦を中心に相互の理解を持つ。また自分を紹介したり，されたりの方法を学ぶことは今後の集会その他にも役立つ。

2. 事前準備…(1)前日までに各自の配布用紙に次のことを書いてくる。①姓名，②出身中学，③住所，④家族のこと，⑤将来の職業，自分の将来でもよい，⑥長所・短所，⑦教科の好き嫌い，⑧部活，⑨ニックネーム，⑩中学のときの所属委員会など。(200字) (2) 2分間で紹介できるようにユーモアたっぷりにと注意しておく。(3)HR 担任へ提出。(4)司会者は担任。(5)座席のつくり方，フリートーキング形式，男女交互着席。(座の設定はⅠ部第5章　話し合いの意義と方法（資料 B）参照)

3. HR の展開方法
(1) HR 担任は自己紹介の用紙を集めよく繰って全員に配りなおす。
(2) 自分の紹介文がきたときは，他と交換する。HR 担任に指名された人は手元の「自己紹介文」をよみあげ，「私さんどうぞ」と声をかける。私さんは「はい，それは私です。どうぞよろしく」と挨拶する。次に，その人が手元にある紹介文をよんで，「私さんどうぞ」という。以下このようにすすめていく。

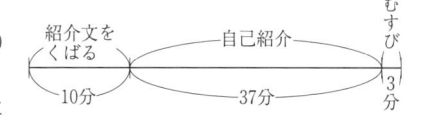

　　紹介文を　　　　　　　　　　　　　　　　む
　　くばる　　　　自己紹介　　　　　　　　　　す
　　　　　　　　　　　　　　　　　　　　　　　び
　　　10分　　　　　37分　　　　　　　　　　3分

4. 展開
　HR 担任・でははじめます。出席番号 8 番の人どうぞ。
　8 番・（手もとの自己紹介文を読む。）「私はオバチャンと中学時代よばれました。私の名が小畑だからです。1人っ子で家は和服仕立やで松竹撮影所の衣裳部へおさめています。英語が嫌いで困っています。中学では美化委員をしていました。では私さんどうぞ。」
　小畑・私は小畑愛子です。どうぞよろしく（担任が拍手を先がけると全員が拍手…）
　担任・なにか，それに加えていうことありませんか。
　小畑・別に…。これからもっと背が高くなりたいです。（全員大笑）。
　担任・小畑さん，次にあなたの手元にある紹介文を読んで下さい。
　小畑・「私はすぐ顔が赤くなるけれど，意外に気が強いです。私は女の子とつき合うより男の子とつき合いやすいタイプです。ボーイフレンドを持ちたいと思います。今までも何人かいましたが。（キャー，と黄色い歓声があがる）私は将来美容師になるつもりです。今まで中学では管理委員をやってきました。」
「私さんどうぞ」
　高山・はい私高山信子です。（男子生徒たちが，どよめいて拍手も盛んである。）一度に HR の雰囲気がやわらかくほぐれてきた。（以下略）

5. 留意事項　(1)担任の自己紹介を最初か適当な時期に必ず入れる。このときの態度は師弟関係の発展の第一歩で気軽な態度の背後に細かい注意と反響を見通したゆとりのある話し方，ユーモアを入れたい。(2)生徒の姓名の読み方など特別な場合，板書する。(3)自己紹介の文はあとで，個人カードに切り抜いてはっておくと生徒の希望，人柄などわかってよい。(4)中学時代の役員を，HR 役員に立候補させるとよい。

第Ⅱ部　HR活動の具体的展開

② これからのHR

題目	学校主題	私たちのHR	月　　日
	HR主題	同上（これからのHR）	所要時間 50分

1. テーマのねらい
(1)HRの時間を高校の授業の中に50分間とり入れてその中で学校やHRの問題を処理したり青年期の心の問題を話し合ったり，進路のことを学んだりすることは学校教育のうち人間育成のうえで，大切な時間である。(2)HRで生徒の自発的な活動を尊重しながら学校の指導計画にそってHR計画を作成しよう。(3)運営技術と資料の利用，HRの運営には担任の独創性が十分生かされ，HR運営委員とHR全員の役割分担によって，HR校時の事前準備，資料の収集調査の取り方，マスメディア等の利用の工夫をする。

2. 事前準備
(1)高校「LHRのてびき[*1]」を各自が読み，HRに持参することを伝達，(2)司会者は議長，(3)話し合い形式は班別話し合い，(4)座席は班別[*2]

3. HRの展開方法　(1)録音を聞いたあとHRに関する問題を班別で話し合う。次のHRで具体策をねるようにする。

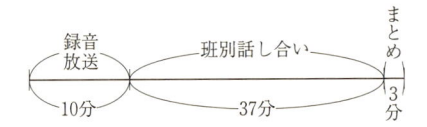

録音放送 10分 ─ 班別話し合い 37分 ─ まとめ 3分

4. 私たちのHR
「千葉県立野田高校のHRを参観する。HRでは「HRノートテキスト」を使っていた。HRノートには大変むつかしい内容の主題もあるが，この主題を中心にHRで話し合いをすすめている。HR委員の悩みは発言しない人がどのHRにもいる，指名しても言わない人がいる。だがHRに3分間スピーチをとり入れたりして，話すようになってきた。主題が抽象的な場合でも，3分間スピーチならばうまくいく。一般に指名で活発化をねらう。HRで意見を云い，また友だちが考えを述べあっていくというところに，互いの理解もうまれ，より親しい人間関係ができてくるように思う。自分たちの考えで自主的にHRを運営していきたい。」ということであった。

5. 経過（要約）　野田高校のように活発なHRを育てようという皆の意見があり，HRの運営委員の仕事，司会者の役割などを，「LHRの手びき[*1]」を班別に読みあげていく。担任は各要点を説明する。各班でそれについて話し合う。各自がもっと活発に発言し，指名されなくても話せるようにしたい。各班ごとに司会を受け持つのがよい。年間の計画主題[*3]をこの次までに，各班で考えてくる。主題の枠は，学校の指導計画とHR内容[*3]。

6. 指導上の留意点
(1) HRの基盤になる，組織については教師が担任になったその日に，班編成，座席の指定，学校で決めてあるHR経営上必要な役割，その主な委員の決定を準備し，教師の方針通りにすすめてまず軌道にのせるようにする。
(2) 1校時のHRの主題について考える場合，教師とHR運営委員会の組織を中心に協議する。その一番基盤になる主題等を班ごとに提案するのだということを理解させる。

*1　本校は「LHRの手びき」を各生徒に配布（LHRの題材，話し合いの形式，LHRの感想ページ）。
*2　本書第Ⅰ部第5章・資料A・B図参照。
*3　第Ⅰ部第6章，LHR活動の具体的な題材，参照。

③　1カ月たった高校生活

題	学校主題	高校生活とHR活動のあり方	月　　日
目	HR主題	1カ月たった高校生活	所要時間 50分

1. テーマのねらい　1年生は初めての高校生活にとまどっている。高校時代をどのようにすごすかについて考え，高校生活の第1の目標は人間形成，よき人格をつくること。人格の窓を開くものは学習，学習の向上は高校生の最大のつとめである。また友の大きな力は人格を高めることもできる。さらに幅のある人間として部活動や生徒会活動に参加する，などを考えよう。

2. 事前準備　(1)各自が「1カ月たった高校生活」で言いたいことを各班で発表することに決めた。各自が高校に入学して感じたこと，不安，喜び，疑問などを語ったり，高校生活に対する抱負などを話すように伝達する。(2)司会者　HR運営委員2人　(3)形式，円形番号呼び第Ⅰ部第5章資料B図(6)参照。

3. HRの展開方法

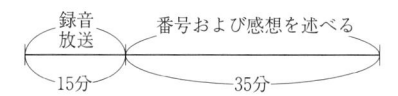

```
    録音       番号および感想を述べる
    放送
  ┌─────┬──────────────┐
       15分         35分
```

4. 放送内容「1カ月たった高校生活」
　高校の勉強は中学にくらべむずかしい。うっかりしているとついていけなくなる。しかし，部活動は自主的である。生徒会でも委員ともなると責任が重い。男女交際は意外にオープンでなく，勉強の点での競争が激しく，全般的に伸びのびしているとはいえない。

5. 経過
　司会——高校生活に入って約1カ月，中学への里心もまだあって，高校生活に馴れないとか不安な点，改良したい点，いつもHRで話をしていることを，思い切ってまとめて発表して下さい。では出席番号2番どうぞ。
　2番（男）——僕は部活に入部していないと正直に上級生に話したところ，部活に入れと強制的に登校中にやられるんで，不満です。休み時間なども1年生の廊下をいったりきたりされるのは，感じが悪い。では30番。
　30番（女）——学校の校則がきびしすぎると思う。たとえばマフラーをつけてはいけない，男女の1対1の交際はいけないなど全く驚いた。
　以下要約する。中学時代より高校の先生は冷たい。すぐ落第があるんだぞ，とおどかす。昼休み校庭に出て遊ばないのは変だと思う。みんなでバレーボールでもしたい。教室や廊下で男子が座ぶとんやものをなげるのはよくない。べんとうはみんなバラバラで食べない方がいい。授業中答えられないと立たせたままにしておく先生がいるが先生の顔が恐ろしくてみれなくなるからやめてほしい。週番より日直当番を置いたらどうか。先生の名前がわからないから名ふだを胸に1カ月位つけてほしい。全部の先生に挨拶しようとしても，誰だかわからない。男子は廊下にでて女子の通るのをみているようなことはしない方がいい。遅刻防止がきびしいので驚いている。

6. 指導上の留意点　高校生活の設計など作文に書いて回覧文集にする。各自がどのようにあるべきかを自覚させ，問題点があれば，呼び出し相談やグループでの話し合いにもっていくとよい。教師側では，生徒の発言の中から改善すべき点をとり出して，参考にするのがよい。

部活動（学習指導要領改訂前のクラブ活動）

第Ⅱ部　HR活動の具体的展開

④　HR活動の計画と役割

題目	学校主題	高校生活とHR活動のあり方	月　　日
	HR主題	HR活動の計画と役割	所要時間100分

1. テーマのねらい　HRの役割は家庭の経営面と管理面の仕事を果たすのと同じものがある。その基盤の上に立ってHR員が楽しく信頼と協調の中で，各自の諸問題の解決をはかり，より深く人生を考え，広く社会や他の人たちへの理解をする場にしたい。そのために年間，学期の活動の計画の主題も考えさせる。

2. 事前準備　(1)担任はHRの問題点を各班へ提案しておく①環境を美化するには，②楽しいHRとは，③気軽に話し合えるには，④まとまるHRとは，⑤HRで欠席者や問題がおきたときは，⑥各委員の仕事分担は，⑦HR運営委員会の構成は，⑧HR全員が理解し，協力できる仲間づくりなどはどうするか。(2)司会は議長と運営委員，書記。(3)形式，班別話し合い。第Ⅰ部第5章資料B図参照。(4)HRの活動の計画のテーマを提出する。

3. HRの展開方法　(1)放送利用「高校のHR」

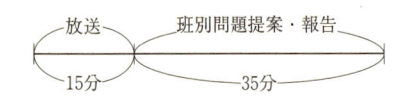

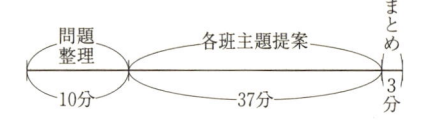

　　放送　　班別問題提案・報告　　　問題整理　　各班主題提案　　まとめ
　　15分　　　　35分　　　　　　　　10分　　　　37分　　　　　　3分

(2)各班からの問題の提出と解決策　(3)望ましい計画主題の提出　(4)HR運営委員会の構成員の決定と，課題の整理　(5)SHRの活発な利用。

4. 放送の内容「高校のHR」
　4校の2年生からHRの話を聞き，それについて話し合った。
　勉強に追われがちだが1週間1時間だけでも開放され，青年の生き方を考えるのは意義深い。HRは高校生活の基盤をつくるところで，身近な主題は活発に話し合える。HR委員が独走するのは十分に考えたい。HRを上手に運営するのにはその技術を身につけ，高校生活の内容を豊かにするようにしたい。

5. 経過　HRの問題点をあげ，どうするかを各班から述べた。(1)楽しいHRには，レクリエーション（ダンスや音楽鑑賞，スポーツ，合唱など），(2)HRがまとまるには班日記を続けていく，全員の係活動を明確にする，(3)気軽に話し合えるには，3分間スピーチを毎日続ける，(4)まとまるHRには，内職や無責任な人を出さない，(5)HRの欠席者には班でノートを作成する，(6)各委員の努力を認め協力する，(7)HRで話し合って共に学習の向上を図る，(8)1週50分間のHRを大切にしよう，(9)HRの主題を班ごとに発表し，委員会でまとめることを全員一致で決める。(10)HR運営委員の構成は，HR運営委員，各種委員，班長，担任となる。＊レクは1学期1回だがHR導入に合唱をする。

参考資料（文部省＊特別活動指導書，本書第Ⅰ部第2章図2−2参照HR組織図表（例）。第6章2，例1，2，3，本書70〜79頁　HR活動計画表）

6. 指導上の留意点
　HRを運営するには次の点を考えよう。
　1．計画を必ず持つこと。
　2．HRの時間を尊重し，積み重ねに意義を持つこと。
　3．事前の準備を必ずすること。（役割の確認）
　4．リーダーの重要性を考え，育てながらHR全員にリーダーの役割を体験するように，ひろめていくこと。
　5．LHRの記録をつけよう。
　6．HRを小グループ，班別組織にする。
　7．班日誌の中からHRの話題を豊富にとりいれる。また，教師は意見をできるだけ書くようにしたい。生徒の相互理解ができるようになる。

＊　現文部科学省は2001年（平成13年）文部省と科学技術庁が統合。

第9章　これからのHRづくり

このように実践すれば，各HRの運営委員は，HRの運営委員会を開き，学校側の指導案を伝達し，それを参考にして，HRの具体的な活動計画の展開方法を工夫できるようになる。

3　先輩たちにきくHRの運営

HRの問題点から

「HRづくりも軌道にのったけれどもどうも活発な討議ができない」とか「話し合っても深まっていかないようで面白くない」。このようなことを常々感じていた司会者のA君やDさんたちは，HRの話し合いをうまくやってきた先輩のB君とCさんに話を聞くことにした。

A君　活発に話し合いを進めていくためにいろいろ問題があるのですが，一つは意見が少数の人に限られていて，あとの人はみんな黙って聞いているだけです。全員が活発にその問題を話し合うにはどうしたらよいか，ということをおたずねします。

B君　それは僕も悩みました。まず，議題の選択にあるのです。身近な誰でも興味を持てるような問題からあげていきます。

Cさん　私たちは，HRを進めるために，運営委員会を先に持ってこの次のHRのテーマの資料のプリントをつくって配ったりしました。また放送教材（テープ）の「青年期の探究」や「人間とはなにか」などを聴いて，そのことから話し合いに入って，自然に自分たちの問題にしました。

B君　グループ討論会のようなことをして，みんなが話す機会をつくったんです。

A君　僕たちもグループをつくっていますが，活発な班と全然話さない班もあるし，討論していると，とってもさわがしくなるので困るんですが。

Cさん　そうね，さわがしくなるけれど，声の方は十分注意して班長さんに調整してもらうといいでしょう。ただ時間が不足で表面的になるという問題が残りますね。そういうとき私たちは「HRノート」に書いたり，班日誌に書いたりしていました。それを読んだり，3分間スピーチの時に話をしたりしていましたが，そのようなことをやってい

第Ⅱ部　HR活動の具体的展開

ますか。
A君　やっていますが，まだ，みんながどうも遠慮しているのか，自分を飾っているのか，もっと，自分の意見を話してほしいんですが。
Cさん　特に人と比べて自分が劣ると思うと話すのが恥ずかしいというのが女子の場合多いですね。
B君　そういうとき，笑ったりしないで，横からみんなで助言してあげるといいんですが。
A君　今までのHR運営の面で，みんなが協力できるように，先輩の意見を十分とりいれていきたいと思います。身近な話題を持つということは，HRの運営をしていくとき，とても大事ですね。テーマの中にみんなの意見を生かしていくように，日誌なども参考にすればいいですね。
Cさん　そうですよ。それからHRの1校時だけで話が深まらないのは当然なんですから，放課後や休み時間にも話し合うということで，HRが内容を深めるきっかけとなるような内容もありますよ。
B君　そーだな。
Dさん　HRで決議しても，あとになって文句をいうので，私たちだけでいつも，そういう不平分子に気をつかいます。どうしたらいいかと思います。
Cさん　それはどんな場合にも多数決になるとありますね。時間を十分かけて相手が納得するまで話し合えればいいんですが，時間をかけられないこともたくさんあるでしょう。その場合は，班別の話し合いに，時間を持ってもらうとか，不満な人たちだけ集まってもらって，担任の先生からも委員からも十分納得のいくように話し合わないといけないと思います。いつも委員だけが問題をかぶってしまうと，委員は一番やりにくくなるでしょう。それと，議案の提出者にも必ず参加してもらって意見を十分伝えるようにしたほうがいいわ。
A君　多数決で何でもきめていいでしょうか。
B君　僕は先生からよくいわれたんですが，学校の生活の中での規律とか，座席の決定，当番，遠足の場所などの決定には多数決でもいい。しかし，一人の意見でも，非常にいいことである場合は，その良さを全体の人がわかるように，たとえ無視する雰囲気があっても腰をおちつけ

て取り上げなければいけないということを教わりました。もちろん，担任の先生からその場で強力に支持してもらうことが必要なんですよ。そうでないと，運営委員たちだけでは，どうもうまくいかない。本当は僕たちだけでも，よい意見を取り上げて再び考えるということができないといけないのですが。良い意見を出した人が，馬鹿をみるようなことを僕たちはやってはならないんですね。

一同は，先輩の意見に共鳴した。

4 HRは家庭だ——HR編成替えを経て （2・3年生の班日誌から）

ある生徒の班日誌に，HRで「Xからの手紙」を実施したあとの心あたたまる詩文が書いてあった。
「Aっていい奴だな
　本当にいい男だと思う
　昨日はあることでAから
　アドバイスを受けた
　なんだか自分という人間について
　ものすごく考えさせられちゃった
　この日誌上で，Aにお礼をいう」

高校生活の中で，いちばん気楽に話し合える場といえば，部活動があげられる。その次には，HRであろう。一人ひとりがみんなバラバラで荒涼たる個人の集まりとなりがちな現在の高校生活の中で，協力と親和の雰囲気をつくりあげようとする姿は，高校生活での救いであると思う。

HRでこそ，温かい仲間意識を持って，なんでも言える雰囲気をつくりたいものである。

ところで，このようなHRの人間関係の中で，生徒はさまざまな問題にぶつかるようになる。なかには性格的に集団生活になじめない生徒もいるし，人間関係のゆがみから，集団に所属できないで孤立している生徒もある。特に青年期の生徒たちの持つ心理的な特徴からみても，一人ひとりに環境のちがいや性格のちがいがある。それがからみ合ってくるので，内面的な矛盾，

つまり優越感や劣等感が不安定に交錯するとか，孤独感を強く持つと同時に，集団への所属を強く求めたりする。あるいは異性への関心が強くなる。これらは誰もが大人への成長過程として持つ精神的，社会的自我の確立の現われである。生徒たちはその生活の中で大なり小なりその矛盾に苦しみ，悩みを持っている。そしてなかにはそんなことをみんなの前でしゃべったところでどうなるものでもないと，冷たい言葉を投げつけることもある。自分の悩みが，他人によって解決されるとは考えられない，そう固く思い込んで閉鎖的になる。しかし反面その悩みを語り，きいてもらいたいという気持ちがだれの心の中にもある。それを実際にきいてもらうという中に自分の発展があるのではないかということに気付いてくる。

さて，このようなHRの特質を考えるとき，私はいつも「HRは，家庭だ」というように考えている。少なくとも，担任の教師と生徒たちの関係には，親と子のような場面がある。それは相互の信頼関係があるということだ。またどの生徒にも，一人ひとりのよさを認めて，そのよさを伸ばしていこうとする教師の公平な態度もまた，親のもつそれと似ている。さらに人生の先輩者としてつき合い，助言を与えることもまた親子の関係にごく近い。時には子を思うあまり，親は子を叱りとばすことも，教師と生徒の関係の中に見出せるからだ。

また，生徒同士の好ましい人間関係をつくっていくことは，あたかも，きょうだい同士の関係に似ている。生徒はHRを毎日の行動のホームグラウンドにしているし，みんなと協力し役割分担をしてHRを経営していくのも，家庭の経営とよく似ている。

1年生の間，それぞれの担任教師を中心に生活してきたあと，生徒たちが，HR編成替えによって，筆者のHRへ集まってきてから，どのように変化していったか，班日誌によってみていこう。

4月6日

　　　　　　　　　　　　　　　　　　　　　　　　　K子

HR編成表が掲示板に張り出してある。私は，2年B組である。誰か友だちがいないかなとみてみたが，1年の時一緒だった友だちは，ほとんどバラバラになっていて，私はあまり親しくもない数人の，もとの1Bの人と一緒だった。教室へはいっていくと，T先生のクラスの人たちが楽しそうにペ

チャペチャしゃべっていて，ちょっと自分などがはいり込む隙間がないような感じがする。私は慣れると，とってもおしゃべりなのに，自分から気軽に人へ話しかけていくことがどうしてできないのだろう。万事において，ひっこみ思案なところがあり，いけないと思っている。早く２Ｂの全員の中にとけ込めるようになりたい。

　　K子さんは，このような心配をして，２ＢのHRにはいってきたが，男子のN男君も同じようなことを書いている。

４月６日

　　　　　　　　　　　　　　　　　　　　　　　　　　　　　　N男

　僕は一日中，学校のこと，クラスのことについて考えたが，すべてがなにか頼りないような，いやな気がした。その原因はなんだかはっきりしない。とにかく１年生のときのクラスはおもしろくて勉強もよくやった。今のＢ組はなじめないせいか，いやだな。

HR担任──N男君のいいたいこと，いやだな，と思っている原因はいろいろあげられる。担任の私*と気が合わないのではないだろうか，という心配，しばらくは気の合った友だちがいないきゅうくつな状態，自分のわがままを理解して認めてもらえないなどということが，面接してみてわかってきた。これらの気持ちは誰もが持つ不安であることを示している。特に知っておきたいのは，「まさかHRのメンバーについて，生徒たちはそんなに深く考えているものか」「生徒は座席の位置なんかこだわるものではない」などと思いがちなことである。つまり大人の判断で，そのまま放任しておくと，１週間もたたぬうちにHR内に好きな者同士のグループがいつの間にかできて，仲間はずれになる生徒が何人か出てくる。グループ同士の対立関係も強くなって，それがHRを経営し，運営するための大きな抵抗になることが多い。誰も，一人ひとりは友だちを強く求めているのである。

＊私＝HR担任，筆者。

４月13日

　　　　　　　　　　　　　　　　　　　　　　　　　　　　　　H子

　１週間がたったが，HRの人とはなじめない。私は人みしりをする方なの

で，こちらから話していくことができませんが，向うから話してくれば，わりに平気で話せます。今までは友だちをあまり持っていなかったのですが，2年になったので本当に良い友だちを見つけ，自分にプラスになるようにやっていきたいと思います。

同日

U子

友だちはずい分できました。みんないい人ばかりでよかったと思います。「友だちができなくて……」なんていう人もずい分いるのに私はめぐまれています。おっちょこちょいの性格が案外プラスになっているのかもしれません。

新学期10日目，HR内の組織づくりとして役員の選出，班づくり，係活動などがきまり，いよいよ生産的なHRの展開がはじまる。

4月16日

O子

今日の昼食後，HR運営委員会でみんなが集まり，これからのHRづくり，運営の仕方などについて自由に意見を出し，話し合った。最初，まずやってみようということになったのは「勉強の仕方」についてでした。でも心配なことは，みなが本当のことを話してくれるかどうかの問題だったのです。私もT先生のクラスにはいっていろいろこのようなことを1年間やってみて，最初はなにか全部本当のことは言えなかったような気がします。でも今は本当に言うのがいやなことでないかぎり，かくさずに正直に言っているつもりです。私は案外閉鎖的で自分を表面に出すことが嫌いで，頑固です。でも1年で，これだけになったのですから，今のクラスだってみんなで何でも言えるムードをつくっていくように努力すれば，きっと効果はあると思います（こんな偉そうなことを書いてしまいましたが，私にもいろいろ迷いは起こってしまいます）。以上が今日の委員会に対する私の意見です。

HR担任——運営委員たちの心配をそのまま放って，HRの時間を議題や主題（テーマ）だけを追ってやったとしたら，当然HR全員の関心が高まら

ない。また，にぎやかに話し合うことができるだけでは，HRの時間は長つづきがしない。そこにはお互いの真実がぶつかり合わないと，心にしみ込む内容のある話し合いができない。そうするためには，たとえば担任の教師が，まずO子さんの例の「勉強の仕方」のテーマについても，なんの目的で，どうやってお互いの勉強の仕方を調査するのか，ということを委員まかせにせず補足する必要がある。私はまずふざけ半分でいいかげんな態度でお互いの足をひっぱるような雰囲気をつくらないようにすることが青年の純粋な生き方の一つであることを話した。

5月10日

T子

2年のクラス替えで私は，グループ日誌と3分間スピーチなどHR活動で名高いT級[*]の一員になった。過半数がコースの関係で1年の延長だと思われるHR員の中で，よそ者の私は圧迫を感じ，毎日が不安でたまらなかった。そんなわけで，一度誤りをおかしてもいつまでも気になって，それが重なるにつれて私をしだいに消極的にしてしまった。でも月日というものは，やはり尊いものです。班日誌にもなれてきたし，3分間スピーチも興味深くなってきた。と同時にこれらが2Bの人を知るのに良い機会だということを知りました。そしてまた平素の勉強とは別にこうした面からも友だちを見ることを教えられたのです。そんなふうに知ることによって，私も2Bにとけ込んでいくようになりました。自分を考えることの大切なことを日を重ねるにしたがって心の中に持つようになってきたことがわかります。2Bの人たちのために，なにかひとつでもいいから奉仕をしよう，という先生の発言は，2年の最初の日の印象で心に深く残っています。私の心にゆとりができてきた今，少しでも役に立つ仕事をと考えています。この2Bに編入されたことをうれしく思っています。

*T級とは筆者のHRのこと。

〈2カ月目〉

6月29日

Ku子

HR全体の雰囲気が1年の時とは全然ちがったものになりつつあるように思います。特に男子生徒は，なれたせいか，誰かが前へ出ると後の人が手を

たたいたり，笑ったりするので，私には奇妙に思えるのです。
　皆の日誌をみていると，自分とだいぶちがったところにいるようにときどき思います。このごろゆっくり話し合える時間がなく，お友だちとはコースの一緒の人とだけ話をするとか，部活の時だけになります。淋しいことです。「友だちは時々裏切るけれど，きょうだいは裏切らない」ということを聞いたことがありますが，友だちだって，私が信用し裏切りさえしなかったならば信じてもらえると思いました。でも今の心境では，自分さえということが通じなくなってきたので悲しくなります。
　先生，信ずることはむずかしいことですね。いくら私が相手の友だちのことを信じていても，彼女が裏切ってしまうのです。友人とは，親友とはいったいなんでしょうか。本当に親しい友だちがないんです。すごく欲しいのですが，欲しいだけでは全然できませんね。親友がいたら私はどんな奉仕でもできると思うのですが，今までも自分で思うかぎりでは，親友と呼べるような人には精一杯の努力をしてきたつもりなのに……うまくいきません。私自身，友だちにいやがられる性格があるのかも知れません。友だちは私をどう思っているのか見当がつきません。

　私は，Ku子さんの悩みを聞いたあと，SHRの時間に，全員に「友だちのことで悩んでいる人がいるので，話し合いたい人は，家庭科教室に集まってください」と伝えておいた。15人の生徒が，時間を都合して集まってきた。その話し合いを録音したので以下に紹介する。

　Ku子——あの，私，1年生の時の友人から悩みごとのようなことの相談をうけました。私を信用してくれたのだからと思って真剣に考えてあげたのです。そのとき私の考えを全部その友人に話してあげたのです。参考になったかどうかはわからないし，結果もわからないんです。それでいいと思うんです。結果はその人自身がつくるのだからということです。そのとき思ったのですけれど，私たちはみなよく似たことで悩むものだなと感じました。そして自分が相談をうけた場合は割に冷静に良い対策が浮かぶものだが，自分が悩んでいるときは，それにおぼれてしまって，良い考えなんか浮かんでこないのです。だから相談し合える友だちは必要だと思います。私は本当に信頼できる友だちがいたら，親に言わないことでも，その

人に話します。さいわい私は1年生の時には，そんな友人がいました。私は一緒に行動するだけの友人なんていやだし，その人ともあんまり一緒に行動したほうではなかったと思います。

HR担任――Ku子さんの友だちに対する考え方がよくわかります。そのとおりだと私も思うところがあります。Ku子さんは友だちの気持ちになって考えたことがありますか。

Ku子――友だちになんでもしてあげたいと思うから，たとえば家に帰らなければならない時間でも友だちが待っていてと言えば，待っていてあげるんですが，その友だちは私と約束しておきながら他の友だちと一緒に帰ってしまうことがあるんです。

HR担任――あなたはそのときの友だちの気持ちを考えたことがありますか。

Ku子――いいえ。裏切られたことの方がくやしい気持ちです。そう，考えてみると，私も案外しつこい方で，どうして待っていたのに来ないで帰ったのって，責めてしまいますね……。

HR担任――なるほど。（みんな考え込んでいる）

O子――仲の良い友だちを持っていないことって本当にいやだと思う。なんか心がひねくれてしまいそうな感じがしてくるんです。友人がいない方が気軽でいい，と強いことを思うんですが，話し相手というか相談相手は必要だと思います。でも，もう1年の時のような友情は持ちたくないんです。家に帰るとホッとします。いまクラスの友だちはそれぞれグループがあるので，その中に私が入っていくのはなにか悪いような気がするんです。私は表面は誰とでも気軽に話しているが，本当の友人はいまのところできそうもないのです。本当に友だちがほしいんですけれど。

N男――友だちがいなくてたいへん困っているようなことを言われたが，僕が話などしてあげられるガラじゃないんだけれど，「もう1年の時のような友情は持ちたくない」と言っていたけれど，僕はその友情がどんな友情か知りません。でも彼女，僕のみたところでは学校では暗い陰など見えず，とても楽しそうにみえます。以前，T先生からO子さんのことについて聞いたことがあります。その話によるとO子さんは1年の時，自分から皆の中にとびこんで行って，ずい分友だちもできたように聞きました。それはO子さんが言うように，うわべだけの友だちかも知れませんね。でも

そんなことでクヨクヨしたり「心がひねくれてしまいそうだ」なんて言っているようでは，なおさら心の友なんてできないと思います。自分でだめだって思ったら，誰が君を友だちにしようなんて思うでしょうか。心の友にはいろいろの種類があります。友だちをつくるのにいろいろのきっかけというものがあると思います。君みたいに人なつっこくない人も，心の友ができないなんて，あきらめてかかってはだめだと思います。むしろ心の友というのは，君のように人なつっこくない人の方がシッカリした心の友をつかめると思います。一般に八方美人といわれる人にはうわべだけの友だちが多すぎるほどいます。なぜこんなことが言えるかというと，それは今までに僕が経験してきたからなんです。僕は親友を2人もっています。その一人は君のように人なつっこくない人です。最初に親友をつくるには，人から自分を信じてもらうのではなく，自分から接し自分から信じていくことだと思います。ずい分，きついことや生意気なことを言いましたが，あまり気にしないでください。

O子──N君，どうもありがとう。私は人なつっこくないといわれますが，そうでもないから，仲の良い友だちとだけつき合わずに八方美人的になってしまって，誤解されてしまうんです。Ku子さんは自分から信じていこうとするのに，相手がうまく共鳴してこない。そういうこと本当にむずかしいですね。

Ku子──最初に言ったように，ベタベタくっついている友だちということが私にはわかるような気がします。私，Xからの手紙（HRでクラスメートにあてて意見・忠告などを伝える手紙型式の表現）で1年生のとき，「あなたはもっと自分のわがままなことに気がつかないといけない」といわれました。その時，心の中で憤慨していました。でもそのことが今……私のこととして受けとめることができるように思います。

HR担任──なかなかよいところに気づきましたね。友だちを求める気持ちがあればあるほど，自分が理想の親友を得ようとするにはそれだけのものを持つ努力をしていないといけない。また，相手のためにと思っていたことが本当に相手のためになっているかどうか，自分が押しつけているのではないかということの反省なんかを素直に友だちのまえで話しながら，向上していくことによって，お互いの理解が得られるようになるんですね。

第9章　これからのHRづくり

　この日の話し合いの様子は，HRで，全員に報告するように指導した。
　2学期に入るとみんなが親しくなり，HRでの毎日の生活を考え，反省もするようになってきた。

11月22日

N男

　僕たちのHRでの日誌の役割は，お互いの考えを理解するのに潤滑油的な働きをしてくれている。話し合いの場がHRにあるからというだけではなく，さらにグループ（班）を中心に意見の交換をしていくと早く理解がつく。
　ところで今日，ちょっと班（グループ）日誌のことで意見が出てきたので僕もそれについて書いてみたいと思う。この日誌は1学期の間はクラスの人たちの出来事があまりわからないので，日誌によって，その人の性格やどんな生活をしているかが少しでもわかって，日誌の働きはたいへんなものだと思う。
　2学期はお互いの様子もわかり，日誌をつかわなくてもわかってきたし，それに僕たちの生活は同じことを毎日毎日繰りかえしているような気がしてくる。だから日誌に書くことも同じようなことが多くなってきた。特にテストが近づくと「自信が全然ない」「しっかり計画をたてて勉強しよう」というようなものが多く出てくるように思う。それでは日誌の役割が大したものでなくなってくる。そうなれば日誌を書いてもしょうがないという人もでてくるはずだ。今後，僕は班日誌を続けることは賛成だし，そのためには班日誌は，どんなことに役立っているかということを話し合うか，もう一度先生が話をしたらよいのではないかと思う。僕は日誌は2年目で，この日誌の良さを知っているからだが，各班の班日誌をもっと多くの人に読んでもらえるように工夫してはどうだろうか。日誌に自分の今の考えや悩みなどを気軽に書け，意見を書けるようにすることが必要だと思う。これからはもっともっと変化をつけるようにみんなで工夫しようではないか。

　12月24日にはクリスマスパーティーが開かれた。長方形に並べられた机の上には各々ジュース，みかん，ケーキ（これは2BのS君のお兄さんの手製のデコレーションケーキ），それと思い思いの包装をしたプレゼントがのせ

られていた。みんなはなんとなくうきうきしている。まずパーティーに先だって私（HR担任）のあいさつ。合唱の後，ゲームにはいる。ユーモアに富んだものばかりで代表者も応援側も笑えるだけ笑った。司会者の演出力はたいしたものであった。次の軽音楽演奏とリクエストタイムは授業中に優る熱心な聴き方でその演奏の魅力を発揮した。プレゼントタイムは，ジングルベルの曲にのせて各人が用意した品を隣りへ回していき，曲が終ったときに自分の手にあったものがその日のクリスマスプレゼントというしかけ。百円相当の品にそれに合った言葉がはいっているので，どの人の顔もわくわくというところ。私のはかわいいインディアンの花瓶であった。そのあとがジェスチャー，アンコールに応えて軽音楽演奏，クラリネットも上手だ。たのしい2時間がすぎ，プレゼントと食べ残したお菓子を抱えてみな家路を急いだ。

〈3学期〉
2月1日

　　　　　　　　　　　　　　　　　　　　　　　　　　　　M代

雪のつもった朝，丘の上の白い校舎から海が光ってみえる。新校舎への移転が行なわれた。

新しい校舎での1週間もきょうで終り。まだなにかよその学校のような気がしてなじめない。先生から汚さないようにと何度も注意があったが，私たちが最初の住人なんだから頼まれたって汚す気になれない。

さて日誌を読んでいてどの人もそれぞれに悩みを持っているんだなって思った。だけどそれは立派に人間として真面目に生きようと努力している証拠だと思う。悩んでそれが周囲の人の協力などを得ながら解決したとき，私はそんな時に何か安心感というのか幸福というのか，とってもうれしい気持ちになる。そして成長しているんだなって感じる。私は目下悩みらしい悩みは一つも持っていない。だけどそれは決して成長してないってことではない。

〈3年生になって〉
4月8日

　　　　　　　　　　　　　　　　　　　　　　　　　　　　N男

このグループ日誌，お初に書くことができるなんてとてもうれしい。3年になってからは，このホームよりもコース別で，勉強する時間の方が1週に

31時間もある。どうしてもクラス（HR）メートと離れがちになると思う。だからこのグループ日誌を今よりも有効に使って3Bのつながりを強くし，この日誌には真実のみを書き，本当の話し合いをし，どんなことでもみんなで相談のできるものにしたいと思う。そして先生と生徒の間にもっと親近感を深め，プラトニックなムードをつくっていきたい。リレーでいうと，この日誌のスターターに僕が当たるので快いスタートを切りたい。
　　同日

　　　　　　　　　　　　　　　　　　　　　　　　　　　　　Ｉ夫

　今，僕のコースは文科1である。3年B組として集まるのは昼休みとSHRとLHRだけなのでつまらない。それだから僕はいっそう今のクラスはよくまとまった良いクラスだと痛感している。明日のLHRのとき，3年B組のメンバーが集まるので，なんだかうれしくなってしまう。

　このような日誌の内容がどの班からも多く，女子などは，「HRへ帰ってくるとホッとする」といったような心の安定をもつようになっていった。そのような雰囲気の中で，9月がすぎると就職コースの生徒たちは，進学コースの友人たちが全力をあげて勉強できるようにHRの仕事を一部ひきついでやったりして，お互いが援助し合う姿がみえてきて，たいへんに協力的であった。また3年生になったら，HRの話題は内容面においても深くなってきた。筆者はHRの一人ひとりが家族のように思えるようになってきた。自分のことだけでなく，友だちのことをできるだけわがことのように考えようと努力をしているHRの生徒たち。みんながリーダーになり，みんながメンバーになり，協力して温かい雰囲気がながれている。HRは家庭だ，という感が深い。

5　誰のための生徒会活動

　生徒会役員選挙となると，さっぱり立候補者がないということがよくいわれている。生徒会顧問の先生は毎回，この改選では困っている。対立候補がなく，たいていは唯一人の立候補者が，会長，副会長，書記などになっていくことが多い。
　生徒会の仕事って案外気をつかう。それは，仕事が忙しいというよりは，

学校側と生徒側との間に立って気を使うことが多いということである。学校側のとおりになれば，生徒から文句が出るし，文句をいわれ，嫌われて個人生活までつまらなくしてしまうので，友だちも失うんじゃ嫌だ，ということが立候補しない理由のようだ。

受験を考えると3年生は全然熱がはいらないし，就職希望の生徒は3年生くらい気楽にくらして最後の高校生活をエンジョイしたいという生徒が多い。

生徒会役員になることに人気がない原因がいろいろあるようだ。

ところが，活発に高校生活について話し合っているHRでは生徒会役員の立候補者がでるものだ。筆者のHRからは1年で副会長，2年で副会長と会長，3年で会長と，立候補し当選してきた。

ある学校では立候補してもらいたくない生徒が立候補し対立候補がないまま当選する場合が多いので，そうした場合の指導には担任も顧問も骨が折れるということである。

筆者のHRのN子は，HR日誌に次のように書いている。

> HR推せんの形で立候補することになったのだが，まさか，この私が副会長に立候補しようとはいままで思ってもみなかったことなので，とまどいと恐れの方が先に立つ。副会長の仕事など，縁遠いものと考えていたので，一体どんなことをやるのかもわからない。副会長の経験を持つ友人にきくと，会長の助けとなるのが第一で，その他のいろいろの雑用を片づけるのが任務だとのこと。これでちょっと安心。とにかく，しりごみだけはすまいと思う。副会長に立候補するということは，当落はともかく，将来私の人間的成長に必ずプラスになると思う。もし当選したら，生徒会活動をもっと活発にして，みんなが無関心な態度でいられないようにしたい。私の力の及ぶ限り自信をもって何事も一生懸命やっていきたい。

彼女は，HRの時間に，仲間から助言されたことを十分に取り入れて生徒会についての考えをまとめ，副会長に当選した。

また生徒会会長に立候補したO君は，その時の立候補の理由と公約をHRのマニフェストをHR員に配布して発表した。それを要約すると，

一、立候補の理由　　今までの生徒会には積極性がなく，生徒も生徒会に対する協調性がなかった。生徒に自立性がなく，あまりにもあなたまかせなので，それらの因習を打破するために立候補した。

二、公約　(1)生徒の自治を確立する。(2)全校集会を月１回開催する（委員長，各委員，各部長，参加希望者）。(3)アンケート制，投書制を重要視する（これは生徒間の結びつきを強くするため，互いの考えを反映させるために適用する）。(4)各委員会を強化する（これは学校側の考えを徹底し，各 HR での意見を反映させるため取り上げる）。

三、その他　　高校生活を楽しくするため，レクリエーションも計画的に行ないたい。

　以上の立候補の理由と公約（マニフェスト）をかかげて O 君は当選した。生徒会長としては熱心すぎるほど熱心で，生徒からも人気があった。人気の原因は，とにかく熱心であることと，思ったことをどんどん言うので生徒の代表として学校にいろいろと希望を言い出すのに好適であったことである。O 君は，学校と生徒の間をうまくもっていき，具体的な毎日の生活の中で奉仕活動をするグループなども各 HR から育つようにさせて，校庭の掃除，分別ゴミ箱などの設備の充実，分別袋の配布などを実現させていき，校規委員会などを通して服装の整備，遅刻をしないとか校内外のエチケットなどを徹底するように向けていった。このような熱心な生徒が一人いると他の人もひきずられて熱心になるものだ。

　日本の高校では次第に大規模化していくと，1000人を超す生徒集団においては，生徒を一つの方向にリードしていくことは指導者として非常な力量を必要とする。全校生徒に一つの集団意識を持たせ，学習指導要領の「生徒会活動内容」を実践していくことはたいへんなことである。生徒会役員はこういう任務をおびているのである。しかも，特典もなく，事務所も整備されず，会合の時間や場所さえも制約されているのが現状である。このままであったら生徒会役員のなり手がないということは当然であろう。他の生徒は生徒会には無関心で，自分の時間を十分に持って受験勉強や趣味を楽しんでいるのに，何のために役員となって苦しまねばならないのか。この現状は教師の立場から多角的に考えなければならない問題である。

　一方生徒の側でも役員の苦労と不満を少しでも補う方途を考えねばならない。委員となった人たちは，責任を痛感して委員会には必ず出席する。そして一般生徒も総会その他での批判をしているだけでなく，常に生徒会に関心と協力をおしまない態度がほしい。役員は，ともすれば新奇をてらい，政治

活動と結びつけるなどは厳につつしまねばならない。年々きまった行事予定である選挙，新入生歓迎，学園祭，運動会などや毎日の情報伝達をする放送委員会の活動など着実に処理していくだけでも立派な業績である。全校の生徒とともに，生徒の生活を豊かにし，民主的に，社会生活の学習を十分にしていることで生徒会の目的は達せられる。

　それを教師が支援することで生徒会は成立する。

第10章　青年期の探究

1 青年期の悩みや課題とその解決

　青年期は，自我の目覚めとともに，独立の欲求が高まり，自己内省をし始める時期である。青年期の段階では，自我の発達はまだ未熟で，他者の自己に対する態度や評価に動揺しやすく，感情の起伏の激しい時期だが，青年期の高校生段階では，一般的にこのような状態にある程度落ち着きがみられ，さらに自分を客観的に捉えることができるようになる。しかし，理想を求めることに急で，とかく現実を否定する傾向もある。また，進路の選択にかかわる不安や悩みなど重要な課題に直面する時期でもある。そのため，生徒はこの時期特有のさまざまな不安や悩みをかかえることになり，思うように自分の目標が達成できないことから，生徒の中には，無気力傾向などに陥ったり，非行に走ったりする者も見られる。

　ここでは，このような青年期の傾向や発達課題を踏まえ，生徒たちが自分の不安や悩みを見つめながらも，その解決を目指し，自己確立と社会的自立を目指してたくましく生きていく態度や行動力を高めていくことが期待される。そのためには，生徒一人ひとりに青年期の心理，心身の発達の特徴や発達課題などについて理解を深めるとともに，またそこでの悩みと課題を率直に話し合えるような題材などを設定し，自ら解決のための手だてや方法について同じ仲間と共に考えさせていくことが大切である。また，青年期特有の問題を乗り越えることによって，人間としての成長が期待される。人生における青年期の意義についても理解させることが大切である。異性の存在に敏感になるのもこの時期である。愛情の問題，性交渉による心身の問題の解決が高校生を悩ませる。

　具体的に，自分の悩みや課題とその解決方法を知り，青年期の自分の理解と自己実現に関すること，自分の身近な人の青年時代など，生徒の身近な題材を設定し，生徒が自由に話し合ったり，資料を調べたり，先輩にインタ

表10-1 高校生の悩み調査(1)〜(8)

(1) 勉強に関するもの
 1．勉強の仕方がわからない
 2．成績の悪い科目があって努力してもよくならない
 3．勉強以外のことに興味をひかれ身が入らない
 4．勉強と運動や部活動との矛盾
 5．受験勉強に追われて好きな科目の勉強ができない
 6．教科がむつかしい
 7．落第しないかと心配
 8．勉強が好きではない
 9．学校がきらいだ

(2) 進路に関するもの
 1．大学，学部，学科の選択がわからない
 2．自分の希望と両親のすすめの不一致
 3．家庭事情で進学できるかどうか迷う
 4．適職がわからない
 5．就職できるかどうか不安である

(3) 健康，容姿に関するもの
 1．スタイルが悪い　2．背が低すぎる
 3．背が高すぎる　4．ふとりすぎている
 5．やせすぎている
 6．耳が遠いので困っている
 7．近視が気になる　8．すぐ赤面する

(4) 自分の性質に関するもの
 1．何ごとにつけ，他人におとる
 2．非社交的で，内気で消極的
 3．短気，非社交的，意地っぱりである
 4．物ごとを素直にとれない
 5．意志が弱い　6．すぐ興奮する
 7．なまけものである　8．忘れっぽい
 9．誘惑にまけやすい
 10．他人の感情を害しやすい　11．その他

(5) 家庭生活に関するもの
 1．家族のもののことで心配ごとがある
 2．家族の中に病人がいる
 3．親が自分のために犠牲になっている
 4．親が自分を理解してくれない
 5．家で子ども扱いされるので腹が立つ
 6．両親と一緒に生活していない
 7．両親が別居している。離婚している
 8．片親である
 9．父または母と一緒に楽しむことがない
 10．自分に本当の家がないような気がする
 11．家の職業にひけめを持つ
 12．よその人が同居しているので嫌である
 13．夜，外出することを禁じられている
 14．好きな友だちと遊びにいくのを禁じられている
 15．兄弟姉妹とうまくいっていない
 16．親が勝手に私のことをきめすぎる
 17．家でもっと自由がほしい
 18．近所にいやな人がいる
 19．家族が禁止している人と交際している
 20．家族の仲がわるい
 21．ある問題では家族や両親と話し合えない
 22．家にいるのがいやだ
 23．親と衝突してしまう　24．その他

(6) 学校生活に関するもの
 1．学校生活にうまくとけこめない
 2．HRの中にもっと落ちつきがほしい
 3．HRの中にもっと自由がほしい
 4．HRの中でもっと話し合いたい
 5．もっと人格者の先生がほしい
 6．生徒にもっと関心のある先生がほしい
 7．生徒にもっと親しみある先生がほしい
 8．個人的に指導してくれる先生がほしい
 9．生徒会が貧弱である
 10．生徒の自治活動が低調
 11．愛校心に欠けている
 12．学校がきびしすぎる
 13．先生とうまくいかない
 14．先生が不公平な扱いをする
 15．一部の生徒の暴力がおそろしい
 16．学校が予備校化している

(7) 友人関係に関するもの
 1．親友が得られない
 2．友人にうら切られた
 3．異性と積極的に交際する勇気がない
 4．異性との交際に誤解と干渉がされる
 5．異性を意識しすぎる
 6．親にかくれて交際している異性がいる
 7．自分は異性をひきつける魅力がない
 8．異性と親しくなるのがこわい
 9．異性に失望している
 10．異性の友のことでなやんでいる
 11．異性との交際で助言がほしい
 12．異性との問題と手を切りたいがどうしたらよいか
 13．性的なことが頭にいつも浮ぶ
 14．性のことについてなやんでいる
 15．異性とどの程度親しくなってよいか
 16．異性と清らかに交際したい
 17．性的なことについて知識がたりない

(8) 人生，社会に関するもの
 1．将来に希望がもてない
 2．人生いかにいくべきかわからない
 3．社会の制度に矛盾
 4．政治への不信失望がある
 5．社会には不正，不義が多すぎる
 6．立身出世に反発する
 7．学問は何のためにあるのかわからない
 8．大人を信頼できない　9．その他

＊　現在のHR全員に同じ調査をして，各自，結果を比較してみよう。大きなちがいの原因を話し合ってみよう。

表10-2 悩みの調査結果とコメント――高校生の悩みの調査結果

調査資料のように悩み，不安として現われてくる問題をチェックさせるとか，これらの調査資料を見てから作文を書くなどによって生徒たちの持つ問題を把握する必要がある。1年のピークは①勉強，②学校生活，③進路，④自分の性質，⑤交友関係。

男子…①勉強，②容姿，③異性交友，④友人関係，⑤自分の性質。
女子…①容姿，②交友関係，③勉強，④自分の性質，⑤両親・家庭など。

不安の気持ちを高く示しているものは，
男子…①人生問題，②勉学，③就職，④才能，⑤学校生活。
女子…①人生問題，②就職，③結婚，④勉強，⑤経済（小遣い・家庭の経済状態など）。

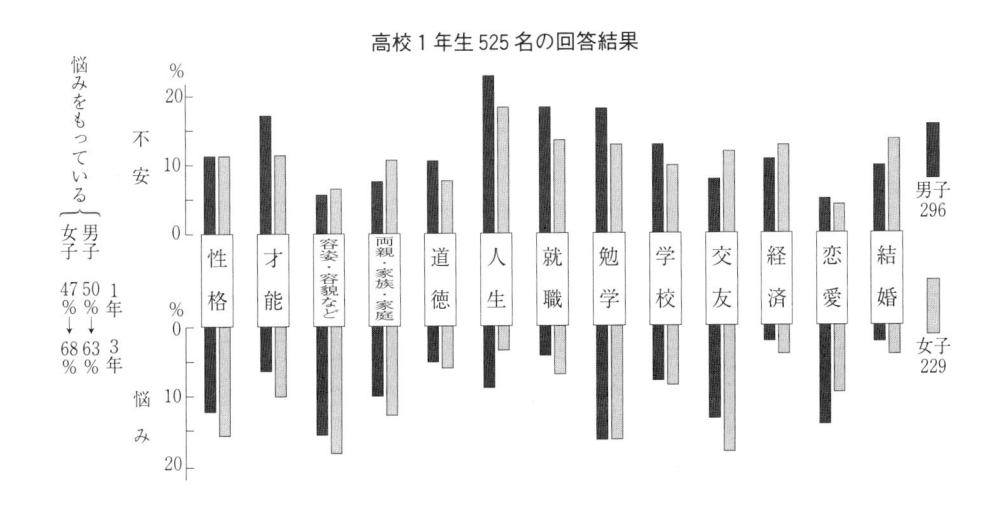

高校1年生525名の回答結果

（グラフ：性格，才能，容姿・容貌など，両親・家族・家庭，道徳，人生，就職，勉学，学校，交友，経済，恋愛，結婚について，不安と悩みを男子296名・女子229名で調査）

悩みをもっている
女子 47% → 68%（1年→3年）
男子 50% → 63%（1年→3年）

高校生の悩みと相談

1. 悩みの種類
   学校に関する悩み25%，性格に関する悩み19%，社会に関する悩み15%，家庭に関する悩み14%，身体に関する悩み12%，進路に関する悩み9%，友だちに関する悩み4%，異性に関する悩み2%

2. だれに相談するか
   友だち32%，母に25%，父に16%，兄姉に11%，中学の先生に9%，先輩に4%，高校の先生に3%
   いろいろな悩みを持つ生徒たちは，相談相手として学校の先生を選ぼうとしない。その理由として，教師に対する不信感をあげている。生徒たちは，教師との不十分な人間関係によって，いっそう疎外されているように感じ，ますます問題化の方向に走る例が多い。教師との人間的なふれ合いがいっさいのかぎである。

（「教育相談第2集」東京都教育委員会，1994年）

＊ 現在のHR全員に同じ調査をして，結果を比較してみよう。大きなちがいの原因を話し合ってみよう。

ビューして発表したり，高齢者の介護ボランティアや保育施設で乳幼児と「ふれ合い体験」を通して自分の可能性についてみんなと，話し合うなどさまざまな方法が考えられる。

2 青春の生き方

「青春の生き方」について一緒に考えてみたいと思う。

　青年期という時期は自我意識が発達し，この自我が充実するといわれている。自我とは他人とは違う自分だけの世界，自分の考え，自分の判断，自分の願いなどがまとまってくることを自覚するということなのである。それらは，他の人の自我と違ったものであるだけに，他の人に自分の心の底をのぞかれたり，乱されたくないと思う反面，そのような自分を他の人から認められ，受け入れられ，また自分も自分の考えや判断で思うことを自由にやっていけることを強く望むようになる。そういう態度を自己主張といっている。青年期ばかりではなく，人間は，たとえどんな幼い子どもでも，これらの要求があるのだが，特に，青年期は自己主張が強くなる時期である。いいかえれば個性のできる時期なのだ。おとなが青年をみて，幼いころはわからなかったけれども，このごろ急に変ったといわれるのも，そのような理由からである。

　今まで何気なく受けとっていた他人からの注意や親切または世話も，自分への干渉や束縛として受けとるようにもなってくる。その反面で，自分の考えや自分の存在を認めてもらいたいので，無視されると極端に閉鎖的になってみたり，淋しく孤立してしまうといった心の変化が，外部の状態で左右されるような激動期ともいえる。

　そこで，目立つ服装をしたり，お化粧をするとか，なにかやるならすぐに脚光をあびるような派手なことをやってみたいという欲望が強くなる。だが認められないと全く自信を失い，その場から逃避したくなるもろさを持っている。

　また青年期の特徴のもう一つは，抽象的な考えが非常に発達してくる。具体的なものよりも，空想したりすることの方が多くなり，動くことが少なくなる。じっと物ごとを考えていることが好きになり，一般にものぐさになる時期だ。それでいて理論的に一人前の理屈をいうのでおとなから嫌われたり

憎まれたりする。理屈にとらわれて実際の問題を忘れてしまうことも多い。しかし、ものごとの意味を探究しどういうふうにこれから行動したらよいかをたえず考えていく態度は、おとなになって自主的に本当の仕事をするためにはたいせつなことなのだ。しかし、現実に当てはまらないようなことをどこまでも主張したり、夢を追ってなにもやらないとしたら、せっかく考えても価値がない。

最近の高校生の中には、我を忘れて没入する生活がなければ満たされないために、スポーツや音楽に熱中したり、スピードにかけたり、登山に生命をかけたりする。

現代の青春の生き方は、欲求不満をきらって、とかく効果を早く得られる方向のみを求める傾向がある。そのために自己を失う危険さえ起きてきている。

現実のきびしい生活経験によって、自分の考えが試され現実との調和が少しずつできていくところに本当の成長があるといえる。

こういった抽象的、空想的な観念を持つ時期に、自分が思うようにならないと自分自身へ内向して多くの問題や悩みを持つようになる。大人からみると「なんだ」と思うようなことに怒ったり悲しんだりくよくよする。そして、その悩みを聞いてくれる人を求めるようになる。

こういった点がいわゆる青年期の特徴である。

1 Sさんの手紙と筆者の助言

ここに17歳になるO県のSさんという通信制高校2年生の相談の手紙がある。Sさんの悩みの中には、おそらく青年期共通の悩みがあると思うので抜粋してみよう。

私は誰にも言えなくて一人で思いあぐんでいたのですが、どうにもならず、しまいにはヤケになってしまいます。どうぞよき助言をお願い致します。

現在は下宿生活をしながら会社の事務をしていて通信制の1年です。今私は友人のこと、家庭のこと、仕事のこと、勉強のこといろいろ考えています。そのなかで一番考え込むことは、自分の進む道、つまり仕事のことです。それから自分の性格のことです。

自分はこの世に生まれてきて一体何をしたらよいのだろうか。何をするた

めに生まれてきたのだろうか，自分の一番したい仕事は何なのか，現在仕事をしながら自分はこれでいいのだろうか，もっと変化のある毎日をすごしたいとつくづく思い，現在の仕事がいやになります。
　でも今の仕事も満足にやれず『そんなことができないのか』といわれるような失敗ばかりして，自分は何もやれないという劣等感に自信を全く失ってしまいました。自分の進む道をみつけても，果たしてうまくいけるかという不安にかられ，なさけない自分がみじめでなりません。人間に生まれて人間として生きていけないような気がしてなりません。感傷的な私は周囲の刺激にすぐ影響され，自分でありながら自分でないような気がします。
　しかし現在，自分はやりたいとか，なりたいことがたくさんあって困ってしまいます。小説家，歌手，観光船のガイド，探偵のようなことにあこがれています。でも自分の意志が弱いために自信がないことや，実行力がないために自信がない，いつもくじけて目標に向っていけません。小説家にしたところで根気がないし。歌手にしたところで声が悪い。人前では恥ずかしくて赤くなりうまく表現できない。観光船のガイドをしようと思っても話が下手でそそっかしいからダメ……などと，一つひとつみな自分には失格でこの世に自分の居場所がないことにひどく悲しんでいます。それに私は女のくせに清潔感がなく，本を読んだり音楽にひたるような現実ばなれしたことばかり考えてどうにもならない現実のむなしさに一人泣いています。そんな甘いことではこの世は渡っていけないとも思います。私の性格は意地っ張りで素直でなく，独占欲が強く天気やで，全くおかしな人間です。
　私は母と二人です。母は他の県に住んでいます。いずれはどちらかで家を建てて住みたいと思うのですが思うようにいきません。いっそ母が死んでくれたら私も死ねるのにと思いこんでしまいます。
　私は世間でいう『女らしくする』ことが全くきらいで，結婚して子どもを育てることもきらいですし，掃除，洗濯，炊事などまるでダメです。それでいて，身も心もとけるような恋愛にあこがれています。
　今はあまりよけいなことは考えずに勉強だけやっていればいいんだよ，と自分に言いきかせても納得できません。いろいろ考えてしまいます。果たして自分は勉強が好きでするのか。する気があるのか。頭の良かったのも昔の私のことです。今は全く能なしになったと自分を責めています。
　私は生きていける価値があるでしょうか。人生の勉強は一生ものですけれ

ど，自分は考えるだけで実行にはならない弱い人です。

Sより

　このSさんの手紙にもあるように，自分はいろいろとやってみたい職業があるが，現実離れしていて実現できないと同時に，今の仕事も満足にできないで悩んでいるということだ。今の仕事より他にもっとよい仕事がありそうだ，という他のものがよくみえる気持ちが強いので，それだけいっそうついていけない。現実の状態に劣等感を持つようになってしまうのであろう。ちょっとしたことでもうまくいかないと自信を失い，将来に不安を持つ。それが自分の性格の欠点と結びついて，どうしたらいいのか悩むようになる。そしてSさんは今，自分を理解してくれる人を強く求めているが，それでいて自分の姿を感傷的にながめて甘やかしているようにもみえる。

　自分の将来にはいろいろな道がある。誰もがそれを願っている。そして自分の進む方向をどこにきめるかは自分で選択しなくてはならない。自分が自由に選べるだけにその意志決定がかえってむずかしくなるわけなのだろう。

　それにまた働きながら学ぶ通信制の高校生にとっては，自分のおかれた環境にふりまわされ，自分のやりたいとか興味のある仕事を見出すゆとりがないこともあるだろう。自分に適性がないのではないかという尻ごみの態度より，その仕事をやろうという前むきの意気込みを大切にし，それを実行してみてその結果，成功の喜びを少しずつでも味わうようになると自信がつく。自信がつき出すとまたファイトが出てくる，ということなのである。

　また別の方法としては，何か一つ自分が得意になれるものを，職業とは関係なしにでも持ってみることも良いと思う。スポーツ，音楽，あるいは読書や絵画でも徹底して身近なことから根気よくやることだ。そこに充実感が感じられるようになる。最も身近なことでは，毎日早起きをするという習慣を貫いてみる。これをやってみるとその人は早起きの自信がつく。そうすれば時間をたいせつにするようになり，余裕のある時間を何かもっと生活の中で改良し工夫するために使おうという創造性を持つようになる。これが人間の人間らしい価値なのだ。動物にはない知恵である。

　Sさんは手紙にもあったように，勉強をなぜするのか，という根本的な問題に疑問を持っていたが，通信制の人たちばかりでなく，誰もが本気で勉強しようとするときや，あるいは教科の理解ができなくて困っているときに，

自分がこれから先の困難に立ち向っていけるかという，いわゆる行きづまりを感じる。

　勉強でもけいこごとでも，ある目標とか段階がはっきりしているものとか，評価されるときには，誰もが一度これでよいかと反省し，それからその困難を打開する方法，たとえば教師に指導してもらったり，自分で何回も反復練習するとかして自分でわかるところまでトレーニングしてみると，そこに突破口がみつかってくるものだ。通信制の高校生たちは，勉強していても学校という集団の中で毎日生活をするのではないために，一人で学ばなければならないという厳しい現実がある。教科がわからないと，レポートを提出することもできずに時間ばかりたってしまうこともあるだろう。

　このように友だちを求め，話し合うことはとてもいいことで，自分なんか話をしたら笑われると思うことは，みんなも同じなのだということで，勇気を出して話し合ってみることだと思う。

　ただ，なぐさめ合うだけではなく，お互いの，ちがった立場や意見，互いの個性を発見して自分は自分なりの方向を見つけ，それぞれの生き方の中に，はげまし合いができるような友だち関係を育てていってほしいと思う。

　たとえ，自分の長所と思われることが現在は生かされていないと思っても，実力を積み重ねていくならば，いつかは認められていくようになってくる。よいと思ったら目的達成の方法をきめて，着実に根気よく実行していくことである。

　いろいろ述べたが，最後にまとめていうと，青年期というのは孤独にひたりがちで，淋しいという気持ちが強い。その淋しさをまぎらわすために，いろいろな誘惑に負けそうになるが，結局それは自分をそまつに扱うことにな

人間の成熟の基準
問　人間にはどのような成熟の基準がありますか。
答
①仕事や生活に不平不満を持たず，満足に生きていける幸福感
②自分の持っている能力を十分に発揮できる有効性
③自分を高めていく生活上の正しい目標性
④考え方がこりかたまっていない融通性
⑤苦しみにたえる耐性
⑥意欲を持って生活する積極性
⑦対人関係がスムーズになり，社会生活が豊かに営める円満性

2 人生各段階における生活課題と自他のライフコースから学ぶ

　青春（青年）期は，現在の自分しか見えない傾向が強い。そこで人生の先輩者である教師も共に自分の一生の生き方（ライフコース）を作ってみるとよい。そのことから，自分に関わる人々の変化に気づき，友だちのライフコースを知ることになるであろう。

　人の顔が違うようにどのような人生を歩むのかも多様である。これから一人ひとり多様な人生をつくるようになろう。各自どのような人生を選び歩むか，その未来を話し合って友だちのことを知ろう。私たちは年齢を重ねる過程で，その時代や社会環境の影響を受けつつ，役割や出来事を経験し，それぞれの人生を送ることであろう。人生の先輩者である，HR担任のライフコースを参考にすることも意義がある。自分の過去，現在，未来を生きるコースには，それぞれの生活課題がある。人はその課題を解決しつつ生まれ

表10-3　これからの各ライフコースの生活課題（例）核家族を前提とした場合

ライフステージ	自分自身の生活課題	家族関係における生活課題	経済面の生活課題
独身期 （　）歳～	・身体的・心理的・社会的成熟	・配偶者選択 ・結婚相手との関係	・経済的自立の準備
新婚期 （　）歳～	・夫・妻としての適応	・夫婦関係の形成 ・生活様式の調整 ・家族計画	・出産・育児費用の準備
育児期 （　）歳～	・父・母としての適応 ・育児と仕事の調整	・家庭教育の基本方針の決定 ・子どもの基本的生活習慣取得への援助	・教育費用の計画
教育期 （　）歳～	・転勤・転職などへの対応	・子どもの学校生活に対する適応への援助	・教育費対策 ・老親の扶養準備
子どもの独立期 （　）歳～	・祖父・祖母としての適応	・子どもの就職・結婚への援助 ・老親の扶養や介護 ・夫婦関係の再形成	・老後の経済的準備 ・老親の扶養や介護対策
老後期 （　）歳～	・生きがい・楽しみの設計 ・健康維持への配慮	・夫婦関係の再調整 ・一人暮らしへの適応	・経済的安定

（文献）　大修館書店　高等学校家庭科用文部科学省検定済教科書「家庭一般」平成15年。

第Ⅱ部　HR活動の具体的展開

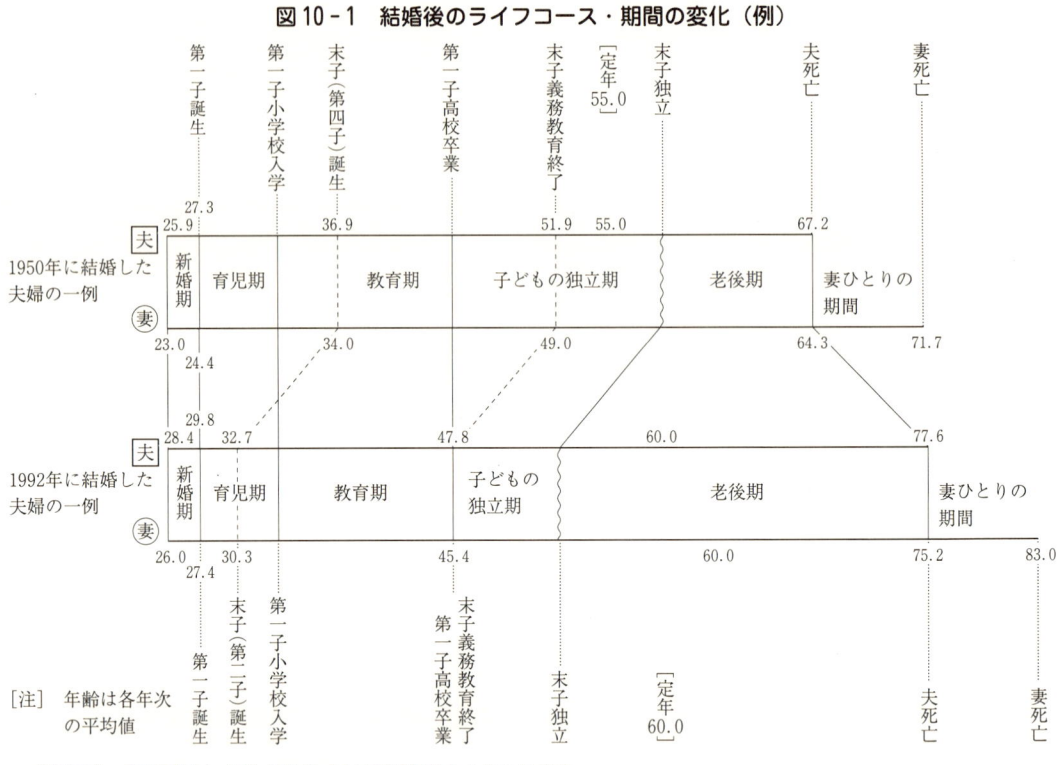

図10-1　結婚後のライフコース・期間の変化（例）

1950年に結婚した夫婦の一例
- 夫：27.3（第一子誕生）／25.9 新婚期／36.9（第一子小学校入学）育児期／（末子（第四子）誕生）教育期／51.9（第一子高校卒業）／55.0（末子義務教育終了）子どもの独立期／［定年55.0］（末子独立）老後期／67.2（夫死亡）妻ひとりの期間
- 妻：23.0／24.4／34.0／49.0／64.3／71.7

1992年に結婚した夫婦の一例
- 夫：29.8／28.4 新婚期／32.7 育児期／教育期／47.8／子どもの独立期／60.0 老後期／77.6 妻ひとりの期間
- 妻：26.0／27.4／30.3（第一子（第二子）誕生）／（末子（第一子）小学校入学）／45.4（末子義務教育終了／第一子高校卒業）／（末子独立）／［定年60.0］／75.2（夫死亡）／83.0（妻死亡）

［注］年齢は各年次の平均値

（総務庁）「国勢調査」，厚生労働省「人口動態統計」などより作成。

表10-4　資格のいろいろ——自分の将来の生き方，いろいろな選択

大学の単位取得によって得られる資格	幼稚園・小・中・高等学校教員免許／司書・司書教諭／社会教育主事補／学芸員　など
国家試験に合格することによって取得できる国家資格	＊法律・行政・経理・財務に関するもの 司法試験（弁護士・裁判官・検察官）／司法書士／行政書士／公認会計士／税理士／通関士／弁理士／中小企業診断士／社会保険労務士　など ＊建築・不動産・設計に関するもの 建築士／測量士／宅地建物取引主任者／不動産鑑定士／土地家屋調査士　など ＊保健・医療・福祉に関するもの 医師／薬剤師／歯科医師／理学療法士／看護師／助産師／保健師／歯科衛生士／歯科技工士／はり師／きゅう師／柔道整復師／保育士／社会福祉士／介護福祉士／管理栄養士　など
民間機関の検定によって取得できる各種資格	各国語／秘書／医療秘書／簿記／ワープロ技能／英文タイプ／珠算／速記士／販売士／情報処理能力／洋裁／和裁／編み物／家庭料理／手話通訳／調査士／校正技能／スキューバダイビングインストラクター／茶道／華道／日本舞踊／着付け／書道　など

『現代用語の基礎知識』自由国民社，2004年。

てから死ぬまでの一生を通して発展しつづけるのである。

　青年期はこれからの職業生活や家庭生活に備え，自分の才能や生活目標を探り自立のためのさまざまな能力を身につける時期である。また，自分以外の人々の多様な生き方を知り，人生観や価値観を認め尊重し共生していくことを考えたい。

3　劣等感の克服——班日誌から

1　議長をやめたい

　この県立高校は横浜市の中央にある。学区の生徒は外国籍の生徒も多い。その生徒たちは優秀で言葉も母国語以外，日本語・英語が得意である。そしてスポーツも得意である。そのことに対して日本の生徒は，うらやんだり冷やかしたり時にはからかう発言をする幼稚な接し方をしていることがわかった。親たちのなかには中華街で料理店を経営している者もいる。子どもは家業を手伝って夜遅くなってから勉強する生徒もいる。外国籍の親の態度は一般に礼儀正しい。

　ホームルーム担任は鳥居君と話をしてその後ホームルームで人種差別*の指導をすることにした。

*人種差別撤廃国際条約1965年12月21日　国連第20回総会で採択　日本では1995年12月加盟1996年1月14日効力　人権教育は人間の尊厳の確立を目指し異なる人種・宗教・国籍などを越えて互いに平等であることの自覚にたって人権を擁護する，知的・感情的発達や態度・判断力の形成を促す教育である。

*議長＝HR委員長と同じ。

5月18日（晴）

　　　　　　　　　　　　　　　　　　　　　　　　　　　鳥居孝夫

　このごろ毎日思うのだが，議長*をやめさせてもらいたいということである。毎日仕事は忙しく大変だからという理由でいうのではありません。今の僕にはHRの皆をひっぱっていくことができそうにないし，この1カ月間にそれを何度も感じた。僕は後任に米井君を推してやめたい。先生に直接云わずに日誌に書くのは卑怯ですが許して下さい。

　HR担任——よっぽど思いつめたようですが，この前にもちょっと友だちの嫌な言葉を気にしていましたね。誰でも責任のある仕事につくと，重荷がかぶさったようで苦しみます。そこをみんなで何とかきりぬけるように相談してみましょう。放課後来て下さい。

彼は国籍が韓国であった。入学の成績によって1学期間は公的なHR委員を決定するので，みながお互いを知る間，HR担任から任命したわけである。彼は成績が私のHRでは1位，全体で8位という成績であった。同じ中学からきた生徒たちの一部では彼の国籍がちがうことを知って，何かと子どもっぽい憎まれ口をたたいて冷やかしたりしていたことが他の女生徒の言葉からわかってきた。彼がひとまわり大きく成長してくれるよい機会であると私は思ったので，彼と，率直に二人で話し合った。この日の放課後は，彼が自分の指導力のなさ，授業中，特に特別教室での授業時のさわがしいときの，どうしようもない指導力の無力さを，担任に訴えてからは，次第に気軽くなって，元気をとりもどして下校した。彼は英語が不得意でそれをこの1学期間に，中学時代の漠然としていた箇所を克服したいともいっていた。

5月23日（雨のちくもり）

染井公子

　今日は朝からバスケットの試合にいきました。私たち1年はまだ試合には出られません。見ていると出たいとつくづく思います。3年まで部活を続けたいと思いますが，2年へもあがれるかわからないのですからね。でも，なんとしてでも勉強はガンバるつもりです。この前，日記に書いたとき，先生の意見として「日ごろのつみかさねが大切」と書いてありましたね。これを目標にして進んでいきたいと思います。話はちがいますが鳥居くんのところ読みました。ずい分議長として苦労しているんですね。私たち，はたから見ていてなにも感じませんでした。鳥居くん一人にHRの心配をかけてはかわいそうです。私たちもいっしょに考えることこそ，HRがまとまるのではないでしょうか。

HR担任——あなたまかせではうまくいきませんね。どうか一人ひとりがHRの推進力になって議長や役員に協力をしてください。

　私は，放課後，HRに生徒を集めた。
　HR担任——実はね，班日誌を読んでいたら，生物の時間の授業態度が悪いといってH先生からご注意を受けたと書いてあった件についてなんです。

どうしてさわがしくするのかしら。度々授業中の態度について注意を受けていながら，どうして同じことを繰りかえすのか，今日は反省してもらいたい。議長はそのことについて，ずい分気にしています。議長が注意したら，反抗したり，茶化したようなことをいう人たちも男子の中にいるようですね。

生徒たち——……（無言で，しかし考えているようにみえた。）
HR担任——どうして，みんなで協力できないのでしょうか。
生徒女子——先生，生物の時間のことですが，座席の指定がやかましくないので，つい自由に好きな人同士，並んじゃいます。それでおしゃべりをするのだと思います。その次は先生の声が小さいので，つい面白くなかったりして……悪いとは思うんですけれど。
HR担任——先生のことは，また，私の方からおねがいするとしても，まず，自分たちが座席を勝手に変えて，議長に注意されてもいうことを無視するのでは，一番集団生活でまずいと思う。席を変えて，おしゃべりをよくした人は手をあげてごらんなさい。こんな子ども扱いするのも，あなたたちが幼稚な行動をとったからですよ。

　入学の時に，私はみんなが自主的に規則を守る人たちだったら，決して強い束縛はしません。でも，それを乱すようだったら，自分で自分をしばるような結果になってくるのだ，と私がいったことを思い出してください。
生徒たち——……（生徒たちには反省の色がみえてきた。）
HR担任——今後，議長の注意は，担任の注意と思って受けてください。みんなで議長の仕事を助けていかなければ，HRのまとまりは持てないでしょう。それからもう一つHRの役員，特に議長や副議長は，ずい分HRのことを心配しているのです。あまり責任が果たせないと，やめたくなるのは誰も同じですね。そんな情けないHRにさせないようにしましょうね……。

　生徒たちは，わかったら手をあげるサインをすることになっている。それをHR担任は認めて生徒たちを帰した。

5月30日（晴）

鳥居孝夫

今日の英語の補講（注　学力増強のため優秀生に時間外の授業を行なう）が思いのほか良くできた。英語ができない。苦手だなどといっていると本当に自信をなくしてしまうのではないか。うぬぼれるのは良くないが，ここいらで英語を得意にする良いチャンスではないだろうかと思っている。

HR 担任——なにか一つ群をぬくと自信がつくものですね。よい経験です。

2　学力がもう伸びないんじゃないか

　　この高校では，高校入試の評点は個人カードを作成するとき記入する。その他3年間の中間・期末，県下一斉テストの評点を記入する。生徒も親（保護者）も3者面談（生徒・保護者・教師）のときの資料となる。またこのカードは大学受験，就職に関係が大きいので生徒は点数に一喜一憂する。
　　学力という言葉が生徒間でよく使われるほど自尊心と直結している。そこでホームルーム担任は学力は生徒の取得した点数だけでなく，態度，心情，意欲などが反映されることを生徒に話した。

6月10日（晴）

盛本完次

　僕は中学で最優秀といわれていました。ですから毎日が楽しくてたまらず，どんな不意打ちテストがあっても，いつも100点に近い点をとっていたのです。
「盛本はよくできるなあ，天才に近いよ」と，中学の担任の先生が感心するので，僕は，将来は博士にでもなれるんじゃないかなと空想し，自信たっぷりでした。だから，高校入試なんか全然問題にしなかったほどで，気楽でしたし，また，2Bの議長に推せんされたのも当然だと，うぬぼれていたのです。
　1学期の中間考査の結果，150人中73番という惨たんたる成績をとってしまったのです。これは，先生にも個人面接のとき聞かされました。
　僕は，性格が内向的で，あまり人と交わらないので，もちろん，みんながどのように勉強しているかわかりません。先生のおっしゃるように，直観力のすぐれたところがあるということですが，その反面，論理的な面が弱いということも，よくわかっています。中学時代，数学でピタゴラスの定理の証

明を文章で表わすとき，われながら表現がまずいなと思いました。高校へ入って数Ⅰを習い，文章題に取り組んだとき，ほとんど十分の一も問題が解けなかった。そろそろ，自分はダメだなと思うようになった。中学での○×やかこみの中に入れるような問題は面白いほど当っているが高校の場合は，どうもうまくいかない。

　これが自分の73番になった結果だと思っています。

　友だちはみな「君はやればできるんだから，いいや」とこともなげにいうので，「いや僕は全力をあげてやっているんだが，73番さ」などと平気で笑いとばすほど単純になれなくなってしまいました。友だちがみんな，すごく自分の頭を押さえつけているように思えます。また国語の時間のことを思い出します。鑑賞力が弱い，一貫した態度を持て，といわれました。英文解釈も文章の表現がすっきりしていない，もっと勉強しなさい，といわれました。

　このままでいくと処置なしです。しかも父や母は，「大学は何が何でも国立でなけりゃ」といってハッパをかける。くさっています。

HR 担任——高校に入って急激に成績が低下する例は非常に多い。それは能力の限界に達したということより，勉強の仕方とか，努力不足とかに原因することが多い。しかし，結果的には成績順位となって現われるので，そこから劣等感が生まれてくるのですね。

（盛本君が自分の現状を批判したように，私の方からも，各教科の先生に，どこが悪いかを具体的にきき，どのようにしたらよいかも情報を集めた。）

　まず予習復習を繰りかえし時間をかけてやること。直観力にたよりがちな人に欠けがちな，鉛筆と紙とで，数学，英語，国語をこまめに解決していくことの努力がほしい。だからこれから早速はじめるようにしたらどうですか。基本的なものの習得なら努力に比例するはずです。

（盛本君の場合は，成績不良の原因が素質だとか，家庭の事情の方に持っていかないようにしたい。）

　数学の問題が，右から左に解けないことでガッカリするのは，盛本君だけの問題ではないのです。がんばりましょう。

　5・6月ごろになるとどの班日誌にも中間・期末テストへの準備などテストの結果に自信がないなどマイナスの面が書いてある。もうひとつは「入学

してこの新しい環境になじめない。新しい人間関係についていけない」などストレスを貯めこむ。それは自信を失うことになり「自分はだめな人間だ」と思い込み，意欲や気力を失う。要は自分への期待が外れて受けたショックの数々が劣等感となって心に残る。

　身体的な影響は，疲れやすい・頭痛・不眠・食欲不振・朝起きられない。精神的な影響は無気力・いらいらする・不安や焦りを感じる等が現れる。

　これらの克服には，焦らない，考えすぎない，悲観しない，自分を誉めてあげる，大きな声で笑う，好きな人や物，食べ物などの名前を大声で叫んでみよう。と，担任は助言している。

3　劣等感よ，さようなら

　人間が社会生活をしていくときには，誰でもいくつかの要求がある，その要求をあげてみよう。

(1) 愛情の要求――愛されたい，愛したい，という要求で，どんな幼い子でもあるいは大人でも同じように強く持っている。

(2) 所属の要求――グループとか仲間の中に入りたい，グループをつくりたいという要求で，仲間はずれになりたくないものなのである。

(3) 成就の要求――成績が向上したいとか，何かやって成功してみたいと願う要求で，誰も強く持っている。

(4) 独立の要求――一人前になってみたい，人に支配されず，自分が中心になって一人立ちしたいという要求。

(5) 承認の要求――自分の存在と，行為を他の人に認めてもらいたいという要求。

　これらの要求が周囲の環境と適当に調和できなくなって，環境に反抗することと，自信を失って，自分はだめな人間だ，と思い込み意欲を失ってしまう。これらをいずれも劣等感と呼んでいる。つまり自分の気にくわないことは全部他人から受けた被害である。だから，これを打ちまかしてやれという方向に出て，社会のためになることをする人と，反対に社会悪の中にうもれていく人とに分かれる。また他方，適応できそうにもないからと逃避するようになる。つまり，自分はだめな人間だ，と思い込んで，それを何とかしようという勇気がない。それに青年期特有の自我のめざめがでてくる。そこで自分と他人の対立意識が強くなり，他人の自分に対する批判や評価を恐れる

と同時に、どのように見られているか、周囲の人たちの中での自分の役割がどのように演じられているか、など気になる。だが後者の場合はどれか要求が満たされないと、自分の力の乏しさ、能力の低さ、肉体的な見劣りが強くはねかえって、強いひけ目を持つようになる。

その反面に人からの評価がよかったりすると、少しのことでも優越感を持ち、うぬぼれる。それは決して安定していない。その心の均衡がくずれると、劣等感に陥るのである。人間の心のからくりは、まことに不思議で、自分本位なものである。

劣等感は誰もが持っているもので、その人が強く相手に、周囲に、前述のような要求を持つからこそ生まれてくるもので、人に好かれたい、仲間はずれになりたくない、尊敬されたい、愛されたい、などという気持ちが強いからである。対策として次のようなことが考えられる。

(1) 劣等感の原因がどこにあるかを見つける。
(2) つり合いのとれた要求水準を持ち、高のぞみをやめて、少しずつ積み重ねていく。
(3) 悪循環に陥らない。一度失敗すると、次にもまた失敗するだろうということを意識すると、それがぬけずに、またまた失敗してしまう。誰かのはげましがとてもたいせつで、教師や友だちが助言して勇気づけるとか、両親、きょうだいの温かい援助が一番有効である。
(4) ユーモアを活用する。勇気ある態度の中には、ざっくばらんに、悪いことや失敗を予測したら、口に出していってみること、それもユーモアたっぷりに皆の前でいうことによって周囲の人の援助や理解が得られるようになる。そのような苦しみに打ち克ってこそ、はじめてすぐれた人柄、人間の深さがつくられていくのである。

4 集団生活の中で考える

9月、長い夏休みが終わって、教室に集まる生徒がぐっと大きくみえ、髪形が変わったり顔の相が大人びてくるのがHR担任に感じられる。多くの有意義な経験を得たことであろうと思う。その反面、規則正しい学校生活から解放されたことから非行化の芽ばえたものや、なかには問題行動を起こした生徒もいることの現われも9月ころからである。

8月，9月が一番その特徴が目立っている。
　夏休みの生活態度のくずれがそのまま新学期に持ちこまれていることがわかる。これらの非行化の徴候を早期発見し，早期の治療の対策を，家庭や学校，社会が一体となって子どもや生徒にのぞまれることが，最もたいせつなことである。学校ではHRの一人や二人の問題だからという考えではいけないのである。
　早期発見は本来の意味では幼児期のころから現われてくるといわれている。現在，中・高校生の生活を観察したときに現われる問題行動の傾向について家庭と学校における2つの観点からとりあげて考えてみよう。
　①　家庭における観点
　⑴学校からの帰宅が遅くなる。
　⑵勉強や仕事を怠る。
　⑶学校の成績がさがったり読み物が変わってくる。
　⑷家族の見知らぬ人がたずねてくる。（石等を投げたり，口ぶえで合図をし呼んだりする）
　⑸手紙や電話・メールを気にする。
　⑹凶器など危険なものを持つようになる。
　⑺金使いがあらくなる。
　⑻嘘が多くなる。
　⑼行先をつげずに外出し，帰宅時間が遅くなる。
　⑽落ちつきがなく言葉つきが変わる。（いん語*をつかうようになる）
　⑾飲酒，喫煙をする。
　⑿夕食時空腹を訴えない。
　⒀変わった服装をしたり髪形が変わり，染髪をする。
　⒁薬物(やくぶつ)のあき箱や注射針などが見つかる。
　⒂無断外泊をする。
　⒃いれずみをする。（TATTOO）
　②　学校における観点
　⑴連絡のない，理由のない欠席が多くなる。
　⑵知能にくらべて，はるかに成績が低下する。
　⑶理由のない遅刻，早退が多くなる。
　⑷授業のじゃまをしたり，体育などの見学が多くなる。

*いん語＝隠語
特定の社会や仲間同士の間だけに通用する特別の意味を持った語。

資料10-1　夏期休暇中の生徒指導計画（例）

夏期休暇中の生徒指導計画

生活指導部

　表題の件については教育委員会より特別の指示があったので，以下にそれを述べ，あわせて本校の指導方針を示す。

(1) 生徒の旅行計画などについて
　ア　旅行は計画をあらかじめ調査し，必要に応じて届出をする。
　イ　旅行，登山，水泳などについて指導をしておく。
　ウ　生徒が自発的にグループで行なう旅行については，その計画等について慎重に配慮し，適切な指導をする。

(2) 休業中の特別活動，学校行事等について
　ア　生徒の興味，関心，自主性を尊重する。
　イ　計画責任者を定めて，自由放任に流れてはいけない。
　ウ　自発的に参加できるようにする。

(3) 登校日の指導について
　ア　生徒の日常生活が把握できるように心がけ，適切な個別指導をする。
　イ　形式的な点呼で終らず，中間報告をきき，一方では個別指導が徹底できるように配慮する。

(4) 校外生徒指導について
　ア　PTA の会合等において，休業中の指導法に関する講演会，懇談会，協議会などを行ない，親（保護者）による子どもの指導を充実させるようにする。
　イ　PTA 校外補導組織等を通じて，校外生活の指導を徹底させる。
　ウ　学区内のパトロールを行なう等の方法により，個人指導，集団指導を行なうこと。
　エ　生徒の好ましくない遊びに対し単に訓戒や叱責を与える等の消極的方策は効果的でないから，むしろ生徒とよく話し合って，好ましい遊びや生活態度を身につけさせるような積極的方策について考える。

(5) 問題を持つ生徒の指導について
　ア　家庭訪問をして話し合う。特に実状に応じて効果的に指導する。
　イ　生徒の非行が増加している現状を認め，問題を持つ生徒の指導は慎重にする。

(6) 学校外の補導関係諸機関と協力
　ア　補導関係諸機関と積極的に協力する。
　イ　学校外の機関と協力するときは，非行をした生徒の取扱いの場合，学校が計画と実施の中核となって活動すること。
　ウ　教師は報告，連絡，相談を心がける。

(7) アルバイト生徒の指導について
　ア　休業中のアルバイト生徒の実態を把握し適切な指導をする。
　イ　海水浴場でのアルバイトについては，風紀上の問題を起こしやすいので特に留意する。

　以上の県よりの指示に従って次の計画案を提示する。

1．終業式の校長訓話，教師の訓話で，休暇中は絶えず教師が巡視することを生徒に明言しておく。
　　校外生活，家庭等においては生徒として恥ずかしくない服装，態度で行動する。たとえば，男子においては，一見不良仲間と見られる服装，女子においては，口紅，マニキュア，色眼鏡，染髪等は不可。
2．万一生徒の非行が発見された場合は，次の経路により伝達する。非行発見→学校の宿日直に電話連絡→生徒指導部→HR 担任に連絡→7月31日，8月16日，9月1日職員会議にかける。
3．校長は生徒指導部教師を7月30日，8月10日，8月16日，8月25日に召集し，情報交換する。
4．HR 担任は問題を持つ生徒の家庭訪問をする。
5．HR 担当のない教師も休暇中最低1回，学区域内の任意の場所を巡視。
6．生徒指導部教師の地域警察訪問，情報を入手。

資料 10-2　10代の愚行（観察項目の一例）

問題行動のレベル

レベル	行動特徴
1	非行（法にふれる問題行動）　万引き，売春（援助交際）など，薬物売買など
2	ぐ犯行動（法にふれるおそれのある行動）　すいみん薬あそび，性的いたずら，盗みなど
3	問題行動兆候群（欠席，怠学，カンニング，反抗）など 届出のない長期欠席，ずる休み，深夜あそび，無断外泊，盛り場徘徊，虚言，無銭飲食，禁じられた飲食店や喫茶店への出入，器物破損，残忍な行為，暴力けんか，かけごと，喫煙，飲酒，交通妨害，学校の規則違反，みだらな落書，異性へのいたずら（セクハラ）
4	不適応行動兆候群（孤立，ボス化，誇示，乱暴，緘黙）
5	不適応性格特性（攻撃性，非社会性，衝動性，劣等感など）
6	問題行動，非行の予測　幼児期からの成長過程における家庭の親子，きょうだいの人間関係

生徒の不適応行動

項目	具体例	
服装	派手な服装，身なり 他人に目立とうとする，特に奇妙なかっこう ボタンをわざとはずす くつのかかとをふんでいる ベルト，シャツなど特に変わったものをつける	パーマをかけている。染髪をする 頭髪のかり方がかわっている 香水のにおいをさせている 制服を改ざんする 服装の異常な変化に気をつける
言葉づかい	へんな言葉をつかう。奇声を発する 不良仲間の言葉を特につかう	荒っぽい言葉 流行語，いん語を好んでつかう
教師に対する態度	なじまない 注意をむけたくてわざとさわぐ 顔色をみて，変になれなれしくする 茶化したり，バカにしたりする 話をまともにきかない	さからう，関係ない，と拒否する ぶじょくするようなことを言う 言うことをすなおにきかない 家庭のいろいろな質問をきらう
交友状態	すぐになぐる いやがることを面白がってする ぐれている人とつき合う けんかしやすい 自分勝手なことをする みんなと遊ばずかげでコソコソしている 金銭上のめいわくをかける	よくいばる 仲間はずれにされる 人を見下す，バカにする 階段のすみや廊下でよくかたまっている 悪ふざけをする 正しい行ないをするものや教師のいう通りにするものをひやかす
規則を守る態度	学校でガムなどをたべる 学校のものをこわす 規則違反を平気でやる	ナイフをもっている タバコをすう，酒をのむ 無断欠席。早退する

学習活動	運動など，ダラダラしている ノートをとらない（学習意欲なく） 先生の指示に従わない カンニングをする（友だちのノート，本などをのぞきみる）	ノートや本にいたずらがきが多い（学習中） 学習中いたずらが多い
学習態度	宿題をよく忘れる 忘れものをしても平気（教科書等） ベルがなっても席につかない 学習に熱意がない（気が散る）	落ちつきがなく私語が多い 姿勢が悪い 行儀が悪い
性格の傾向	何でもマジメにやらない よくうそをつく からいばりで気が弱い 意志が弱い 判断力が弱い	いつも陰気くさい 極端に自閉的 ひがみっぽい
生活態度	寝坊することが多く，遅刻しがち 悪いことをしても平気 自分の行動の善悪の判断がつかない よく悪ふざけをする 食べながらあるく 何をやっても気がのらない	しまりなくダラダラして，怠けぐせがある スプレー落がきをする 骨のおれることをきらう 礼儀作法に無関心

飯田芳郎他編著『学級経営事典中学校編』第一法規，1964年。

(5) 授業中居眠りが多くなる。
(6) 理由もなく暴力をふるう。
(7) 急激に乱暴な言葉つきになる。
(8) 髪の形が特に変わってくる。パーマ，染髪，化粧やマニキュア，ピアスなどをする。
(9) 不必要な品物を持ってきたり，必要な学用品や教科書を持ってこなかったり，くつ箱やロッカーの中に入れたまま，家庭学習をしない。
(10) 嘘が多い。
(11) 弱い者，下級生などをいじめる。
(12) 友人に高価な品物を与える。おごる。ねだる。
(13) 親の承諾や学校の許可なくアルバイトをやりたがり，または，やっている。
(14) 飲食店に出入りしたり，立ち食いが多くなる。
(15) PTA 会費その他の月謝，納入する費用を期日に持参しない，または期日までに振り込まない。

(16)落ちつきがなくなる。

以上の列記は，このうちの一つ二つが該当したとしても，子どもが，あるいは生徒が不良化したとはいえないことは実際にいくつもの例が示すとおりである。

5 問題行動・非行の心理的構造図

非行の要因はいたるところにある。都市化現象からくる人間関係の疎外感もあるであろうし，物質的欲望をかりたてるマスメディアや商業政策にあおられるということもあるであろう。欲求はかりたてられるが，青年は金銭の所有は乏しいということで，窃盗などに走るとか，それらにまつわる傷害，集団万引き，性的非行などが起こり，その件数は低年齢化してきている。

青年期の心理的な特質と社会の風潮あるいはマスコミの関係，幼少年期からの家庭のしつけの不足の問題，話し合い不足，さらには学校生活における不適応の問題などを通して，怠学・酒・たばこ・かけごとなどのぐ犯行為や薬物乱用を無自覚におかしている現実の青年の姿を考えるようにしていきたい。

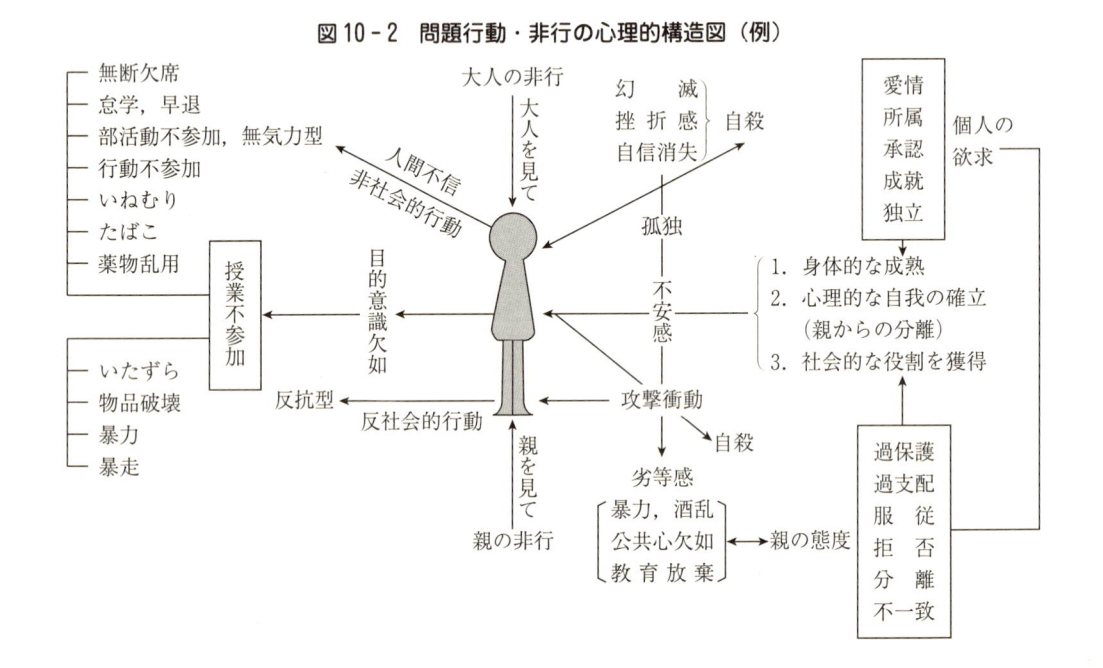

図10-2 問題行動・非行の心理的構造図（例）

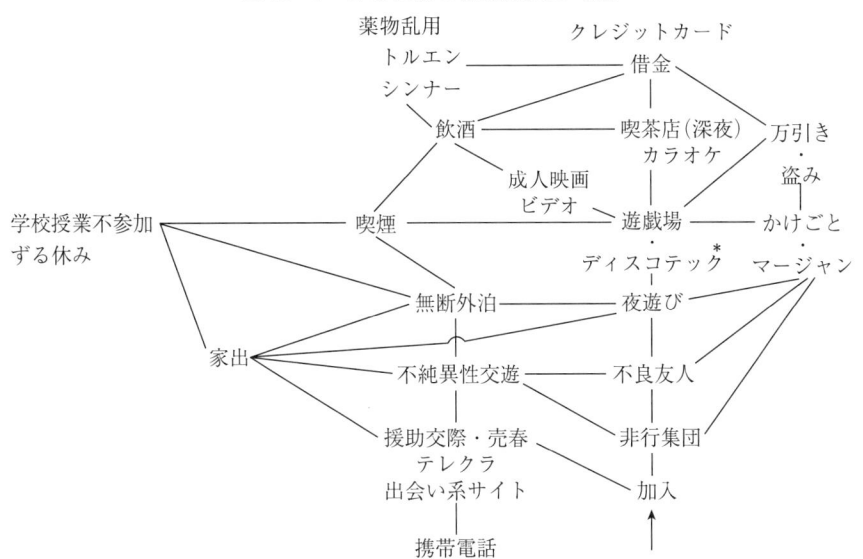

図 10-3 非行に陥る行動関連図（例）

```
薬物乱用              クレジットカード
  トルエン ─────── 借金
  シンナー         ╱    ╲
    飲酒 ──── 喫茶店(深夜)    万引き
         ╲    カラオケ      ・盗み
          成人映画
学校授業不参加   喫煙   ビデオ   遊戯場 ─── かけごと
ずる休み  ╲      │      ・       ・
           無断外泊 ─── ディスコテック*  マージャン
    家出         │      夜遊び
           不純異性交遊 ─── 不良友人
           援助交際・売春    非行集団
           テレクラ           │
           出会い系サイト    加入
                携帯電話
```

＊ディスコテック（discothèque，フランス語）。レコード，CD，生演奏の音楽を流し客に自由な踊りを楽しませるダンスホールの一種。飲酒，タバコなど自由である。

　また，だれにも悪への誘惑の機会があることを考え，これをどうのり切っていくかについて具体的に考えてみよう。
　生徒指導上高校生が陥りやすい問題行動，非行を分析して，行動の動機や生徒を取り巻く環境などを関連を取り上げて図を作った。生徒をはじめ保護者にも理解してもらい易い。

第11章 自己および他者の個性の理解と尊重

1 親友とはなんだろう

1 LHR活動展開実践例——望ましい人間像・親友とはなんだろう

　このごろ班日誌には親友がほしいということが多く書かれている。中学校の親友と別れて，別々の高校へ進学した。そのために，何でも話していた友だちと別れたために，今の学校で友達がいないことに，寂しさと不安に駆られ「本当の親友と何だろうか」と問いただす生徒が多いことがわかった。

　　親友がほしい

　　　　　　　　　　　　　　　　　　　　　　　　渡辺妙子

　私は中学時代の友だちAさんと，きょうだいのように親しくしていました。一緒に勉強したり，塾にかよったりしたのです。そして高校受験のとき，彼女は市立高校，私は県立へとすすみました。それからというもの，Aさんとだんだん離れていき，気持ちの上にも，ときどき学校の様子の交換をするくらいで，親友だ，と思って何でも話していたことが，まるで，一枚一枚ベールをかぶせるように遠く厚いかべができていくような気持です。そして，今では，高校で別の友だちを対象に自分と親しくしてもらいたいと思ってみたりしているのです。私は「親友がほしい」と思います。何でもお互いに話し合える友だちがいることで，すごく強みを感じることでしょう。共鳴をもつ多くの友を得たいと同時に，たった一人でよいから，本当に信頼できる友がほしいのです。

　　親友とはなんだ！

　　　　　　　　　　　　　　「HRノート*」から　　永田みつ子

　私は，この人こそ私の親友だと思ったことは残念ながらありません。それ

＊各自の「LHRノート」3章，4の[3]6）参照。

資料11-1 友だち・親友とはなんだろう（LHR活動展開実践例）

題目	学校主題	望ましい人間像	月　　日
	HR主題	友だちについて―親友とは何だろう―	所要時間 50 分

1. テーマのねらい

　生徒間の友情を探究することによって，人間の行動と要求の大切な原動力になる青年期の友情を再確認しどのように育てていくかを考える。さらに小集団の活動を通して，高校生活で理解と協力がえられる友だちの理想像を身近なところから探究していく。

2. 事前準備

　(1)　友だちについての話し合いを各班行なう。各班でまとめたものを要約する。

　　①友だちはどうしたらできるか　②親友の理想像　③友情がこわれるとき　④友情とはなにか　⑤親友とは何か　⑥男女間の友情は育つか　探究しようということになった。

　(2)　司会者は2名　(3)　展開形式　シンポジウム形式。第5章-1-③資料B参照 (4) 提案者班の人・書記。テープレコーダー1台（録音する）

3.「友情について」

　「友情について」神奈川県立立野高校生徒と堀秀彦氏の話

　友人には自分に持っていないものを持っていることがうれしく，また自分の中のものとそっくり同じものを持っているというよろこびも味わう。友情を体験した人としない人とでは人生にちがいがあると思う。生徒たちは，互いに信頼し合っていること，自分が苦しんでいるときはげましてくれる，一緒にいれば楽しくなごやかになる，ということを友情の条件としている。一体何を信頼するのか，ということを考えてみたい。信頼は相手の誠実，能力，人格を信じるということだと思う。相互の誠実の上に立つ道徳的関係が友と友の間にあることがまず友情の条件である。ある生徒は，友だちが場面場面で変わっていく，環境によってことなっていく，というが，それは浅い考え方で，長い時間かけて信頼を育てていくことであり，損得をはなれた愛情関係であることだ。またお互いが共通の理想を持つことである。それを媒介として二人の心がむすばれていくのであり，これこそが友情である，と堀先生は助言する。

4. HRの展開の方法

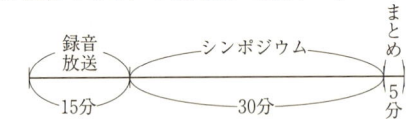

5. HRの経過

6. 指導上の留意点

　生徒たちは大学進学，就職の競争の中で真の友情は育たないという。この問題で①友情をむずかしく考えて神秘的なめぐり合いによらねばならないと思う必要はない。HRの中で自分を開放し，広くつき合うことが大切である。②他人の悩みや苦しみに対して同情し援助の手をさしのべる心のゆとりを生活の中に持ちたい。③親しい中にもエチケットを持つことを忘れてはいけない。他人の感情を傷つけたり，迷惑をかけないことは大切なのである。④同性間の友情と異性間の友情を同じ基盤で考えていけば，異性への関心が発展して異性の友を慕い恋愛感情がめばえてくる場合の留意点も考えさせたい。

にまだ切実に親友がほしいと思いもしないのです。大きな悩みがあって誰に相談してみようか，などと，迷うことがないせいだからでしょうか。でも，親友だと思う人がないなんて……淋しいにきまっている。だが HR でみなが言っていたような趣味の合った人だとかそういう人が果たして親友といえるでしょうか。気が合う，とか，性格が似ているだの，似ていない人だのと，そういうことが親友の条件になるのだろうか，疑問が次々にわいてきます。自分の悩みは，自分で解決していかないでどうするのでしょう。他の意見を聞くことはよいが最後まで，友だちに頼れるということが，親友の価値だ，と思っている人もいるのには驚きました。女子はそのようなことを考えている甘い人間が多いから，いつも悲劇的なところにおとされてもセンチメンタルな同情を相手に持つだけで何もできないのです。

友だち関係は趣味やスポーツなどの活動を通して HR で共通の場が作られていくことが多い。友達が持っている性質や資質も重要な役割を持っている。そこで日本とアメリカの高校生についての調査をあげてみよう。*

*日本青少年研究所「日米高校生友人関係調査 報告書」1986年。

① 友だちの大切な性質について

日本の高校生 1．性格がよい 2．信頼できる 3．頼りになる 4．思いやりがある 5．ユーモアのセンスがある 6．元気 7．優しい ということがある。

アメリカの高校生 1．ユーモアのセンスがある 2．信頼できる 3．正直な人間 4．頼りになる 5．元気な人 6．冒険心がある 7．忠実な人 8．呑気な人 9．親切な人 10．責任感がある

② 日米高校生の比較調査

―図11-1, 2, による友人とのつき合いの深さ―

友人との行動ではどの親友とでも大体同じことをする（73.9％）。

アメリカの高校生は友だちにあった付き合いをする。したがって友達によって話題が異なる。日本の高校生はどの友だちとでも大体同じことを話すと答えた者が60％台である。

高校生の多くが「一緒にいると楽しいから私にとって友達は大切だ。」と答えた者が日本は（94.9％），アメリカは（93.3％）日米は共通している。また「一緒にいると楽しく，気軽に話せるし，落ち込んだ時には心配事等を聞いてくれる友だちを持つ」点でも日米の高校生は共通している。

③　日米の高校生の親友の付き合い
　1位　互いに約束は決して破らない（日本）82.1％（米国）67.5％
　2位　相手の考えていることに気を使う（日本）78.5％（米国）86.3％
　3位　互いの心を打ち明けあう（日本）77.4％（米国）86.2％
　4位　互いに相手に甘えすぎない（日本）69.3％（米国）27.3％

図11-1　日米高校生の比較調査――友人とのつきあいの深さ

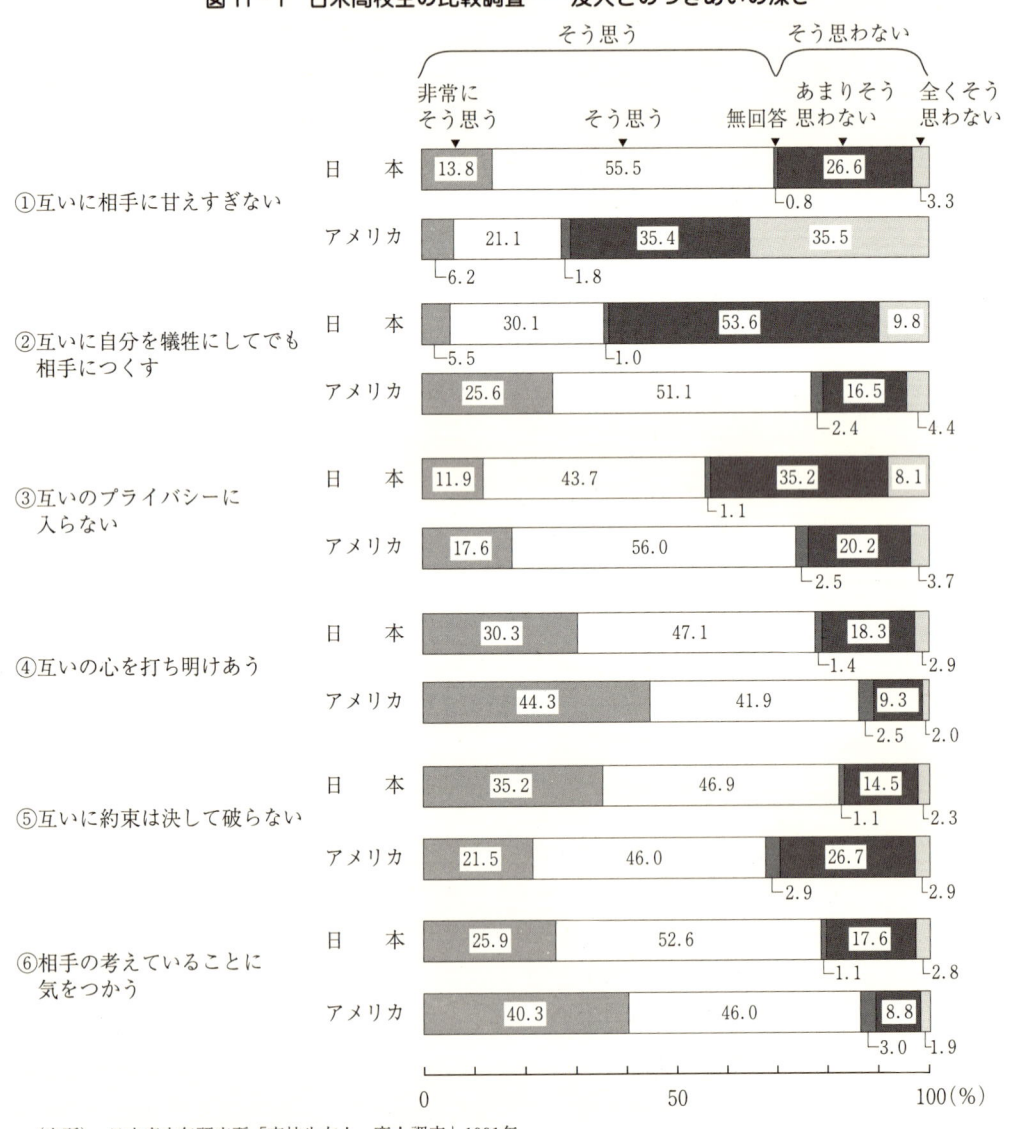

項目	国	非常にそう思う	そう思う	無回答	あまりそう思わない	全くそう思わない
①互いに相手に甘えすぎない	日本	13.8	55.5	0.8	26.6	3.3
	アメリカ	6.2	21.1	1.8	35.4	35.5
②互いに自分を犠牲にしてでも相手につくす	日本	5.5	30.1	1.0	53.6	9.8
	アメリカ	25.6	51.1	2.4	16.5	4.4
③互いのプライバシーに入らない	日本	11.9	43.7	1.1	35.2	8.1
	アメリカ	17.6	56.0	2.5	20.2	3.7
④互いの心を打ち明けあう	日本	30.3	47.1	1.4	18.3	2.9
	アメリカ	44.3	41.9	2.5	9.3	2.0
⑤互いに約束は決して破らない	日本	35.2	46.9	1.1	14.5	2.3
	アメリカ	21.5	46.0	2.9	26.7	2.9
⑥相手の考えていることに気をつかう	日本	25.9	52.6	1.1	17.6	2.8
	アメリカ	40.3	46.0	3.0	8.8	1.9

（出所）　日本青少年研究所「高校生友人・恋人調査」1991年。
　　　　　現在のHR全員に図11-1, 2, 3について調査し，その結果と比較してみよう。

第11章　自己および他者の個性の理解と尊重

図11-2　日米高校生の比較調査──友人との行動

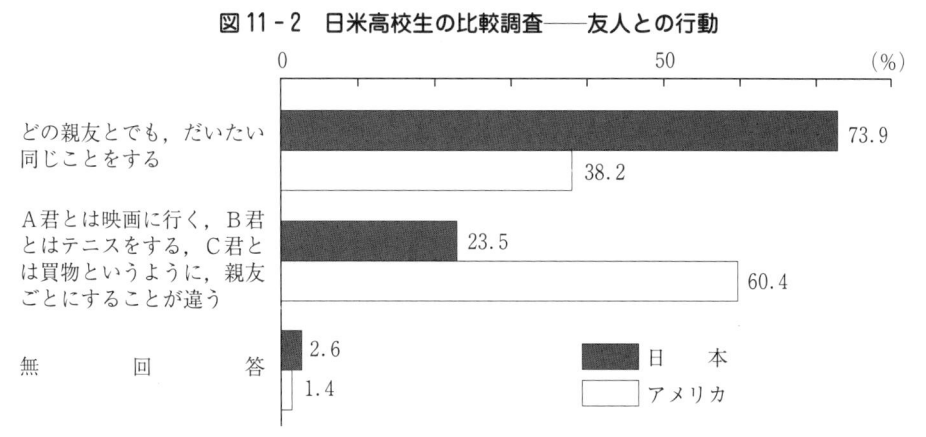

- どの親友とでも，だいたい同じことをする　日本 73.9　アメリカ 38.2
- A君とは映画に行く，B君とはテニスをする，C君とは買物というように，親友ごとにすることが違う　日本 23.5　アメリカ 60.4
- 無回答　日本 2.6　アメリカ 1.4

（出所）　日本青少年研究所「高校生友人・恋人調査」1991年。

図11-3　友人との話題

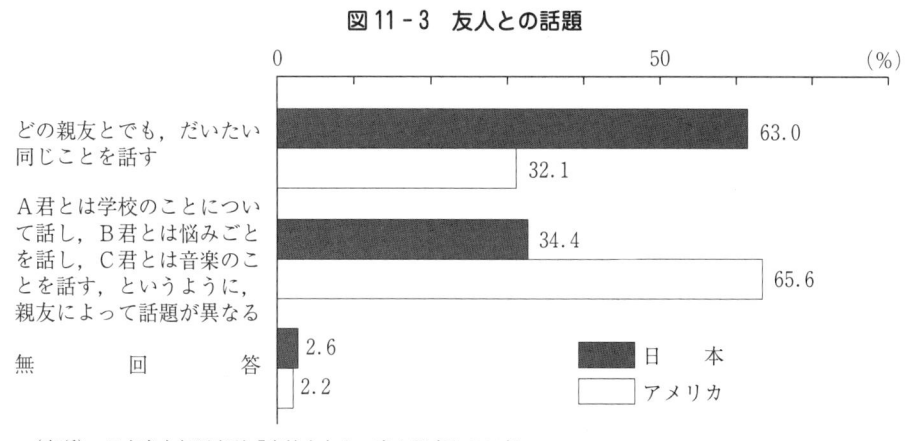

- どの親友とでも，だいたい同じことを話す　日本 63.0　アメリカ 32.1
- A君とは学校のことについて話し，B君とは悩みごとを話し，C君とは音楽のことを話す，というように，親友によって話題が異なる　日本 34.4　アメリカ 65.6
- 無回答　日本 2.6　アメリカ 2.2

（出所）　日本青少年研究所「高校生友人・恋人調査」1991年。

5位　互いにプライバシーに入らない（日本）55.6％（米国）73.6％
6位　互いに自分を犠牲にしてでも相手に尽くす（日本）35.6％（米国）76.7％

　以上のような比較は，一人ひとりの生活環境や性格・気質等と関係があることを考えておきたいものである。

2　LHRでの話し合いの録音を聞いて

　「親友はどうしたらできるか」をテーマにした，LHRの録音テープを紹介する。
　司会──友だちはどうしたらできるかについて，一班からまず意見を発表

してください。

K君——僕は友だちというのは，いろいろあると思う。遊びの友だちとか趣味を通して親しい友だちとか話していくうちに自然にできるな。

Sさん——K君のは浅い単なる友だちでしょう。それなら私たちが問題にしている友だちとはちがうと思います。つまり親友がほしいがどうしても自分の悩みを打ち明けられるような人がいない，どうしたらできるかと考えます。

Oさん——私は自分が気が多いのか二人の親友を持っています。どちらの悩みもきけるし，私も二人に悩みを話して考えてもらいます。

Tさん——秘密を二人だけで持つことは女性の場合，すごく親しくなるし永続きがします。

Yさん——排他的になって二人きりというのは視野が狭い。その点，男子の方が幅がひろくてうらやましい。

A君——友だちがほしいときは自分から話しかけるようにしたらいい。友情の条件はまず性格が似ていることだ。

司会——親友がどうしたらできるかということで友情について話してきました。男子は，交際するときのそれぞれ目的によって友だちがちがうし，また，女子と男子の親友の考え方がちがうようです。女子の場合は，お互いに秘密を話し合えるということをまず第一の条件としています。男子は悩むのは自分で，人に心配かけ合うのが友情ではないといっています。また友情がむすばれるのは性格が似ているところにあるというのです。

Sさん——私は今つき合ってほしいな，と思う人がいるけれど，まだそのチャンスがないんです。Aさんのいうように，積極的に自分で近づくことが必要だとは思っているんです。

司会——放送での発言は，この私たちHRの友だちのものです。1学期の時に言ったことと今ではどうでしょう。少し変わりましたか，T君。

T君——あまり変わりませんね。僕は友だちを束縛するのはいやだし，自分も自由でありたい。だから，相手のことを心にかけていながら，迷惑や心配をかけずにいく方が長く続くし，いざとなれば相手から自分にないよい意見がきけるのだと思うだけで，いいと思います。

司会——お互いに，そのような気持ちになれればいいですけれどね……。

T君——ぼくは，その友だちが東京にいるので一年のうち2，3回は逢っ

第11章　自己および他者の個性の理解と尊重

ている。ほんとにいい奴だ，と思っています。

Kさん——私はどうもそのような簡単に割り切れるつき合いは友だちとしてたよりないわ。もっと身近で，毎日でも話し合い，何でもいっしょにできる人で，秘密も話し合い，二人だけの内緒ごとも持てる方がいい。

Oさん——私もその方ですね，何でもざっくばらんにいってしまうのでなければ……。遠くに離れてしまうと，自然に通り一ぺんになってしまうのではないでしょうか。

司会——女子と男子のちがいですか。話題を進めて，親友として，いつまでもその関係を育てていくのには，いくつかの条件がいるでしょうね。

Fさん——人間はどんどん精神的に成長するでしょう。だから中学時代の時の友だちでは不満になるのです。それで高校へ来たら全く知らない友だちの中で親友をみつけました。

HR担任——Fさんのいうとおりです。自分の成長に対してそれにふさわしい友を得るようにすることは大切ですね。また共に精神的成長ができるように努力することも大切です。そうでないと，親友という関係は危機に立つのですよ。しかし，精神的な努力によってみがかれる友とか，中学校時代のときの損得ぬきの友だち関係も大切に育てていくのがよいでしょう。この問題は，2，3年時代になると，またずっと豊かな内容になってくるでしょう。毎年友情について考えをつみあげていきたいものですね。

　来年はHRで，男女の友情は育つか。友情と恋愛のちがい，そういうことについて，討論し合っていきましょう。

次に「親友とはなんだろう」をテーマにしたLHRの録音テープを紹介する。

司会——親友について，あなたたちはどのように考えているでしょうか。

T君——まず信頼し合うことのできる人です。僕はあまり自分の悩みばかり相手に話すのは迷惑だと思うから，たまにしか話さない。

Oさん——私は，まだ理想の人はみつかりません。自分の性質が疑い深いから。自分が悩んでいるときに共に悩んでくれたり，勉強もある程度よくできる人で，何でも一緒にやってくれる人がいればいいな……と欲ばっています。

Sさん——私が苦しんでいるとき，気を軽くしてくれる人，平気，平気なんていってくれる人がいい。

A君──遊びに行けばたのしくなり，なごやかになる人です。
I君──僕は，困っているときに助けてくれる人だ，裏切られたら，また次の友だちに移ればいい。
T君──ずい分悲しいね。
I君──僕は，うすく交際していればいいと思うよ。だって，学校がちがったら，いくら中学で仲よくしていても，もう忘れられてしまう。自分も高校へ来て，親しい友人ができたのだから，ほんとに，はかない。
U君──ほんとに，はかないよ，そんな親友の考え方。I君は相手に求めすぎているんじゃないかな。
司会──信頼し合うという関係は，相手の誠実さを裏切らない，ということ。自分の能力や人格を信じてくれる人で，道徳的な関係で何もいわなくてもよくわかっているというくらいの深い関係ということになりますね。
Fさん──利害，打算だけで，友情が生まれるものではないと思います。相手に求めすぎるということが大きいと，期待はずれだとかいろいろ問題が出てくると思います。
司会──自分がやはり相手の期待に応えられるような，誠実さがなければいけない。ということでしょうね。
司会──悪友と善友とはどういうところがちがいますか。
M君──あの人はいい友だちというのはどんな人かというと，ちょっとむずかしい。でも自分を甘やかすような人を，善友とはいわないと思う。他の人が言ってくれないことでも，自分のために忠告してくれたりする。その誠実さがあればすばらしい友だと思っている。
Wさん──悪友というのは，お互いにかばい合い，助け合うことは友情とよく似ているけれど悪いと思われることに誘ったり，やるべきことをさぼったり，たとえば代返をたのんだりするような友のことだろう，と思います。
Yさん──スケート場，ボーリングなどと遊んでばかりいる気の合った友だち，よく考えるとこれも高校生としては悪友でしょう。別に罪のあることではないでしょうが……。
K君──僕は悪友にだって友情があると思う。それをよい方にお互いに育てていくようにすることだと思います。だから時間をかけることがたいせつじゃないかと思うんですよ。

第11章　自己および他者の個性の理解と尊重

　司会──では時間がきたので，一応うちきりますが，この問題は，高校3年間のうちに，一つ一つ探究していってもらいたいと思います。

　生徒と司会者，ホームルーム担任は，これまでの調査資料を参考にして話し合いをした録音をHRの全員に聞いてもらうことにした。

　生徒たちには「友だち」と「親友」を自分なりに価値観を持っているが，実際の問題になると明確にならない。

　調査をする時には，司会者は友だちと親友の違いについて，これまでに話し合ったことをHRで発表しておくことが望ましい。

　親友とは，①あなたと多くの時間一緒にいる人　②あなたの興味をもっていることや，あなたの感情（情緒）を理解してくれる人　③あなたが他の人に言わないことを言える人　④心配があった時相談できる人　⑤誠実で裏切らない人　⑥あなたの能力人格を信じてくれて，何も言わなくてもよくわかっている人，という条件があげられる。これらを踏まえて，自分の親友観を調査したり話し合ってみよう。

3　青春と友情

　友情の問題ほど高校生に関心の深いテーマはないといっても過言ではない。毎年この問題では生徒たちが話し合う。

　生徒たちは友情の探究心から，結局，「真の友だちはない」という淋しさに陥るようである。これは純粋性を求める青年の気持ちから，理想的な友人像をえがき，それを求める結果であろう。

　幼い頃の友だちが，青年期になるとどういうものか，全く別人のように見えてくる。相手が良きにつけ，悪しきにつけ変わったように見えるものなのだ。それは，自分自身が成長する過程で，自分に眼を向けるようになるから，人間として持つ欠点や長所がわかってくるようになるのである。それが，理想を求める心にもなり，自分を理解してもらいたいと思う気持ちにもなるのである。これが自我の成長なのであって，誰でもが自分の親友になれるようにはいかない。

　自分と同じようなことを求めている人と出会うことから，その人と親しくすることによって，よりよき半分を親友が受けもち，自分もまた，相手のよりよき半分を受けもち，理解と同情を分け合うようになる。

　だから，お互いに，相手の信頼を裏切らないように，心の安定を守るため

に，お互いの約束はかたく守る。親と子の間柄とは全くちがった親友の関係は，青年同士が心の奥底まで結び合うことができると同時に二人は，未完成な青年たちであるところに共感があるのである。

　一般の青年の傾向として，友だちと広く交わることはできても，お互いに心の深まりが乏しいために，表面的なつき合いで自分をごま化そうとする防御的態度になることが多い。そういうときに，お互いが，親友らしい条件だけを取り上げ，つまり約束を守り秘密をもらさないという結ばれかたが，反社会的，反道徳的な行為にむすびつくとき，いちばん危険である。そのような場合二人とも，泥沼に転落してしまうことが多いことを考えておきたい。

　今後の発展，「あなたと恋人は，どのような付き合い方をしていますか」というアンケート*をすると，以下のような結果が見られた。

* 日本青少年研究所「高校生友人・恋人調査」1991年。

　1位　互いに約束は決して破らない
　2位　相手の考えていることに気を使う
　3位　互いの心を打ち明けあう
　4位　自分の気持ちを相手に伝えることができる
　5位　互いに自分を犠牲にしてでも，相手に尽くす
　6位　互いのプライバシーに入らない
　7位　お互いに相手に甘えすぎない

その他のアンケート項目として参考になることを次にあげておこう。

　1　これまでに交際した人数
　2　初めて特定の人と交際した時期
　3　現在の交際相手（学内交際）
　4　デートの形態
　5　親の認知度（自分の，相手の）
　6　HRの友人の認知度
　7　交際に関する相談相手

4　友情ある忠告──Ｘ（エックス）からの手紙

　前回のLHRで「Xからの手紙」を実施した。M子さんのところへ来た友だちの名前を見てその人のことについて，今回は長所・短所について，手紙形式でM子さんは書いてあげる。Xとなって書いたM子さんへも，HRの中の一人がM子さんのことについて書いているのである。時に，「その人のこ

第11章 自己および他者の個性の理解と尊重

とはよくわかりません」となにも書いてないXからの手紙をもらうほど，がっかりすることはない。ということである。それほど，書いた人も書かれた人もHR全員が期待あるいは気がかりな期間である。HR担任は，Xからの手紙には，約束事がある。と注意している。それは「手紙の相手の人権を侵害しない」ということである。

M子さんにはLHRの時間がたいへん待ち遠しかった。

10月29日

M子

この間日誌に書いた"自分への評価"について，友だち（Xさん）が何と受け取ってくれただろうかと思いながら，『Xからの手紙』を読むまではなんとなく落ちつかなかった，『Xからの手紙』でほめられるとうれしいが，それはそのときだけで終わってしまい，後に残るものがないような気がする。だからこのときとばかり，その人の欠点をたくさんみつけ出して書いてあげるほうが有益だと思う。

＊「Xからの手紙」第Ⅰ部5章 4 No.(2)参照。

X——Mさんへ 貴女に初めて会ったとき，ちょっと学生ずれしているように見えました（失礼）。でもこんなにつき合っていると本当の貴女の性格に驚いてしまいました。陽気でユーモアがあって，貴女の側にいると心が晴々するような感じです。また，女らしいことです。適当にウェットで，はにかみやで，茶目っけがあって，頼りがいもあるし……いいと思うのです。意外にあなたは好き嫌いがはっきりしているようです。私たちの間では，それをはっきりと表わしますが，大勢の前にいくとあまり表面に出さないようですね。話が変わりますが，授業中にあまり『カッカ，カッカ』と笑わないで。ひと一倍大きな声なので，びっくりして，つりこまれて笑ってしまいます。でもまたそれがいいのかも知れません。もうすぐ社会人です。紺の制服からニューモードの洋服を身につけるでしょう。でも貴女の今の性格を絶対に忘れないでください。今のまますすめば，すてきな人になれると思います。

X——H君へ あまり当たっていないかも知れませんが，わたしの感じたH君について書きます。今後，少しでも役だてばたいへんうれしく思います。
　(1)自分勝手なところがある。

ときとすると，酸いも甘いもかみわけた人のように感じられ，自分の信じたとおりをやるという意志の強さのようにもみえますが，その信じたことについて，もう一歩反省してみる必要があります。高校生としては秩序をもって協力性がなければならないと思います。

(2) もう少し素直になってほしい。

たとえば人に注意されたときなど，いつも曲ってそれをとるというのではないが，その注意の受け入れ方になにかポイントが狂っているようなところがときどき感じられます。もっとすなおに受けとって，一度注意されたことは二度としないという堅い決心を見せてください。

(3) もっとみんなに自分を知ってもらうというように，積極的になってほしい。

誰でも悩みがありますが，それをみんなで解決するような態度が必要と思います。受け入れ体制は十分でも，本人にその気持ちがなければだめですから，ぜひすすんで自分のからに閉じこもらないようにお願いします。

ここに書いたこと以外のあなたは，あなたの良いところと解釈してください。そしてそれを今後も引き続き実行してください。それから，よく病気で休むことが多いでしょう。ですから早く丈夫になり，また遅刻は今後，絶対にしないように心がけてください。ひとたびそう思い，決心すれば，たいがいのことは自分の意志でなおせるものだと私は体験を通して言えます。がんばってください。

このLHRの時間に，司会者は，H君への「Xからの手紙」を読みあげてから，数人のHRの友だちを指名して，H君への助言を発表させた。そして最後にH君の発言である。H君はちょっと緊張した表情をしたが，すぐ明るい笑いを含んだ表情で言った。

僕は，人と比べて変わっているんですよ。悪く言えば，だらしがなく，涙もろくて同情しやすい人間なんです。普通に言えば，こうと思ったことは必ずやりとげるんです。ときには僕の弱い心は，僕はほんとうにダメな男だと思って迷ったりします。でもXさんの忠告はいちいちもっともで，よくわかります。こんなふうに僕のことをよく見つめてくれる人がHRにいるのかと思うと，ありがたいと思っています。これからできるだけ懸命に努めますから，みていてください。

HRの友人たちは，孤立しがちなH君をどうやってHRの空気の中に入れようかと話し合っていた時期でもあったので，みんなも彼の発言をきいて，ホッとしたような表情であった。
　その後H君は，グループ日誌の中で次のようなことを書いた。

　（略）……なぜ不正行為をするのか。それにはその人間の一人ひとりに理由があるかも知れないが，とにかく高校生らしからぬ行為をやってはならない。家庭の不和や不幸，欲求不満があって，それだからそういうことをやってもしかたがないと考えているとしたら情けない。僕もしばしばそういう気持ちに自分をおいて，うそぶいたり，周囲をうらんだりしていたんです。自分は一番しいたげられた男などと考え，みなとちがった行動をすることによって自己満足をしていたのです。これがどんなに卑屈で，自分の心に不健康であるかということがわかってきました。安易な同情を期待する前に，自分をもっともっと大切にしなければならないと，T先生に何度も話を伺っているうちに，だんだんと自覚してきたことなのです。悪い環境にあってもそれに負けてはいけない。他人の責任にするまえに，前向きに生きていかなくてはならないと思うのです。

　H君が自分の行為に責任を持つ決心を，学校での不正行為の件から取り上げて書くようになったことはとてもうれしい。担任の私はみんなと共によろこんだ。
　HRの全員がXになり，またXに書いてもらったりしているうち，次第に人間形成が行なわれていくのだと思うが，このような「Xからの手紙」を全部読んでみて，あまりにも鋭い目と，温かい心づかいの通った純粋な手紙が多いのに私は驚く。私は，生徒の相互理解の度合いを理解するためにも，「Xからの手紙」は貴重な資料と考えている。

　さて，もう少し「Xからの手紙」をここにあげてみよう。

　X──N君へ　私はN君に対して言うことが多すぎてどうしようかと思うくらいです。あなたはとてもガンバりや，人に負けることはきらいで，いつも人を笑わせる。ちょっと良い面ばかりなような気がしますけれども，長所が

ゆきすぎて短所になることもあります。たとえばN君自身はなんとも思っていなくても，ちょっと品のないことを言ったり，場ちがいなところで，（たとえば授業中など）人を笑わせたり，聞いていて心から笑えないときもあります。もう少し考えてみたら？　でもあなたの実行力と積極性は私にはまねのできない立派な態度だと思います。だからこそ，もっとよけいに言葉の内容，話すチャンスを考えてもらいたいのです。

　またN君は『謙譲の美徳』ということを考えて欲しい。『自分がしたことで良いことならなにもかくす必要はない』って言われるかも知れないけれど，人間誰でもどこかで一つぐらい良いことをしていると思う。自分でその良いことをして，とっても気持ちがよければ人になにも言わなくても良いと思う。そういう人もたくさんいる。考えの相違だと言ってしまえばみもふたもないけれど，時には考えてみても悪くないと思う。

　次に，とっても気まぐれで，カーッとなるようなこと，明るいときはこの世の天国っていう顔をして話しているくせに，機嫌が悪くなると，とってもこわい顔をしている。それから怒っているときはすぐ顔に出るのでもっと大きな気持ちになってください。

　次に，自信過剰。自分の考えていることが絶対だと思っているような態度です。まちがいだと納得すればすぐに改めるのはこれは素直でとってもいいが，まず相手の言葉をよく理解して，それから自分のことについて話すくらい慎重にやったほうがいいのではないでしょうか。

　以上のことは私だけが感じているのかも知れないが，一人でも貴方に対してこういう考えを持っている友だちもいるということを忘れないで。正直にいって私は今の貴方がとってもうらやましいです。だからよけい欠点が目につきイライラしているのかも知れない。それと同時にもっともっと成長して欲しい気持があるのです。

　　倒れないのが尊いのではなく
　　倒れても起き上がることのできることが
　　尊いのだ（ゴールド・スミス）

N君の返事——Xさん，僕に関して助言をありがとう。僕のような心臓男を知ってもらおうと思っても無理だと思う。でも，Nという人間の外見が，お天気屋で自信過剰型で，常識知らずの人間であると見られているのでしたら，

自分としても今後，大いに反省してみる必要があると思います。

　しかし，それでもこの変わりものを本当に見ることはできないのではないでしょうか。「良薬は口に苦し」とたいへんに耳の痛い忠告，どうもありがとうございます。これだけ僕を観察している人は誰かな……。

　やっぱり，ちょっとショックだったな！　でもその方が本当は自分のためにはいいもんな。この手紙だけでなく，いつでも僕について気がついたことがありましたらアドバイスしてください。なんだか，この手紙で，"Ｘさん"，あなたが好きになったような気がします。

　Ｎ君への手紙を書いた"Ｘさん"は，その日の班日誌の中で次のようなことを書いた。

11月9日
「土曜日が，楽しい」という気持ちではじまった今日だが，朝とはだいぶちがった一日になっていった。それはHRの『Ｘからの手紙』だった。私の書いた手紙を読まれると思ってから，いてもたってもいられなかった。

　私は悪口ばかり書き続けたように思う。それに対して答えは，よく自分のことを見ているということだった。先生も『よく観察して助言をしています』などと言われたので，私はよけい気になった。私はその人に対し，あまり良い気持ちを持っていなかったので，この時とばかりに筆が進んでしまったようで，とっても無責任なことばかり書いてしまった。今でも悪い気がしてなんだか悲しくなってしまった。ごめんなさい。

HR担任──あなたの心からの反省の言葉が，Ｎ君にもっと向上の勇気を与えてくれるものと思います。あなたがＮ君に書いた手紙は少しの飾りもなくあなたのＮ君に対する羨望もよく現われていますね。あなたはＮ君が憎いから悪口を書いたと言っていますが，善意があればこそズバリと書けるので，本当にきらいだったら書けないものです。

Ｘ──Ｙさんへ　これから書くことは，あなたの外面的なことばかりです。そして私が思っただけのことですから，あなたがちがっていると思えばそれまでですし，合っていると思って参考にしていただければ幸いです。

まずあなたの悪い点から申しましょう。一つ目は，あなたの第一印象がすごく冷淡な感じがします。理由としてあなたがいつも，むっつりしているからではないでしょうか。もっと人と交際して笑顔で人に接するようにしてはいかがですか。第一印象はその人にとってとても大事なことだと思います。ましてあなたは就職なのですから，第一印象をもっとよくすべきです。第二の欠点はあなたは人と話をする中でも，ちょっとした言葉のはしばしに気にさわるようなことを言います。これは親しい人たちには何でもないかも知れません。私一人の感じ方かもしれませんが，本当に気分を害してしまいます。なおしていただきたいと思います。第三にあなたの態度が"お高い"といったようで私は好感が持てません。第四に前の事項と矛盾するかもわかりませんが，笑い出したら止まりませんね。笑うことはたいへんよいことですが，あまり長く笑っていると，ちょっとしつこい感じで，いやだなと思います。

このような欠点はあなたがなおそうと思えばいつでもなおせることです。またあなたが社会に出たら直接に感じると思います。このような点を改めて暖かい感じの人になっていただきたいと思います。

さて，良い点を申し上げましょう。あなたはとってもしっかりした人だと思います。私はいつも感心しています。何かことが起こっても物に動じないという感じがします。第二に観察力が鋭くてよく物ごとを見ていることです。これらの二つはあなたが落ちついているということにも共通すると思います。

Y君の返事——Xからの手紙についての私の感想を言わせてもらいます。

この前のXからの手紙にも第一印象が冷たいと書かれてあったので，自分では努めて注意してきたつもりですが，やはり内面的なものなので，生活環境や考え方が変わらないと，人に与える印象はなかなか変わらないものだと思います。それに目が近視なので，人をジッと見る癖があります。そこからも，そうとられる原因の一つがあると思います。

私は6人きょうだいの末ッ子で，いつも大人の中で育ってきたせいか，友だち同士のたわいない会話の中になかなかすなおにとけこんでいけないのです。それに好き嫌いがはっきりしていて，嫌いなものに対して自分を殺してまで笑顔では接しられないのです。だから，そういう会話の中にとけこんでいけないのです。

私はお世辞がきらいで，ズバズバものを言う方ですから，ときには人を傷

つけることを言うかも知れませんが，でも私がズバズバ言う相手はたいていは気心の知れた人です。たまたま，あなたをたいへん傷つけることを言ったかも知れませんが，正直に言ったまでで，悪気はありません。許してほしいと思います。それから『お高くて好感が持てない』とありましたが，逆の見方をすれば，あなたが食べずぎらいで深く私を知ろうとしないから，お高い，などと言うのだと思います。私は高くとまってはいません。ただ人見知りをする方なので，初対面の人や気心の知れない人に対して，私から言葉をかけることができないのです。話しかけられればすぐ話せます。

　正直いって，この手紙を読んだとき，たいへんしゃくにさわりましたが，よく考えてみると，自分の悪いところを指摘されたから，しゃくにさわったんだなぁと思って反省しました。このXさんはかなりよく私のことを見ていますが，できることならこのXさんと話し合いたいと思います。たくさんの忠告をほんとにありがとうございました。

X──S君へ　正直なところ1年のころの君はあまり好きじゃなかったんだけれども，君が野球部にはいってからは，徐々に変わっていく君を見ていて，だんだんそんな気もうすらいだ。君にとっては野球部は貴重な人間形成の場だったのだと思う。

　長所も書くところはあるが，これは知らない方が良いと思う。これを知るとなんとなくこれからの行動が制約されるからだ。短所で気づいたところを書くと，君は少し責任感にムラがあるように思う。ムラというのは日によって違うという意味ではない。たとえていえば君は体育委員でいろいろ活動しているが，これらの仕事のように，あからさまに責任の要求されるものには立派に仕事をやりとおすようだが，ひとたび友だちとの関係などというと，なさねばならぬことに気が付かないでいることがしばしばあるように見受けた。そういった意味では君はHRの中にあって，エゴイストなところがある。もっとも，これは誰にでもあることだけれども，まずこのことに気付いてほしい。そうすれば僕はもう君に忠告すべきことはない。いいところを君はたくさんもっているが，長所を知るより短所を知ることの方がはるかに君にとってプラスにちがいない。どうか今後も精進あれ。

S君の返事──X君の言葉，身にしみた。僕は以前T先生にもいわれた。僕

は本当に気が小さい。だから他人に何か言われたりして気にくわないとか，自分自身成績なんか思うようにいかないと，すぐに相手が嫌いになってしまうんだ。だからそのために顔にも現われてくる，態度もふてくされてくる，といった，本当は僕自身一番きらいなものを持っているんだと思う。わがままであることをよく自覚してなおしていこうと思う。神経質なところは，女性的な面のように思われる。これもよく反省していこう。エゴイストということには気がつかなかった。自分を甘やかしてそこまでつきつめて考えてみようとしなかったためと思う。X君，どうもありがとう。僕のこれからの人生のスタートに十分参考にしていきたい。

　X——T君へ　T君という人をよく知らないので見方にあやまりがあるかも知れませんが，その点はどうぞゆるして下さい。

　まず最初に私がT君に出会ったときのことですが，1年生の最初のコース別の代数の時間です。そのとき，T君がとった妙な行動が強く印象に残っています。その妙な行動というのは，代数の小テストをあなたが提出しなかったことです。高校にはいって間もない，みなとても緊張していたときなので，その行動にびっくりしてしまいました。そしてそのとき感じたことは，何て図々しい人だろうということでした。それからあなたに会うたびにあの人はテストを出さなかった人，というようにみていました。しかし2年生になって，同じクラスになってみると，今までの印象とは反対に，とてもおとなしい人だと思いました。このおとなしい人ということには意味がふくまれていて，無口であること，悪くいうと，とっつきにくい，話しにくいということです。同じ班で行動がいっしょだったりすると全く気にならず，むしろ話しやすい感じさえするのに，班がわかれたりすると，冷たく話しにくくなります。もっとT君のよい性格を一定の人にだけでなくHRの誰にもフランクに出せるようになれたらいいと思います。

　それから神経質な感じもします。きちょう面といってしまえばそれまでですが，男性はもっと大きな気持ちを持って何事もする，ということがたいせつではないかと思います。

　次に話し方ですが，あなたと話をしていると時々怒られているような気持ちになることがあります。口をすぐにトンがらせたりするのですが，感じがよくないから直すようにしてください。

今までのは欠点でしたが，あなたの良い点は，心の優しそうな人であるというところ。お兄さん的な感じ，しっかりとしているところが案外あります。本当に真剣に相談をしたとしたら，一緒になって親身に考えてくれるようにも思われます。

　最後に，あなたは自分という人間をもっといろいろな人々にわかってもらえるようにすることも，あなたの発展のために必要です。欠点を直し，良い点をのばすように努力して下さい。

T君の返事——まずはじめに妙な行動について一言言わせてください。ちょうど2年前の5月28日，僕があのテストを提出しなかったのは，1時間目欠課してテストを受けていなかったからなのです。もし受けていたら，たとえ白紙でももちろん提出しています。しかしたかが試験の一回ぐらい，といった気持ちは僕も持っていました。それにしてもよく覚えていましたね。僕はすっかり忘れていました。Xさんから1年間「ああ，あいつはあの図々しい奴だな」なんて思われているとは露しらず過ごしていたのかと思うと，今考えただけでもおかしくなります。

　それから性格についてですが，僕は自分でも自分のことを陰険な奴だと思っているのだから，まして他人ではなおさらのことでしょう。明るい性格の人を見ると羨ましいと思ったこともあった。所詮，性格なんか急に変わりゃしないんだと思う。もっともっと陰気になってやれと思ったこともある。この方が僕の性にあっているんだと思う。僕は小さいときから，いつも自分の殻の中に閉じこもってきた。家庭のせいかも知れない。僕の家は不思議な家だ。みんな変わりものばかり揃っている。どんなことに対しても感激しない。批判ばかりしている。母も父も，兄もそれぞれ自分が一番偉いと思っている。僕は，まあまだましな方かも知れない（これでも）。だから，家の中で自分を表さなければ，それでうまくいく，そんな習慣がついてしまったのだと思う。このままでいけば，一生孵らず殻の中ですごすかも知れない。なにかすごいことがない限り。

　次に話しているときに怒られているような気がするということですが，自分では言葉遣いには気をつけているつもりです。無意識にそうなっているのかな。きっと顔がそんな顔をしているからじゃないかな。

　自分を人にもっとわからせるということですが，現在のところわかってく

れている人が少しでもいればそれでいいんじゃないかと思う。
　最後に意見をいろいろありがとう。

　X——Cさんへ　私は修学旅行へいって，その収穫としてこのHRの人の性格がわかりました。私はつい先月末まで表面のあなたしか知りませんでした。あなたは明朗で，スポーツ好きで現代の少女の象徴のようなものをすべてそなえ持っている人だと思っていました。

　しかし，修学旅行で私が今まで持っていたあなたのイメージはすべてこわれてしまいました。そしてあなたは大分わがままな人だということがわかりました。自分というものは，現在の学校生活や将来の社会生活においても，最もおさえなければならないものであることは，高校生である私たちには，わかりきっていることだと思います。しかしあなたの態度は，家庭においてはまだしも，この集団生活では周囲のものがどんなに迷惑するかということを，社会に出るまえにあなた自身，自覚してほしいと思います。

　それからもう一つ，あなたを見ていて不愉快な思いをすることがあります。それはあなたの態度の中にしばしば甘ったれた態度がみられることです。それは特に異性の前ではだいぶ目立ちます。もし，あなた自身そのことに気がついていなければ，あなたにとって重大なことです。そして自分自身が注意しなければこんなことを注意してくれるような人はあまりないと思います。

　最後に一言，このHR，この学校はあなた一人のものではないということです。このことは私一人の意見だと思わないでください。

　Cさんは，このことについて，HRの時間に自分の考えを発表することになった。

　Cさんの返事——私の性格の未熟なことはよくわかります。私は，派手で，人の好き嫌いがはげしく，家庭的なことが大きらい。そして虚栄心も，もしかしたら一番強いかも知れません。高1のとき，父が亡くなってから母が働くようになり，妹と私が家のことをしなければなりません。それなのに私は，家庭の仕事が大嫌いですから，妹にやってもらうことが多いんです。本当に悪いと思っています。それなのに一面ではとてもおしゃれです。女性らしくない女性といわれてもしかたがありません。なにか小さなわくにはめられる

第11章　自己および他者の個性の理解と尊重

のがいやなのです。Xさんが指摘している点はよくわかりました。もっと客観的に自分を静かに考えてみるようにして，少しでも望ましい人間に近づきたいと思います。

　異性つまり男子の友だちになれなれしいということなのだと思います。Xさんの見ている目はとても鋭い。異性との交際をきっとさしているのでしょう。私，別にやましいことはしていません。ちょっと冗談まじりにおみやげを買ってきてよって，ホッケー部の〇〇さんに言っていたことなんかが，Xさんには変にみえたのではないかと思います。私って，そういう遠慮のないところがあります。そして特に異性に対して自然に出てきてしまうんです。むしろ同性の方がむずかしいくらいで遠慮してしまうのかも知れません。私の心の中には十分節度をわきまえているつもりだったのですが，そのようなことで指摘されてショックでした。

　でもXさん。あなたの忠告，本当にこれからも得られない大事な言葉として，いつまでも心にとめておきます。本当にありがとうございました。

　以上「Xからの手紙」のいくつかの実例をみてきたが高校時代に友人から注意をうけたり，はげましをうけたりした，通りいっぺんでない誠実な助言は一生忘れるものではない。自分の心の隅々までのぞかれるようでいて，またのぞいてもらい，みんなわかってもらいたいような気持ちが高校時代に必ずある。それが手紙形式で行なわれると，いっそう印象深い。それがこの「Xからの手紙」が，HR活動で生徒たちに歓迎されるところなのだろうと思う。

5　Xからの手紙と相互評価

　あるとき，参観者がHRの時間に来合わせた。たまたま「Xからの手紙」が議題のときであった。生徒たちは，参観者があろうが，平気であった。つまり少しも変わらない。友人に対する忠告を，いつわることなく飾ることなく行なった。おとなの考えている高校生と，大分ちがう。おとなは周囲のことを気にし，お互いに虚言を言い，おだてても損のないときにおだてあげる計算をする世界にならされている。だから参観者にとって，この美しい心のぶっつけ合いは，あまりにも不思議な光景であり，かえって恐しくなってくることもあろう。

「本当のことが言えるんでしょうか，忠告をうけている生徒が可愛そうじゃありませんか。気にしてかえってあとで反抗したり，気の弱い生徒は学校へ来なくなるようなことはありませんか」という質問を受けることがよくある。

だが生徒たちは「Xからの手紙」でやたらにほめあげてあったり，少ししか意見や忠告がなかったり，歯の浮くようなことが書いてあると，それに対する感想は手きびしい。どうして私のことをもっと本当に見てくれる人はないのでしょうか，たくさん書いてもらえなくて残念ですという意見が必ず出る。

Xからの手紙は，一人ひとりがXになり，Xに書かれる自分と，Xになって友だちのことを書く自分という相互評価であるから，誰もが真実を語るようになるのである。そしてまた，Xだけの意見に片寄らず，HRの時間に，他の友だちから必ず意見をよせてもらって参考にする。またHR担任が，それに加えて日ごろ思っていることを話すようにしていくのである。

驚くことに，数学の"赤ザブトン"の生徒が，進級おぼつかないということであったのが，やっと追試でスレスレ合格をした。この生徒のXからの手紙の，倫理的で観察の鋭さに，まさか，同一の生徒とは思いもよらなかったという例がある。教科教育とは別の面で伸び伸びと生徒の人間性が大きく育っていくのは，またその姿をみつめ，理解できるのは，まずHRの時間にあるということなのだ。

「勇気を出して，勉強にも精を出しなさいね」と生徒たちに声をかけ，大いに学力向上をさけんで生徒のお尻をたたいても，すなおにうけ入れられるのが，HR担任のとり得であろう。

望ましい人間に近づくためには，どのように努力していくか，単なる人間関係のテクニックではなく，本当に自分自身にとってよろこばしい，気持ちのよい生き方を一人ひとり自覚していかなければならない。

2 性格はかえられるか

1 性格の多様な捉え方

人は誰からも好かれ・親しまれたい欲求をもっている。自分の中に好かれる性質嫌われる性質があるとするならば，それはどういうところか，お互い

第11章　自己および他者の個性の理解と尊重

に友だちから指摘してもらうことによってどうしたら好かれる人間になるだろうか。また，嫌われるのはどういうところなのか，HRの友だちから本当のところを言ってもらいこれからの自分の態度や行動，発言について，改善していきたいというHR員の希望を実現することにした。

　以下のような事前調査をした。

　①自分の性格は気に入っているか，②自分の性格で悩んだことは，③あなたは一口で言うとどういう性格か，④あなたの長所（短所），⑤あなたは羨ましい性格とはなにか，⑥私の短所を改善する方法

　各自のLHRノートに以上のような調査結果を記録することにした。

「私は自分の考えや態度にいつも自信が持てないんです。自分がみなからみたらすごく劣っているような気がしてときには絶望という気持ちにまでなります。みんなの仲間に入っていけないような壁があります，一人ひとりはいい人なんですが。私の陰気な性格は変えられるでしょうか。」

「僕には長所なんかないと思っていたら，ある友だちから，『おまえは，親切だな』と言われて，そのときすごくうれしかった。別に親切をしたのではないけれど，困っているときに，自分ができることをやってやるのは当然だと思っただけなんだが，そう感じてもらって本当にうれしかった。短所ならいっぱいある。まず，みんなも知っているように僕は人前に出るとすぐ顔が赤くなる。思うことの百分の一も言えなくなる。HRや3分スピーチは嫌いじゃないんだけれども，人前に出ると口が思うように動かない。心があせってドモる。人が上手に話せるのをみるとうらやましい。どうしたらいいだろう。」

「自分の性格は明朗で，楽天的で人のいうことを素直にうけとめるほうである。だから問題はないのだけれど，人を指導したりすることは全く自信がないのです。うまくいって相手を納得できないし，わがまま勝手なことをしている人を見てもどうしても注意もできない，せめて自分はそんな勝手なことはしないと思っているだけでした。

　ところが旅行へ行ったとき，HRの友だちのあるグループが，はめをはずして，一人が旅館で枕を投げたのがきっかけで，女の子たちが一種の妙な雰囲気で興奮し方々から枕を投げ合うようになり，すごく激しくなりました。私は旅館の枕をこんなことで破ったり，このような理由もない興奮が非常にいけないことだと思ったとき，思いがけず，「やめてよ！　あなたたち！」とどなってしまいました。一瞬にして静かになり，私の声の反響に驚いてし

まいました。みんなの中には私のことを，例のグループは「マジメ」という
レッテルをはっているようです。でも，私の考えを周囲の人にぽつぽつ話す
ようになったら，共鳴してくれました。私は委員の仕事をするのにふさわし
くないと自分で思い込んでいましたが，友だちが理解してくれて，次のHR
の司会にえらばれました。落ちつきと少しずつの責任と誠意が，それを支え
てくれた結果，先生からも「なかなか名司会だった」とはげましとよい評価
をして頂きました。私は私なりのペースでじっくりとものごとを考えて，こ
れからのすべてが，未知のものへの体験として自覚し，獲得していきたいと
思っています。そして今まで思い込んでいた自分の，指導性のないその意味
で消極的な性格は，だんだんと積極的に，責任を果たせる人間になれると思
うようになりました。」

　以上の例からみても，人間はいろいろな性格を持っている。十人十色とい
われるわけでもある。高校時代には特に，いろいろな友だちと話し合ったり，
ぶつかってみたりすると，自分の性格について考えるようになる。また，内
気だと思っていた自信のない人が，思いがけなく友だちから自分の自信のな
い面に理解とはげましをもらうと，急に勇気を得て自信を持つようになるも
のである。あるいは，すぐカーッとなり短気で感情的な人が，ゆっくりと話
すおだやかな友だちとか，社会に出てまったく異なった環境で生活するよう
になると，性格が変わってくる。今まで社交べたで，気がきかないと思って
いた人が忙しい接客とか，キビキビした動作を必要とする仕事を持つとかす
れば，巧みな話術を身につけることもできるし，明朗な人にもなる。さらに，
何か志を持って仕事に打ち込むとか，責任を持たされるようになれば，その
重要なポストに適応していく。娘時代と母親のちがいもそのような理由で，
強い性格に変化してくるのである。それぞれの役割になり切って行動してい
るうちに，その人の性格とみなされるようになる。

　そのように考えて見ると，性格は生まれつきのものをいうのではなく，気
質が生まれつきのものであるという。クレッチュマー*という人は，(1)分裂質
の気質の人は感じやすくて内気になりやすいが，しんぼう強い。(2)そううつ
質の気質の人は明るくて行動的だが気が変わりやすい。(3)てんかん質の気質
の人は，しんぼう強くて強気になりやすい。これらを環境によって自他共に
鍛えると生まれつきの気質がどちらにも変化する。人間がふと反省したとき，

* Kretschmer, Ernst
1888〜1964年　ドイ
ツの精神病学者。人間の
体質の研究をした。

自分の嫌な性格！　と思い込んだり，小さなわくの中で思い込まないで性格を変えることができるのだということを知っておきたい。

2 性格はいつごろからつくられるのか

　変えたい性格の中で，青年期は，内気・気が弱いということが最高だが，これは青年期の特徴で，自我の形成の過程では，誰もが不安定で自信がない。だから，同じ年齢の同じような気持ちの人と話すことの機会を得ると，もう一人の自分を発見したように自信が次第についてくるし，喜びも悲しみも分かち合えるように，結束してくる。少しでもピッタリしないものがあると自分の欠点と，相手の欠点がよくわかるようになり強く反ぱつする。その時代に，社会性を多く持った適応できる性格の人がいるときには，その人の感化をうけるようになり，言葉つきや好みまで同化してくる。適応できる性格というのは，いつできるかということだが，先述の気質をもとにして，幼児期に子どもの性格の基礎がつくられるもので家庭内のしつけ・道徳的な感覚・誠実・相手の意見をよくきくなど家庭の環境が大きな影響を与えている。これを狭義の性格といっている。さらに成長するにつれて後天的に身につけたもので，その人の態度などがそれである。つまり道徳的感覚・社会的規律などに対する受けとめ方や適応のできる意欲的な働きかけなどで，身につけたものは習慣的性格といっている。さらに，社会生活の中での人間関係に関するものを身につけていく，これを役割性格などという。先生は先生らしく，母親は母親らしくなるということもこれである。

3 ｜ 個性の尊重

1 能力の限界

　人はややもすれば集団の中に埋没して個性を失ってしまい，付和雷同的行動に出る。集団の中では，そのルールに従い目立つ行動をしないことを要請される結果，個性が抑圧されてしまうが，反面，他者よりユニークな（良い意味で）存在になることも要望される。
　この二律背反的な圧力がかかる結果，生徒一人ひとりがその重圧を感じるのである。

親としてはわが子が集団の中で，優れたユニークな存在になってもらいたいと願い，それを学校側に要求する。親として当然の希望であろうが，その際の注意事項としては，生徒の素質を適確に把握することに心がけ，学校では，生徒に対して無理な要望をしないことである。絶え間のない努力，実践させることは大切であるが，その過程の中で一人ひとりの生徒の能力の限界をいつも念頭に置くことを忘れてはならない。

2　無限の可能性

「子どもは無限の可能性を持つ」ということがある。これは意味を取り損うと，ときには悪魔の注ぐ美酒ともなる。

若者は周囲の感化を受けやすく善くも悪くもなるという意味を含めた可能性なのである。

生徒が，どの方面でどんなに秀れた才能を発揮するかを発見できるのは，親，そして学校の教師，その他直接の指導者であろう。特にスポーツ，芸能の方面でその傾向が目立っている。しかし，純粋知的な学問の方面となると，子どもがどの方面に適しているかの判断は非常にむずかしくなる。それは知能の発達が10代後半から20代にかけて現われる率が高いということにも原因があるといわれている。

よくある実例としては，子どもは法律を学びたい，したがって大学は文系に進学したいという。しかし，親は自分が理系だからといって理系進学を勧める，また学校では数学が抜群によくできるので教師も理系進学を勧めるという結果，理系を受験し合格した。が，大学1年で退学し，再び文系大学を受験，合格し，本人は希望通り法科に進んだ。このようなことはできるだけ避けたいものである。

個性を尊重することはおとなは誰でも考えているのだが，現実には上述のような例が多いので，親や教師は十分配慮して助言する必要がある。

3　自己を知ること

＊Joseph と Harry はサンフランシスコ州立大学教授。UCLA (University of California at Los Angeles) にも属している。

進路を考えるとき，生き方，人生観まで含めて考えていくことが大切である。そこで「心の4つの窓」（ジョハリーウインドー）について紹介しよう。ジョセフ・ルフト（Joseph Luft）とハリー・インガム（Harry Ingham）＊によって創られた概念で二人の名前を合わせて Johari Window（ジョハリーウイン

ドー）と名づけた。

　人がかかわり合って共に成長していくプロセスを図解したものである。彼らの「心の4つの窓」を次に示そう。

Johari Window（ジョハリーウインドー）

第Ⅰ象限 開放	第Ⅱ象限 盲点
第Ⅲ象限 隠している私の部分	第Ⅳ象限 私にも他人にもわからない部分

　第Ⅰ象限は，私にも他人にも同じようにわかっているという「私の領域」，「開放」された領域である。したがって，お互いがそれぞれの領域でかかわるとき，私たちはお互いに自由に振る舞える心の部分である。

　第Ⅱ象限は，私は気づかないけれど，他人からは，いわば透けて見える領域である。いわゆる「盲点」といわれる私の部分である。

　第Ⅲ象限は，私にはわかっているけれども他人にはわかっていない，すなわち，他人には知らせていない私の部分である。他人に「隠している」領域である。

　第Ⅳ象限は，私にも他人にもわかっていない「未知」の領域である。これが無限の可能性である。「私」には，このような心の4つの働き，心の4つの窓があるということなのである。

4　多様な個性の生徒と教師の指導

1　留意点

　教師が生徒を指導する場合のうち，特に大切なのは，民主的な方向へのしつけであろう。教師が信頼され，尊敬と権威を持つとき，はじめて生徒への

しつけができるものなのである。その点での留意点をあげる。

1） きびしさの必要

　生徒は教師に親和感を持つことを望んでいる。しかし，甘やかすことを決して生徒も望んではいない。あるいは，放任しているような教師をすこしも自由でよい，とはいわない。授業においても，人生を通じても，日常の生活の中にも，自分にきびしい教師を生徒は知っている。また，生徒へのきびしさと強さが授業を通して感じられるときに，教師への信頼感を深くする。時には「強く叱られるくらいの真剣さ，きびしさが先生にほしい」という。

2） 適切さと一貫性

　いつも一貫した態度でのぞみ昨日はゆるされたことが今日は罰せられる，といった態度であってはならない。
　時に応じて適切な助言や注意を与え，しかも時に応じた扱いの調和がある教師は生徒へ安定感を与える。
　「先生に，私は挨拶の仕方の注意をうけた。今まで誰も注意してくれなかったけれど，はじめて教えていただいて，よかったと思う」という。

3） 人生の先輩

　教師も人生の先輩として，おとなとしての模範を示すようにしたい。アンネ・フランクの日記の中に，彼女の誕生日を祝った父のことばがある。
　「私たちは経験を持っているのだから，私たちから学びなさい」
という言葉である。人生の年長者として若い青少年に，よい模範を示し，また彼らのために助力をおしまない態度こそ，生徒は教師に親愛と同時に，謙虚な態度で学びとることになると思う。

4） 納得の必要

　叱ることも，罰することも，時に応じてたいせつである。しかし，押しつけるのではなく，わからせるように努力し，将来の生き方のプロセスを学びとらせていくような教師でありたいものである。これによっての罰や，叱ることは，憎しみのみが残るということはない。これは，教師ばかりでなく，子を持つ親にとっても基本的な，しつけの態度である。

5） 代償の用意を持つ

「するな」というより，よりよい行動を代りに用意する教師でありたい。

　人間には社会的要求といわれる中に，愛情の要求，所属したい要求，独立，承認，成就の要求などの基本的な要求がある。これをいきなり押さえつけようとすると誰もが反発する。しかし，人間としてよりよく社会に適応していくためには，基本的要求のいくつかを耐え忍ぶということも大切である。またある時にはそれに代るものを与えるとか考えさせるようにする方法をとることによって，視野を広く持たせて自分の存在を自覚するということがたいせつなコツである。

　これらをよく生徒に調和させていくことはたいせつな教師の指導である。また，どんなときにも公平で，しかも生徒に自信を持たせる教師でありたい。

2　教師のHR運営で重要なこと

(1)生徒の動機をとらえる。よい動機を早く見出してそれを助長し勇気づけをする。

(2)教師の態度。教師が情熱を持ち，生徒の人格全体に働きかける。そして教師がよい示範をすることによってみちびく態度がほしい。時には生徒の自由奔放的な要求に対して，教師が闘争するほど激しい気はくと情熱があってもよいと思う。

(3)問題を持つ生徒の扱い方の問題。まず生徒に自信を持たせることが重要である。人格を無視するような言動を慎むことはもちろんであるが，職員室などで生徒を立たせて罰を与えるとか，大声でどなりつけるとかするのは教師として慎むほうがよい。道理がわきまえられるように，十分，意見を交換し話し合い，生徒の持つ問題を知る方法が何よりも大切である。

(4)個人差に応じてよい面をとらえて，能力，性格，興味などを発揮させる教師でありたい。

(5)生徒の持つ問題を解決しようと努力する。生徒の持つ，家族の人間関係，友だちとの人間関係，進路などについての問題，身体的障害，性格的な弱点を知り，それをよりよく導いていくための助言，相談相手になれる教師であれば，生徒の興味，意欲をのばすようになる。

(6)教科，教材などを通して指導法を工夫している教師でありたい。

第12章 社会・学校生活における役割の自覚と責任

1 むずかしい処罰

1 考査（中間・期末テスト）

　高校では，考査を受けるときの心得が中学より厳格である場合が多い。たとえば不正行為に対する態度がきびしいのは，一つには中学校は義務制であるが高校はそうではないからといえる。この表現はあるいは穏当でないかもしれないが，もしカンニングが発見され，その生徒に改悛の気持ちがなく，また他の問題もあるような場合，学校として退学を命ずることや，停学，落第も高校では起こり得るのである。

　このようなことは義務教育の中学校では考えられないことである。

　高校としては，不正行為の処罰規定がある高校もあり，その場その場（Case by Case）で職員会議を開いて決定している高校もある。いずれにしても何らかの処罰はまぬがれない。Case by Case のときは前例にならって解決することが多い。それだけに前例が大切であり，いいかえると現在の処分は将来の処分に対して配慮しなければならない。したがって，大体の罰則規定のある方が客観性が高いということになるのであるが，微に入り細に入ると，却って自縄自縛となるおそれもある。生徒指導部としては一本筋の通ったものを持っている必要があるといわれるゆえんも，ここにあると思われる。

2 処罰の意義について

＊マカレンコ, A.C.,（Makarenko, A.C., 1888-1939）ロシアの教育家。集団主義教育の理論を構築した。

　マカレンコ＊の教育理論によると，「罰の出発点となるものは全集団（狭い意味ではクラスとか児童施設，広い意味では労働階級とかソビエト国家）である。集団の利益をそこなうものは，集団に対して責任を負わねばならぬ」とし，そしてこのような命題から出発する以上，罰は次のようなものでなけ

ればならない。

一，罰は，単なる肉体的苦しみを加えることを目的としてはならないし，また実際に肉体的苦しみを加えるものであってはならない。

一，罰は，罰をうける者が集団のその利益を守るため何を要求しているかを知っている場合に限って課する。

一，罰は，罰をうける者が集団の要求を意識的に破った場合だけに限られる。

　マカレンコは規則を破った者に対し，機械的に罰を加えることを戒め，罰は子どもの恐怖心や反抗心を呼び起こすものであってはならないと説いている。

　学校において教師は規則を守るための安易な手段として罰を乱用する傾向があるように見うけられる。

　集団の中の一人としての責任を自覚させるのに役立つ処罰でないと，その結果はマイナスに作用する。そのためには，その学校の規則や処罰規定を事前に生徒によく徹底させることが必要である。

　一つの方法として，LHRの時間を使って，学校の罰則規定を納得させる

あやふやな根拠でカンニングを摘発して問題となった例

　K先生は，3年C組の期末考査の化学の試験監督に出かけた。教室に入るときから，生徒たちはざわざわしていたので，なにかあるな，と直感し，緊張して監督していた。ところが，窓側の最後列のAという生徒が，口をもぐもぐさせているのに気がついたので，約5分間それとなく注意していると，Aは答案をふせたまま窓の外を見ている。そのすぐ前のBは書いているのだが，どうやらAと連絡したような様子である。一巡して，A，Bの傍を通ってそれとなく様子を見ると，Aは1題書いて，あとは白紙，Bは5題のうち3題半くらい書いてなお書き続けている。その後，約20分，二人の態度に変化がないので，格別の注意も払わずに過ぎた。が，そのあと，机間巡視をしたら，驚いたことには二人とも，4題半以上書いている。しかも，そこに書かれている図の書き方まで同じである。そして回収したあとで答案を見て気がついたのであるが，上段に姓名を書き込む所があるが，二人とも名前を記入していないのである。先生は二人に
「二人とも，すぐ職員室へきなさい」
といい渡して職員室へ戻って，化学担当のI先生に報告した。I先生は二人が答案を交換して，お互いに知らない所を書き込み合ったようだといった。

　生徒指導部の先生は，悪質な事件として，その放課後，A，Bを取調べることになった。

　がA，B二人は思ったよりずっと強情で，なにも言わない。
「名前を書かなかったのは，忘れていたからで，答案を交換するためではありません」
「だが，二人とも名前を書かないのは偶然にしては，余りにも話がうますぎるな」
と指導部長のY先生がいった。

　二人はどうしても白状しなかったので証拠不十分で処罰をしなかったが，さらに，後味の悪い事が起こった。その翌日，Aの父親が校長に抗議を申し込んできてK先生に謝罪をせよというのである。K先生はカンニングを摘発することの難しさをつくづくと悟った。

必要がある。これはHR教師として，教師がまず「生徒手帳」に記載してある処罰規定を理解し，生徒指導部の教師の助力を得て生徒に説明することが望ましい。

実際問題として一番大切なことは，「疑わしきは罰せず」の方がよい。教育の場合においては，あやふやな根拠で事を行なわないことである。なぜなら教育は先生と生徒との相互信頼の上に立って行なわれるからである。

3 LHRでの話し合いから

いろいろな考えや意見が各自の「LHRノート」や班日誌にのべてあるものをHR担任が取り上げた。

11月21日

S

私も集団のルールを守れない人間の一人かも知れない。欠席ということについて考えてみても，病気でなくて休んだこともある。「例外なしに規則なし」とはいうが，やはり，一人ひとりがその規則の最低の線でもいいから守らなくてはいけない。規則を犯すときスリルはあると思う。でも自分の満足のためにみなの迷惑になることもある。自分でこれから何か悪いことをしてみようと思うときには，先のことまで考えないこともあるかもしれない。それはその人間の未熟さからくるのだと思う。規則を破るといっても許せるものと許せないものとがある。誰がみてもどうしても許せない場合で，しかも本人が反省していない場合には，その人に周囲の愛情や友情によって気づかせるよう努力しなければならない。私はときどき規則ずくめの生活がいやになることもある。そして当たり前の道からはずれて，何か思い切ったことをやってみたくなることもある。思いきった大きなことではないが，悪いことをしたこともある。しかし集団のルールからはずれれば，処罰を恐れるのではなく自分がその規則を破ることにより皆が迷惑することを恐れなくてはいけない。

11月24日

K

以前あるおとなに「君の世代の非行化の増加をどう思うか」と質問された

ことがある。「腹立たしい」と答えたのをおぼえている。同じ世代だから腹立たしい，同情の気持ちが腹立たしい気持ちに変わってしまう。今度の行動も例外ではない。僕にはそういう人の神経がどんなふうにできているのか知らないが，「他山の石」という言葉もあるのだから，せいぜい自分だけでも立派にやろうと思う。人に説教をするほどの人間ではないし，またそうするにもまず自分を修めねばならない。破壊的，非協力的なようにも思う人があると思うけれども，これが一番建設的な考えと自分では思っている。

12月2日

Y

私たちは毎日，「これはいけない」，「これは良い」となにかにつけていちいち判断を下しながら暮らしているが，善悪の判断に限らず，その基準がいったいどこにあるのかよくわからないような問題がたくさんある。バートランド・ラッセル*は「私たちは常に自分の意見に，ある程度の疑いをまじえなければいけない」と言っているが，これは「その向こうには，きっとまだもっと適当な意見がある」というようなことではないかと思う。常識，慣習，人の意見などによりかかっていないで，自分自身の判断力をより高く，より正しく，より成長させていきたいと思う。

*Bertrand Russell 1872-1970 イギリスの数学者，哲学者，評論家。ノーベル文学賞を受けた。

班編成替えをしたあとの班日誌から
12月2日

N

*班編成替えをしても，班日誌はそのまま継続する。

日誌が久しぶりに回ってきた。この班の日誌を読むのは初めてなので，一応目を通してみた。書かれているみんなの意見が，それぞれ真剣なので圧倒されそうだ。でも真面目に物事を考えるというのは，はたで見ていても気持ちがいい。ましてHRのみんなの考えだから，私は大切にしたいと思う。HRのときに先生から問題提起があったことについて，私なりの意見を書いてみたいと思う。WとHの無断早退事件について。このことはいけないことだ。そしてやってはいけないことだ。それは今となれば当人たちもきっとわかっているだろう。また反省しているだろう。とすればもうこのことは済んだこととして終わらせてもよいと思う。ただ，その動機についてはもっと考えるべきであろう。浮わついたような気分や，どうでもよいような雰囲気は，

第12章　社会・学校生活における役割の自覚と責任

就職の決まってしまった人たちには，誰にでも，多かれ少なかれあるようだ。とすれば，軽はずみに何かやってしまうということはあり得るのではないだろうか。先生も皆の気持（その浮わついた，もうなにをやっても良いといった空気）を心配なさったのではないかと思う。もし，浮わついた気分があるなら，この事件を起こした人と同罪ともいえるのではないだろうか。悪いことをすることが『悪』で悪いことをしないのが『善』だと考えられがちだが，私はそうでないと思う。『良いことをするのが良いことで，悪いことをするのが悪いこと』私はこういった考え方のほうがよっぽど健全だし，いいと思う。HRのときの話で，一番気になったのは，信念ということだ。あの事件よりも私としてはこの方が気になった。よく考えてみると，私には信条とか信念というものが全くあいまいだ。もっと悪いことには意志や意思さえもないように思えてくることだ。意思は今まで人よりも強いように思っていた。けれどこの意思というのもマスコミや他の人の考えや何かの受け売りにすぎないらしいことに気づいた。もっと強固な意志・意思がほしい。人の誘惑や人への気がねで，すぐにぐらついてくるようなものでない意思が。そうしたら信念も固まってくるだろうし，実行し理想に近づいていくこともできる。私は，まず人の気持ちを（人がどんな風に私を見ているだろうという気持ちは参考程度にして，ひっこみ思案にならないように）気にするのはやめよう。そして，もっと自分らしくなろう。書きついでに思いきりいろいろ書いてさっぱりした。まだ考え足りないので，もっとこれからのことについて考えて書いてみたいと思う。

　このような意見がそれぞれの班日誌に書かれていた。私はHRの全員に，進路のちがいはあってもWやHの行動が自己中心になりすぎていたことをわからせることはできたが，もし彼らが警官の巡視にぶつからなかったとしたら，完全に二人だけのスリル（悪いこととは知りながら楽しさを味わう）を味わって，誰からもとがめられることもなかったという経験を持つであろう。彼（W）の反省の記録には自分は気が小さくて，その範囲内でチョコチョコと悪いことをしているが，先生たちの目からこぼれていたということも，今回は十分に反省する機会を持つことができたということが書いてあった（Hは別の担任のHRの生徒）。

　彼らは「早朝登校謹慎」になった。"早朝登校"は担任も同じ時間に来て

それを見とどけ，人のためになる仕事を課することを続け，放課後に反省録も出させるが，授業には出席させるというケースである。以下はWの反省録の一部である。

早朝登校は気持ちがよいが，寒くなって先生や母親に迷惑をかけていることが，まことにいたたまれない気持ちだった。授業時間は集中力も以前より増し，休み時間もふざけたりすることなどしなくなった。学校の帰りの寄り道も慎み，家に帰ってからも外にあまりでなくなって率先して家の手伝いをしたり，勉強をするようになった。こんなわけで，お金も使わず，規律ある生活になりつつある。できればこういう生活を永く続けるように努力していきたい。自分にとっては，自分の毎日の行動が反省でき，今日はどうだったろうか，人に迷惑をかけなかったかということを考えることが一つの習慣のようになったことは，これから社会にとび出す自分にとっては大きな収穫だったように思える。

HR担任——自分を律していく原動力は一体どこからくるのか。彼のように，幼児から自由に放任されてきていると，学校での規律が窮屈でたまらない。あまりきびしいと，胃が悪くなったり，頭痛がしたりする。人が見ていなくても正しい判断を下して，それに忠実に行動ができる人間になることが本当のおとなの精神構造である。だが青年の場合，おとなとちがうのは経験が乏しいことだ。だから環境の変化に応じた判断は不足している。突然の思いもかけない驚くべき事態の発生に適確に対処することができないのである。失敗しながら知恵が働いて，どうすべきかを判断できるようになるのだ。経験してしまわなければわからないことでも経験してしまったら，その人の信頼度がマイナスになるような場合もある。社会的な罪悪となることは経験してはならない。また学校できめられた規律も十分理解して守るという精神が大切である。どうしても不服ならば満足するところを求めていけばよい。教師はこのことを十分考えて生徒に反省をうながしていく。学校はあくまで教育の場であるから，あやまちを反省して立ちなおるように生徒を援助することができるところが社会とのちがいである。そのために，一般社会の法律とはちがってずっと細かい規律にも指導の目をいきとどかせて，人間関係のマナーなど一人ひとりに望ましい生活習慣を身につけさせるように訓練する

のである。

2 勤労体験とボランティア活動

1 勤労体験の意味

　近頃の子どもは家事の手伝いをしないという親の愚痴をよくきく。しかしそれには親の側にも責任がある。小学校低学年からテスト，テストに拍車をかけ，遊ぶ時間があれば塾へ行けという。そういう以上，家事の手伝いなどさせるわけにはいかないので自然に家の中のことが，子どもにとってわからなくなるので，手伝いたくても手が出ないのである。その習慣がエスカレートして，学校生活にも現われてくる。教室にゴミが散らかっていても片付けない，照明はつけたまま，黒板は汚れたままで教室は乱雑になる一方である。
　勤労にはまず目的意識が先行する。そして奉仕の精神が必要である。
　また肉体労働が必ず付随する。その結果として報酬が与えられることもある。アルバイトといわれる仕事は勤労と全く無関係ではないが，金銭を得ることが第一の目的であるので勤労そのものの概念とは異なる。ドイツ語のArbeits Dienst の日本語訳が勤労奉仕である。勤労奉仕にはある程度苦痛がともなう。
　したがって集団社会の中で勤労の精神が失われると社会は殺風景になる。
　勤労の精神を養う原動力はやはり家庭のしつけであろう。

2 アルバイト

＊未成年アルバイト
フランス語では「トラバーユ」。

　この日本語化したドイツ語は，学生，生徒の常用語となっている。アルバイトはお金を得るための仕事であり，労働である。
　中学，高校において，アルバイトに対して制限つきで許可を与えている例もあるが，生徒のアルバイトについてはおとなの間には賛否両論がある。ここで最も注意しなければならない点は，アルバイトの許可は，学校ではなく親（保護者）である，ということである。すべて労働基準法によって青少年（未成年）の場合には種々の制約がある。生徒がある店で働く場合，店主は親（保護者）の同意を得ねばならないし，もし親（保護者）が不承知なら子どもは働くことはできない。教育的立場からしても，それは妥当な規則であ

資料 A

```
アルバイトをする理由（高校生）
①友だちづきあいやオシャレのため   ②高価なものを買う
③いろいろな人と知りあえるから     ④ひまな時間があるから
⑤生活費や学費のため              ⑥部活動よりおもしろいから
⑦友だちがやっているから           ⑧社会勉強のため
⑨将来の職業に役立つ
```

ると考えられる。生徒のアルバイトについて親（保護者）も学校も黙認してはいけないのは，ウィークデーの放課後，週何回か働く場合である。夏，冬の休業期間なら場合によっては許可されることもありうるが，毎日の通学の傍らアルバイトをすることは原則としてあってはならない。近年，生徒はバイクを購入するなど，高価な物を欲しがる傾向が強くその目的を達するためには金銭効率のよい徹夜アルバイトを希望する場合が増えてきているが，当然社会問題として親・雇用者がそれに対して安全等十分な配慮をすべきである。

資料 B

1. 調査地域：首都圏40km圏（東京，神奈川，埼玉，千葉）
2. 調査対象者：高校生，大学生男女個人（短大生，専門・各種学校生含む）
3. サンプル数：合計500人
   ※性・学校別の内訳は以下の通り

(人)

	全体	男子	女子	うち新入生 計	うち新入生 男子	うち新入生 女子
全 体	500	277	223	126	65	61
高校生	137	69	68	47	24	23
大学生	276	175	101	66	41	25
短大生	29	*	29	13	*	13
専門各種	58	33	25	*	*	*

4. 調査方法：訪問調査
5. サンプリング：該当地域からランダムに40地点抽出，各地点における等間隔抽出法により実施。
   （地点内サンプル構成は属性により割付を実施）
6. 調査時期：2000年10月28日～2000年11月20日

第12章 社会・学校生活における役割の自覚と責任

資料C　高校生のアルバイト実態調査（首都圏）2001年5月

		単位	高校生男子 (n=69)		高校生女子 (n=68)		大学生男子 (n=208)		大学生女子 (n=155)	
過去1年のアルバイト	実施率	%	36.2		52.9		85.1		85.8	
	実施日数	日	27.9		59.9		99.9		100.8	
	1カ月のアルバイト収入	万円	1.0		1.8		4.1		3.8	
一番最近に行なったアルバイトについて	仕事内容 1位	%	CVS・スーパー・DS店員	24.2	CVS・スーパー・DS店員	29.3	CVS・スーパー・DS店員	14.9	CVS・スーパー・DS店員	11.7
	仕事内容 2位	%	新聞・郵便配達員	15.2	ファーストフード店の店員	14.6	家庭教師・塾講師・試験監督	10.3	家庭教師・塾講師・試験監督	10.3
	仕事内容 3位	%	レストランのウェイター・ウェイトレス／一般の飲食店の店員	各9.1	レストランのウェイター・ウェイトレス	9.8	飲食店厨房スタッフ	7.7	薬局・花屋・パン菓子・クリーニング店店員	10.3
	勤務期間 1位	%	2～3週間位	21.2	1年以上	31.7	1年以上	35.1	1年以上	37.9
	勤務期間 2位	%	1カ月位／2～3カ月位／6カ月位～1年未満／1年以上	各15.2	6カ月位～1年未満	29.3	6カ月位～1年未満	23.7	6カ月位～1年未満	19.3
	勤務期間 3位	%			1カ月位	17.1	2～3カ月位	12.4	2～3カ月位	15.2
	1週間の勤務日数	日	3.6		3.7		3.4		3.0	
	1日の勤務時間	時間	5.7		4.9		5.7		5.3	
	時給	円	821		796		996		981	
今後のアルバイトについて	今後の意向率	%	91.3		92.6		95.2		94.2	
	希望する仕事内容 1位	%	CVS・スーパー・DS店員	43.5	CVS・スーパー・DS店員	50.0	スキー場等スポーツ施設スタッフ	25.0	薬局・花屋・パン菓子・クリーニング店店員	36.8
	希望する仕事内容 2位	%	書籍・CD・ビデオ店の販売員	29.0	薬局・花屋・パン菓子・クリーニング店店員	48.5	家庭教師・塾講師・試験監督	22.6	遊園地・動物園・美術館等スタッフ	34.8
	希望する仕事内容 3位	%	スキー場等スポーツ施設スタッフ	24.6	書籍・CD・ビデオ店の販売員	44.1	書籍・CD・ビデオ店の販売員	21.2	家庭教師・塾講師・試験監督	31.0
	希望する勤務期間 1位	%	6カ月位～1年未満	37.7	6カ月位～1年未満	27.9	6カ月位～1年未満	39.4	6カ月位～1年未満	37.4
	希望する勤務期間 2位	%	1カ月位	23.2	1年以上	25.0	1年以上	23.1	2～3カ月位	20.6
	希望する勤務期間 3位	%	2～3カ月位	20.3	4～5カ月位	16.2	2～3カ月位	19.2	1年以上	18.1
	希望する1週間の勤務日数	日	3.0		3.1		3.2		2.8	
	希望する1日の勤務時間	時間	4.8		4.2		5.5		5.4	
	希望する時給	円	987		900		1,107		1,037	
アルバイトに関する意識	目的 1位	%	外食・ふだんの小遣いのため	78.3	外食・ふだんの小遣いのため	85.3	外食・ふだんの小遣いのため	76.0	外食・ふだんの小遣いのため	84.5
	目的 2位	%	高額な商品やファッションのため	49.3	社会勉強のため	61.8	社会勉強のため	54.3	旅行・レジャーの資金づくり	62.6
	目的 3位	%	社会勉強のため	30.4	高額な商品やファッションのため	45.6	旅行・レジャーの資金づくり	42.3	社会勉強のため	62.6
	プラスになる点 1位	%	お金の大切さがわかる	81.2	お金の大切さがわかる	86.8	お金の大切さがわかる	72.6	お金の大切さがわかる	81.9
	プラスになる点 2位	%	自分と違う年代の友人ができる	50.7	自分と違う年代の友人ができる	75.0	責任感が生れる・養える	57.7	責任感が生れる・養える	66.5
	プラスになる点 3位	%	責任感が生れる・養える	46.4	責任感が生れる・養える	73.5	外向的・社交的になる	57.2	自分と違う年代の友人ができる	61.3

株式会社　学生援護会　調査2001年5月

学校としてアルバイトを許可する場合は，親の同意をとること，できるならば，働く場所へ教師が直接行き，学校も承知しているということを雇用者に知ってもらうのがよい。

中学，高校生のアルバイトの状況についての調査によれば，最近の夫婦共働きの増加から，アルバイト生徒の数は増加していない傾向である。親（保護者）は子どもに勉強をしてもらって，上級学校に進学してほしいので，金銭の心配をしないで勉強を，という傾向が強まりつつあるといえる。

3 進路選択にあたって

❶ ある公立校の調査（LHRでの調査（2学年）50名）

「進路選択にあたっての態度」について，
　⑴高い目標に向かって頑張る──男子21.9％，女子19.2％
　⑵就職に有利な条件，または時代や景気の動向をみて考える──男子11.2％，女子5.3％
　⑶自分の適性を第一に考え，好きなコースを選ぶ──男子51.1％，女子63.0％
　⑷自分の学力を考えて選ぶ──男子10.1％，女子9.7％
　⑸その他──男子3.9％，女子3.9％
となっている。*

＊監修堀秀彦・山本肇『進路をどう決めるか』大和書房，1968年初版。玉井美知子「進路の悩みをどう解決するか」。

これからでもわかるように，男女ともに自分の適性を第一に考えている。どちらかというと，男子は⑵の"就職に有利な条件や時代や景気"に目を向けており，「就職は自立への気がまえ」としている。進路選択もその点が女子より強く働いていることがわかる。

また，進路についての相談相手は，女子は母親と答えているものが48.0％，男子は19.1％と男女では大きな差がみられる。父親には男子14.0％，女子は4.0％で父親よりは母親へ相談をするということがわかる。このことを三者面談を通して教師は母親には娘の適性について助言できるようによく話し合って自分の事例などをあげて，伝えておくとよい。

高校時代の進路選択はなんらかのかたちで一生を左右することが多いと考えて真剣に取り組んでいる。それに応えるために，親も子どもの適性調査や

第12章 社会・学校生活における役割の自覚と責任

＊大学入試センター試験
1979(昭和54)年から実施。

検査をとおして客観的に理解し，学力を評価することができるようなHR担任の助言や大学入試センター＊などの結果を正しく解釈することが必要である。このことは，国公立，私立大学への進学校を決定する大切な要素となる。

最近は将来のことを考えて，現在は苦しいけれどもなんとかがんばって勉強して，大学受験をしようという生徒がやや減少し，資格取得のため専門学校志望が増加の傾向がみられる。

初めは進学を志していても，途中でやめてしまうものもいる。また，推薦入学ができる学校を希望する傾向がしだいに多くなり，推薦の枠こそが生徒たちにとっての大きな問題となっている。直接受験をする能力があるのに，より安易な方向へ向かう傾向が全体的にみられる。

推薦入学をしたあとは，2年間短大で楽しく過ごし，その後は有名企業へ入社して，そこで恋愛結婚するのが理想という人も多くなった。

学校から推薦されて就職試験を受けるもののために，3年1学期から学校でも特訓を行なう。髪形・服装・言葉遣いに気をつけ，新聞を読んで一般常識を身につけ，インターネットやハローワークで求人票を調べ，面接試験の練習をし，作文指導を受ける。さらに毎日，遅刻・欠席のないようにするなど緊張の連続である。また，成績は1～3年までに「単位取得不可」があっては「推薦は不可」になるので，学校では1年生からそのことを伝える。そのため縁故で会社に採用してもらうとか，アルバイトから喫茶店やデパートなどに就職を希望する生徒たちが増加している学校もある。

高校卒業と同時に資格取得をするためのコースもあるので調査をして計画してみるとよい。

2 就職か進学かの前に考えたいこと

① 実社会を知る

学校から職場へ，高校生から社会人への変身は，なんでもないようでいて，実際はかなり神経をつかう。ことに女子の場合，高校時代は男女の差別がほとんどなく，のびのびと実力を発揮してきただけに，職場へ入って知る差別はショックでさえある。

実社会では，男女ともにきちんとした言動が要求されるし，会社で年齢も立場もちがうさまざまな人と接し，どんな場面ででもたじろがないためには，それなりの心がまえと基本的なマナーを身につけておくことが必要である。

しかし，せっかく就職しても，初めから結婚するまでの2，3年ときめているような女子も多くいる。「張り切って就職してもつまらない仕事ばかりやらされるのでやめる」というような人もいる。このようなことが，女性が女性の足をひっぱる原因にもなっているようである。
　② 現在の自分を知り人生コースをつくる
　人生コースの中で高校時代はどのような意味を持っているのだろうか。高校に入学してからは親は家庭の問題について相談相手にしてくれるようになったと班日誌に書いている生徒の数が増えている。自分自身で解決し結論を出すことが多くなってきた証なのだろう。高校時代は自立して生活を営む準備期間である。そのためのこれからの生き方の選択肢を自分の意志と責任で決定する時期である。また個性を作っていく時期でもある。自分の可能性を探りながら職業を選択することが大切である。
　③ 職業を選ぶための計画
　(1)準備―情報の収集・選択，(2)目標設定，(3)立案―期間・内容の決定―生活設計表の作成，(4)計画の実施，(5)評価反省。
　上記のコースは一例で職業の体験学習を計画し実施する。職業生活は経済的な自立手段である。職種や労働条件，資格が必要なものは，何時どのように取得するかを調べておく事が必要である。
　地域社会の繋がりについて，NGOやボランティア活動などについてどのように理解しているか，活動を通じたボランティアの成長・自己形成ということに注目しLHR活動のなかで具体的に調べて話し合ってみることが大切である。

3　男女共同参画社会*の中で

＊男女共同参画社会基本法
1999(平成11)年6月15日成立。

　専門職の資格をとることもふえている。大学に通いながら，時間をうまくやり繰りして専門学校へも通う学生もいる。スタイリストの夜間学校とかモードセミナー，高度のインターネットの利用の修得や英会話などコピーライターの養成学校などに行き，また，パートで保育をやり通信教育を受け保育士の資格をとり卒業後，そうした方面に就職をする人もいる。
　女性が会社に定着＊しないのは，もちろん当の本人の甘えもあるが，職場の男性の女性観も影響している。いわゆる近代的な会社が日本に登場してから100年はたつのに，まだまだ女性を特別視している（いわゆる差別をしてい

第12章 社会・学校生活における役割の自覚と責任

る）。

性差心理学では，男女は筋力・腕力や性器のちがい以外には性差がないということがいわれている。女性はこういう仕事には向かないとか，男性より能力が劣っているとかということは全くない。あるとすれば，それは男性側の思い込みといえよう。また，女性自身もそう思い込んでいることが多い。

男性は「女はすぐ仕事を辞めるので本格的戦力としては使えない，教育や訓練をしてもしようがない」と言い，女性は「何年いても補助的な仕事しかさせてもらえず，トレーニングの機会も与えられない。だから，つまらないからやめるのだ」と言う。

女性の能力開発についての調査では，「就職を希望する女子学生たちに，これから仕事とどうかかわって生きていくのか，という人生設計がまるでない」というきびしい指摘があった。人生設計がはっきりしてないから，結婚とか出産とかのライフサイクルの節目ごとに退くか仕事を続けるか，迷いに迷うわけである。自分自身のための一生のシナリオをどう書くかが女性には求められると思う。

＊女性の社会進出
1963年，15歳以上の女性労働参加人口は52.0%，2001年，49.2%，時系列的には1965年で22.3%，2001年，38.6%。フルタイムで働く女性の賃金は男性に比べて低い。『朝日現代用語知恵蔵』2003年版。

4 結婚・出産は男性と無関係ではない

妊娠・出産は一方的に「女の問題」とされているということがある。妊娠中の女性，子育て中の女性に対する職場での偏見もある。

職場で働く女性の必須の条件としては，体力・魅力・能力・気力の4つがあげられる。

女性側も会社が育ててくれるなどという依存的な態度ではなく，自分の能力を自分で育て，悩みもあるが充実しつつ，自立していくことが必要である。

企業の活力になり得る女性について，先輩や母や父とときには十分に話し合ってみよう。

現在社会の不況によりリストラ＊などやフリーター＊が増え，能力開発・職場開発が遅れていることに留意したい。

＊リストラ（restructure）
企業基盤の再構築・再編のこと。
人員削減を図りながら，中途採用などで必要な人材を採用する。
＊フリーター（freeter）
学校に在籍せず，定職につかず，臨時的，パートタイム的に仕事に従事している者。

5 ボランティア活動

2002年7月，教育基本法を見直している中央教育審議会は，児童，生徒のボランティア活動＊について，授業や課外活動の一環として行なうことを求めると文部科学省に答申した。

*ボランティア活動
イギリスの中世ボランタリー・スクール（Voluntary School）と呼ばれる貴族有志による「慈善学校」に由来している。1995年教員免許法改訂の際，教員を志す者のボランティア活動への積極的参加が望まれるとされた。

「高校や大学の単位でボランティア活動を認定し，その活動を入試などの評価対象とする，というものである。小・中・高校では，ボランティア活動を自治体のヤングボランティア・パスポートに記録，公共施設などの入場料割引などの特典を付ける。大学ではボランティア活動をしやすいよう休学制度を整備し，行政や企業は採用の際にその経験を重視するよう求めた」（『朝日現代用語　知恵蔵』2003年）。

HR活動においても夏期・冬期の休暇を活用して地域の保育所や施設，高齢者の施設へ計画的に手続きを取って，働きながら学ぶボランティア活動をしてみるとよい。

HR活動展開実践例

題目	学校主題	進路の選択	月　日
	HR主題	私の進路——あなたは何にむいている——	所要時間 50分

1. テーマのねらい
　高校1年の終わりから，将来の進路ということが問題になってきて，それが学校での教科の選択にも現われてくる。ここでは，各自の進路をきめる場合の総合的判断をすることが大切である。また，家庭での職業や親（保護者）の希望なども知り，自分だけの独断的な考えを持たぬようにさせる。

2. 事前準備
　(1)各自の進路を話し合うきっかけとして友人の観察や評価を資料にする。"あなたは○○になれる，"という方法で，Xは宛名の友だちへの手紙を書く。宛名の人はXからもらった手紙の返事を書く。それを発表する準備をする。(2)司会，HR運営委員2名。(3)展開形式　全体話し合い。

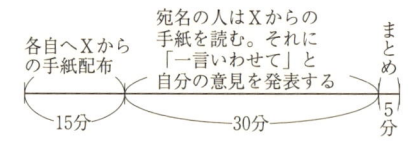

3. HRの展開の方法
　　各自へXからの手紙配布（15分）／宛名の人はXからの手紙を読む。それに「一言いわせて」と自分の意見を発表する（30分）／まとめ（5分）

　（私の進路）司会・"Xからの手紙"の返事に"一言いわせて"ということを書いてあるはずですので，それも読んで下さい。今日は1班から順におねがいします。

4. 指導上の留意点
　(1)職業の社会的意義を自覚し，社会的責任をになうように指導したい。(2)職業に誇りを感じて努力するようになるには，どういう心がけが必要かを考える。(3)職業にはそれを通して社会的な役割を果たす面とそれを通して個性を伸ばし人格の完成をはかるということ，生計をたて，個人生活を豊かにする面のあることを指導したい。
　専門の職業に必要な免許・資格を調べて生徒に発表させよう。

第12章　社会・学校生活における役割の自覚と責任

あなたは何にむいている──Xからの手紙

名　　前	あなたはこの職業にむいている	本人からも一言いわせて！
遠藤陽子さん	貴女はＯＬにむいていると思います。言っちゃ悪いけど，貴女って平凡な感じがします。だからタレントとか実業家にはむいてないと思います。私の考えでは，早く結婚して良い家庭を持つことが貴女にとっても有利じゃないかしら。貴女の思っている希望とちがっていたらごめんなさい。	私もあまり特別な事をしたいとか，向いているとか思いません。希望がないようですがＯＬがいいと今のところ思っています。
大塚正行君	あなたは金銭を扱う職業にむいている（例・銀行マン）。その訳は，あなたは今，会計委員をやっているのをみて，私はあなたが金銭方面で信頼できる人だと思った。金銭の事に大変几帳面だと思われる。その方面の才能を伸ばしたらどうか。	僕はあまり金銭を扱うことは好きではない。
高橋信子さん	あなたは保険の外交員がいいです。その理由は，保険の外交員は，あなたの気の強いところを利用してです。その他は，もうすこし気を強くして，借金取りなどいいでしょう。	小さい時は美容師になりたかった。いまでもそう思うが，ある面ではいやだ。ＯＬでも大いに青春が楽しめる。だからＯＬもいい。
臼井恵美さん	看護師*がよいと思う。理由は静かである，そして清潔な感じがする。また責任感があると思う。けが人や病人などの面倒を見てなぐさめてやれると思う。	看護師というのは私は好きでないので思っていなかった。私の希望はドレッサーか，商業デザイナー。
秋田信也殿	政治家や貿易商などもいいと思うが，やはりサラリーマンがいいと思う。理由は別にないが，あなたの身体からいってもサラリーマンのタイプです。	そうなりたいと思うこともあるが，一生一代のことをやりたいと思う。
田辺和子さん	あなたは外交官に向いています。その理由は，1．見た感じがキリッとしていてうけがよいと思う。（しかし反面かたい感じにみられることもある）2．いつも冷静であるように思われる。3．自分の考えがはっきりいえる。4．相手をも尊重している。5．話題が豊富である人と思われる。以上のようなことで，私はあなたにこの職業をすすめたいと思います。	私は事務のような単調な仕事は好きではありません。以前は雑誌記者になりたいと思ったこともありましたが，外交官は私の理想の職業です。その理由は外国へ行く可能性があるからです。でもあなたのいうように立派な性格ではないので無理のようです。
麦井　秀君	僕は麦井君は医者になるのが良いと思う。その理由として，いつもにこにこしておとなしく，あまり目立たないが，いざという時には落ち着いて確実にやると思うから。カエルの解剖のときでも落ち着き真剣にやっている。手もともあぶなげなく，しかも正確にやっている。だから医者になったら成功すると思う。	私は医者よりも機械をいじる方が好きだから，その方面へいきたい。だから医者みたいな責任の重い職業はむりと思う。
渡仲信夫様	君は学校の先生にむいていると思う。なぜならば，いつもにこにこして，人に好かれるタイプだから。	まだよく僕をしらないから，こういう結果がでてきたのだろう。

氏名	友人からの意見	本人の応答
阿部哲也殿	あなたは警察官にむいている（と私は思う）。その理由は，責任感や正義感がわりと強いようだし，この学校の中では礼儀もよくわきまえている方だから。それに，何となく，感じがそのような感じだから向いていると思う。（もっとよく観察したらこの感じも違ってくるかもしれないが）	あなたは私をよく観察していると思う。ただ，私は警察官よりも裁判官になりたいのです。父の職業ですから。
丁　自元君	サラリーマン。別に特別な意味は持っていない。	僕はそのような職業をこれっぽちも考えたことはない。それに僕のなりたいのはそんな平凡なものではない。
関真理子さん	君は女子の中では活発な方だね。僕もおしゃべりなので君みたいな性格の人は好きだよ！　一口に『君に適した職業』といっても決めにくいけど，まあ第一としてどっかの小料理屋のおかみさんというところか。それからデパートや店の販売員なんかどうです。君なら，いいところまでやっていけると思います。	私としては，小料理屋のおかみさんもデパートの店員もやりたいとは思いません。ワープロやインターネットか何かを習ってたぶん平凡なＯＬになりそうです。
安藤尚吉君	君はサラリーマンに適していると思う。理由は，君は交際上手で気長だと思う。君はつりが好きですね。つりが好きな人は僕の思うには気長だと思う。安藤君は会社の経営が好きではありませんか？　好きだったらやったらどうですか？　成功すると僕は思う。追伸　技術者になってもよい。	サラリーマンはどうもだめ。朝のラッシュなんかにもうあいたくない。資本があったら会社の経営がしたい。技術者は鈍感で不機嫌だから駄目。
中村敏子さん	ＯＬに向いていると思う。（事務方面）理由は真面目で几帳面で事務的であるからです。	たった少ししか書いてなくて少し失礼です。私の性質をよく知らないようですね。事務にはむいてないと思います。自分の将来はわかりませんが，看護師か先生になりたいと思います。
国分光代さん	あなたは婦人記者にむいていると思う。理由は何事もテキパキと処理するので普通のＯＬではつまらないと思いますから。	私はちょっと鈍感であるように思うので，もしやったとしてもつまらないような気がします。でもあなたにいわれてみてなりたいとも思います。
林美枝子さん	あなたはＯＬになれます。その理由は，見た所几帳面だから。字が上手だから友だちとの付き合いが良さそう。	私はＯＬというのは好きでない。私としては何か奇妙なことをやりたいのです。字はへたな方です。
永棟みつ子さん	医者になってはいかが。理由は，生物とか化学とかが好きなようですので。何か一つの事に熱を入れてやったら良いのではないですか。あなたの医者の姿が目に浮かぶようです。	私が医者にむいているとは思いませんでした。自分では注射を見るのもいやなので，でも案外いいかもしれません。ご忠告ありがとう。

＊看護婦は2002年3月より看護師に変更。現在の使用されている用語に改めた。

第13章 男女相互の理解と協力

1 男女の高校生の友情はどうあればよいか

　高校生としての男女の交際のあり方やルールについて十分に話し合いを持ち行動ルールをつくるということは大切である。そのことについては，1年時代にその基本的な考え方を話し合い，2・3年時代には，行動のルールやその存在理由を話し合いまとめたものを LHR で発表しようと思う。

　戦後の高校で共学がはじまったころ男女間の風紀が乱れるのではないかと心配されたが，それは杞憂にすぎなかったようだ。今日，高校生の共学について，男女の問題を心配する人は少なくなった。しかし，欧米の高校生や大学生の自由な男女交際の話をきいて，日本でももっと自由な交際をしてもよいのではないかと思い，それを望む人が出てきたことも事実である。

　しかし，どこの国でも未成年の男女に自由な交際のゆるされているところはない。青年には将来の発展のため，思慮と責任能力と多くの勉学や訓練が必要である。同時に未成年として，おとなの保護が必要である。

　青年男女の心理的，生理的発達には家庭のしつけや社会の制約と，女性に対する尊敬と礼儀などが守られなかったら男女の交際は有害なものとなるばかりか，危険な未知数をかかえているような結果となろう。

　アメリカのデートには未成年にきびしい制約がある。決して野放図な交際をさせているのではない。

　男女の交際は，受験のタブーとされている。受験生活のきびしさを思えば，こういう警告と自制も意味がある。また，1対1の交際が事実上ふえているが，学校によってはタブーとされているところもある。それは地域社会の現実に立脚した知恵であって，一概に軽視してはならないといいたい。

資料1　男女間の友情──男女交際のプラスとマイナス　HR活動展開実践例

題目	学校主題	男 女 間 の 友 情	月　　日
	HR主題	男女交際のプラスとマイナス	所要時間 50分

1. テーマのねらい

　男女の交際が，共学校では自然にできるということは1対1の特別な関係ではなく，誰とも自由に集団の一員と話し合い，共に集団のために仕事をする協力の中にあるからである。しかし1対1の交際の場合はどのような点がプラスであり，マイナスはどういうところにあるかを論じ，問題点を出し合って論じ合い，男女交際をしたい。

2. 事前準備　(1)男女の交際が高校生活にプラスかマイナスか。1対1の交友関係，グループの交際などについて話し合うため，意見のある生徒をあらかじめパネラーとして出しておく。(2)司会者　HR運営委員　(3)形式　討論会，または，パネルディスカッション

3. 男女の交際の録音

　「男女の交際について，一部の人のことだけを見て悪いというが，私たちはみんな明るく交際していると思う。」男女交際の例について彼らは話す。

　「山へ男子3人・女子3人と行った。共学の高校であるが学年はちがう。それ以来自然に1対1の交際に入った。それから親に紹介し，先生に話をしてみとめてもらうようにした。周囲の友だちからは，学年がちがうので，なまいきだといわんばかりに悪口を言われた。男性同士は割合援助してくれた。」

　なぜ交際するかについては「同性同士ではなかなかきけない忠告がきけるので，よい反省ができる，男子は女子に話すことによって，さっぱりする。不安になることは，友だちとか兄さんのような気持ちから，他の感情が入るときである。友情が育つかどうかの別れ目に立つ不安がある。また男女交際は楽しいからする。結婚の相手はまた別で親しくしていても結婚するとは限らない。」というのである。

　男女の交際は，特定の交際を長くつづけないようにすすめる。アメリカではミキサーのような先生がいてメンバーをかえてみる，それによって互いが幅ひろく理解される機会を持つのでよい。前例のように山へ男女数人で行くというのはよくない，監督なしで行ってはいけない，万一の事故，事件のことを配慮して，多くの人数で，リーダーのもとでの交際であることが望ましい。という助言がある。

4. HRの展開の方法

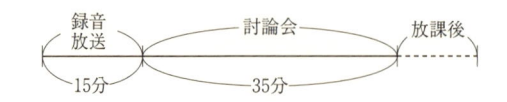

　　　　　　　　　　　録音放送 ─── 討論会 ─── 放課後
　　　　　　　　　　　　15分　　　　　35分

5. HRの経過

　　　　　　　　略

6. 指導上の留意点

(1)　男女の友情を，恋愛と混同したり，漫然とした性的関心や，他の不満のはけ口とすることは高校生にとって決してプラスにはならない。

(2)　各自の自覚と責任と周囲の理解で指導し，望ましい友情が育つようにしたい。

(3)　1年時代の討論は2年の基礎となり，3年時代へどのように育てていくか，その精神的発達を各自がふまえていけるように，教師からよい助言と指導を与えたい。互いに，交際のルールを具体的に考えさせていくようにするとよい。

2 男女交際はどうあればよいか

❶ 性体験

1） 性の処理方法

　地球は今人口増加の一途を辿っている。他方で滅びゆく生物も多い。人類は繁栄の頂点にあるのかもしれない。それは性の問題を抜きにしては語れないであろうし，今こそ性について真剣に考えるときであろう。

　現実的な課題は男女が性に目覚める時期にどのように正しく性体験を処理していくか，である。動物は自然の環境の中では，本能の命じるままに性体験をするが，人間の社会ではそんなに簡単ではない。性衝動を理性で抑えることもできるかわりに，性行為を快楽の手段や金儲けに利用したりしている。性に目覚める若者の側からすれば，情報過剰の世界の中で，特に性に関する報道から刺激をうけ，未熟のままに性体験をしてしまうことがある。そして性体験の低年齢化現象が起こる。性体験自身が悪いという結論でなく，そこに至るまでの経路の中に不純なもの，非合法的なものがある，ということが問題なのである。

　若い男女が誤った考え方で性体験をしないように親も教師も，また社会一般の人も真面目にその対策を考えることである。

2） 性体験を話し合う

　家庭において親と子が性体験について語り合うことは，日本では特に不可能に近い。それが性教育のむずかしさを示すものであるが，では，家庭には語り合うチャンスがないのであろうか，というなら，決してそうではないといえるのである。氾濫する性に関する情報が新聞やテレビで茶の間に流れ込んだとき，親はその具体的事実の内容について，良いか悪いかについて論じ合うことは不可能ではない。親の見解が正しいとか，子どもの方が正しいとかではなく，その語り合いにより，相手の考え方を知ることができて，それが，その後の子どもの行動を制禦することになるからである。性体験という範疇にはほとんどすべての性の問題が含まれてしまう。学校でこの問題を取り扱うには抽象論から入るか具体例から入るかに迷うことが多い。現場の教

師としては，性体験を話し合う自然な機会を捉えるように心掛け，新聞やテレビなどのニュースがあれば，その機会に資料として，利用して生徒と話し合うのが一番効果的であるようである。

2 避 妊

　男と女は，成人となり，ある出会いが縁となって，性交関係を持ち，家庭生活を築くという通常の経路を辿る。それが人の通常の一生である。人間社会は複雑かつ高レベルで，夫婦生活の中でも本能のままに子どもを産んで育てるのではなく産児制限（バースコントロール）もする。人間にとっては，子どもを産むという行為と，育てるという責任感が別である場合が珍しくない。それはむしろ他の動物の方が合理的で優れているように思える。したがってそこには避妊は行なわれない。人間が避妊をするのは本能の命令によるのではなく，理性によるといえよう。避妊は世界中で論議の中心となっている。避妊の方法はいろいろある。避妊薬の使用，コンドームの使用，女性の身体の不避期間を知る法，その他医学的に見てどうであろうかと危ぶまれる方法などがあるが，専門的知識のある者でない限り安全に行なうことはできない。避妊に失敗すれば，出産するかまたは堕胎である。10代の若者が性交渉の結果，このうちのどちらかの立場に立たされたらどうであろうか。そこに避妊の社会的責任問題があるのである。中学，高校の女生徒の中にも避妊の方法を知りたいと思っている者もいる。しかしそれを親にも教師にも質問することができない。やむを得ず，書物や雑誌を通して，あるいは，占いに頼ったりする例もある。避妊は女性だけの問題ではないが，10代の男性が避妊にまで責任をもって性行為をすることはまず考えられない。そこで最終的には女性だけの問題となってしまう。

　現在の世相で男女の関係は法律や規則で縛ることはできない。しかし，最近はDV*，ストーカー*などで苦悩する人のための法律ができている。それらを含めて避妊の知識は学校教育の中でも計画的，継続的に教えておきたいと思うのである。その際養護教諭やスクールカウンセラーの助言と指導が必要である。

＊DV（Domestic Violence＝家庭内暴力）夫や恋人から受ける暴力のこと。
＊ストーカー（stalker）相手の意思を無視し追いかけ，恋愛感情を求めたり，あるいは金銭面でも不法な形で執拗に追いかける人。

3 愛と性

1 愛とはなにか

　人間以外の動物の心情を知ることはむずかしいけれども，人間がセックスを考えるときは，単純に性交渉だけを考えていないという点で他の動物とは異なると見てよい。単に物理的な性行為により瞬間的な欲求を満足して他のことは何も考えない人は，人として異常な人格失格者であると断定してよい。性交渉には相手があるという事実，自分も満足すると同時に相手も満足しなければならないという自然の摂理を意識的にしろ無意識的にしろ感覚的に捉えているのが，人間なのである。その意味で人間精神の中の「愛の存在」が人類をここまで繁栄に導いたことは否定できない。

　ここで愛とはなにかについて考えよう。

　(1)性愛，男女間の性交渉の過程で感情面に及ぶ行為に発展し恋愛と呼ぶ状態となる。

　(2)性を離れた個人個人の感情で相手に対して尊敬，いたわりの情，たとえば，親と子，兄弟姉妹の間のいたわりの心情，親友の間に存在する信頼関係をもたらす心情。

　(3)国を愛する，郷土を愛する，正義を愛する等々，人間精神の高度な部分が受け持つ感情。

　以上は愛の中でも人類を繁栄と向上に導いた部分であるが，愛の範疇にも社会に害毒を流すものがないわけではない。溺愛，偏愛，セクシャルハラスメント*等々，細分すればその数は多い。「可愛さ余って憎さ100倍」などといわれるものは，愛の二重性といわれる。愛と憎しみは紙一重であり，人間社会の悲劇をもたらす代表的なものである。

　親，またはそれに相当するおとなの愛が偏るとき，その子どもに与える影響は計りしれない。

　また，愛に飢えた青少年の群が社会の中でさまざまな犯罪をおかす例も見逃すことができない。

＊セクシャルハラスメント(sexual harassment)
性的いやがらせ，虐待。

2 性教育の必要性

　　恋愛，それはほぼ同年輩の異性間の愛に代表される。そこには性の自覚があり，喜び，悲しみという感情の起伏も大きい。恋愛はその意味では不安定な愛である。
　　家庭生活においては，愛について語り合う機会は，日本の現状では，非常に少ない。それが学校教育の現場における教師が，愛の問題について話し合うことの困難さにつながってきている。しかし，性行動などについては，特に担任の教師や養護教諭などによる客観的な指導が必要である。また，その情報を家庭へ伝えて連携をとることが望ましい。
　　一般におとなは，新聞，雑誌，テレビ，ラジオなどでの若者の性の問題を他人事と見ている傾向があるが，積極的に青少年の性と愛の問題に取り組むべきであろう。高校生自身はどう考えているであろうか。

3 性犯罪

　　若者の性および性犯罪に関する書物は書店に溢れている。大抵の場合，おとなから見た青少年の性に絡んだ犯罪について述べられていて，青少年の側に立ってそれを考える立場のものは多くない。
　　青少年自身は性犯罪についてどう考えているか。
　　まず，青少年は，自身の性は自分の専有物で，それをどう使おうと他人の指図はうけない，という考えを持っている。男女同権の立場から特に女性は性の開放について男性より進歩的であるかもしれない。その考えが10代の青少年に広がって，大胆な性行動に走る。その際，未成年に関する法律を知り，さらに一般のおとなとともに守らなければならない法律，なかでも売春防止*の問題について知っておく必要があるが，それを自覚して行動している青少年はまずない。
　　若者の性に関する認識を次のように類別している。
　　(1)自分の性知識についての判断について　　自分の性知識は他人より劣っていると感じているのが女子，同程度だと感じているのが男子。
　　(2)性知識に関するニーズについて　　女子の方が男子より性知識をより多く欲しいと思っている。
　　(3)性の悩み，不安について　　女子の方が，男子よりも悩みの程度が高い。

*「売春」のことを「援交」，援助交際という傾向が広がった。

第13章　男女相互の理解と協力

(4)フリーセックスに対する態度について　フリーセックスには反対するという点で女子は男子より高率である。

以上，一般のおとなの常識的な考え方と大体一致しているが，フリーセックス反対が女子に意外と多いのは，セックスに対する好奇心と，実際行動に対する妊娠の不安との対立矛盾があるからだ，と結論されよう。

性犯罪の第一は少女による売春行為である。

売春は最も効率の良いアルバイト，しかも考え方によっては自分も楽しめる。だが，その後にくるものの恐ろしさ*については案外無頓着である。そこに女性（女子）を未然に救わねばならないおとなの責任がある。

男性（男子）の場合は，その若さからくる性的内部衝動により暴行，強姦等の行為に出ることがある。彼等も行動のあとで性交による性病の感染や相手の女性への責任を果たす重さに後悔する。ここにも性欲抑制について，おとな*の指導の必要性が不可欠であることがわかる。

性犯罪と集団暴力とが合体すると，たとえば輪姦などに発展し，最終的には殺人行為となる場合もある。

人間の社会から犯罪を絶滅させることは不可能であろう。その犯罪の中では，性に関するもののパーセントが大きい。加えて，最近の傾向は性犯罪の低年齢化，性犯罪の残虐化現象がある。

性犯罪は通常変態性欲者の異常な行為の結果であることが多い。

性犯罪を教育的見地から分類すると，(1)売春，(2)強姦，(3)殺人，(4)性の異常刺激によるもの（万引き，盗み，その他）などとなる。

(1)売春については，少女の売春行為，これはいうまでもなく，お金を得る最も簡単で効率のよいアルバイトである。が，それは当然犯罪行為である。売春行為にはその相手となるおとなが存在するので，それを未然に防止することはおとなの側の責任である。その意味では，売春防止は，親や教師にとって非常にむずかしい問題なのである。

(2)強姦については，性的異常者によるものと，正常であるが，そのときの情況の下で，たとえば会合において大酒を呑み自制心がなくなり強姦するといった例がある。

前者については青少年の側からは効果的な防禦（ぎょ）法はないといっても過言ではない。後者についてはそのような興奮状態にある集団や個人から，遠ざかることが最良の方法である。

＊妊娠・性交渉感染症・エイズなど。

＊おとなとは，親・教師・養護教諭・スクールカウンセラー・医師。

一方,そうした興奮状態に陥る危険が本人にあるとき,事前に反省,自制をすることが肝要である。その自制をすることができるかどうかは,本人の平素の心掛けの問題に大いに関係するし,そこに親や教師の指導の余地があるのである。専門の医師に相談する手がかりをつけ,早期防止ができるようにする。

(3)殺人については,(2)にも関係するが暴力的に性行為を行なうとき抵抗をうけてやむを得ず殺人行為に出るという場合,あるいは陰湿な例として,相手に対する愛の感情がこじれてしまって相手を殺そうと思う場合,などである。

(4)性の異常刺激については,女性の場合が多く,生理現象に異常がある場合,一時的に精神の異常が起こる。この場合,犯行後自分がどうしてそのような行動をしたのかわからないという例がみられる。

4 セクシャルハラスメント

性犯罪ではさらに次のような事例が多発しているという事実を看過してはならない。これは正常な人間同士の間に生じるトラブルである。事例的に述べよう。

満員電車の中で,女性の性器に手を触れる例,一応面識はあるが,相手の同意を得ぬまま性行為をしようとして反抗され,暴力的に相手に傷害を加える例,などがある。

さらに最近問題となっていることに,いわゆるセクハラがある。日本においてこの問題に関する事件は表面に現われたところでは少数である。が,男女同権の女性による自覚が年とともに強くなってきている現状では裁判に訴えるほど,この種の事件は多発するであろうと思われる。

性犯罪の特徴は後遺症がともなうことである。妊娠,性病,エイズ*などその代表的なものであり,女性がその後の人生を台無しにしてしまうばかりでなく妊娠したとき胎児へのエイズ感染も珍しくない。

これらのことが起きたときは,恐れたり恥ずかしがったりしないで,家族,HR担任,養護教諭,専門の病院の医師,警察等へ相談するように,LHRでこのような問題を新聞やテレビ雑誌などから事例をとりあげて話し合うことが望まれる。

*エイズ(AIDS)とは後天性免疫不全症候群の症状を示す病気をいう。英語では Acquired Immunodeficiency Syndrome。

エイズにかかると身体内で白血球がエイズウイルスによって喰い滅ぼされてしまい,人間にそなわった免疫力が失われてしまうので,このような症候を,AIDSという。

HIV(ヒト免疫不全ウイルス)2型,これを最近新型のエイズウイルスという。HIVはリンパ球を多量に含んでいる血液とか,精液によって感染する。腸管や膣,口腔などの表面を覆っている粘膜細胞に傷がある場合,そこにHIVを含んだ血液や精液がつくと,感染を起こすことになる。

第14章　親と子の問題を考える

1 家族*について考えよう

*家族
山根常男，玉井美知子，石川雅信編著『テキストブック家族関係学』ミネルヴァ書房，2006年参照。

　①　あなたの家族とは
　あなたの家族と聞かれたら，あなたは誰と答えるだろうか。家族とはどのようなものだろうか。
　家族は夫婦の関係を中心として親子やきょうだい関係を元に近親者によって構成されることが多く家庭生活とは家族が共に生活している。一般に家族は生活する場を持ち，私たちは家族の中で身体的に成長するだけでなく，家族同士が情緒的に結び付けられてゆく。家族の人間関係は家族の一人ひとりの生きがいや社会活動に大きく影響する。
　②　二つの家族
　私たちは多くの場合人生で二つの家族を経験する。ひとつは自分が生まれた時に所属している家族であり，私たちは親のつくった家族の中に生まれ，生活している。もうひとつは将来ともに生きる相手とめぐり会うことで，新たに独立して，自分で作り出していく家族である。青年期は独立する生活への準備の時期であるともいえる。
　③　親と子の問題を考える──家族の人間関係
　子どもの誕生により親子関係が生じ，夫と妻には親としての役割が生まれる。家庭で長い年月をかけて成長し青年期に入った子どもにとって親子関係は重要である。その中で相互の信頼や愛情や教育といった人間関係の基礎を学ぶことになる。
　④　きょうだいなどとの関係
　きょうだい関係は二人以上の子供同士の関係で，遊びや喧嘩や助け合いなどを経験しながら，人生や社会を生きるための人間関係を学んでいく。そのほか，祖父母との関係も加わり心配りや援助の技術も身につく体験学習ができることは思いもかけない人生の学びである。

⑤　家族の人間関係

円満な家族関係をつくるには，ほかの人間関係と同じように大切である。夫婦や親子は多く語り合わなくても分かり合えるとして人間関係を軽視しがちである。気持ちを言葉に出して話し合う重要性を青年期の一人ひとりに探究してほしい。

2　親と子の問題を考える

　　親と子の問題は血縁関係のなかで一番濃い繋がりを持っている。幼いころには，親というものが誰よりもえらく見えるものだが，成長するにつれて父母の行動を観察し批判するようになってくる。肉親としての本能的な愛情には変わりはないが，互いの意見の相違から親と子が対立する。特に青年期には，問題が多い。成人になるにつれお互いが理解し合って何とか親と子が折り合っていくようになる。

資料1　LHR活動展開実践記録

題目	学校主題	集団生活	月　　日
	HR主題	親子の問題を考える―1年B HR，PTA合同―	所要時間 70分

1. **テーマのねらい**　親子間に深い理解と愛情のあることをお互いにわかり合うために，親子のいい分を率直に取り上げてその理由や意味を考えてみる。PTAの会合には，この30分間の録音テープ（15分を2本）をきいてもらいHRでのまとめのプリントを渡して，親子で考えてもらう企画の資料にもする。
2. **事前準備**　(1) 4日前までに「親への希望，子へのねがい」を手紙形式で提出。(2) HR運営委員は分担してそれを読む。無記名でもよいので，親と子の手紙がよく合うように，特にみなに考えてもらうものを，各班1例ずつ分担できるように8班で8例をえらぶ。(3) 親と子のいい分を抽出してまとめをプリントすることに決定。(4) 録音テープを聴取する「親への希望・子へのねがい」30分間。(5) 形式，班別形式で，親の椅子を用意。班別に集まる。(6) 司会，HR担任。
3. **HR展開の方法**
　　親と子の手紙を4組よむ。
　　そのあとみなの意見を一言ずついってもらう。

　　　録音テープをPTA　　　生徒の　　　まとめ
　　　とともに聴取　　　　　手紙を読む
　　　　―30分―　　　　　―30分―　　―10分―
　　　HR員の手紙のまとめ
　　　プリント配布

4. **「親への希望，子へのねがい」**
(1)　親への希望　作文から
　　　"お母さんへ"（女子）

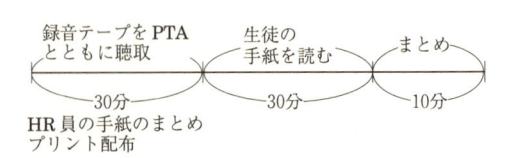

①自分自身を大切にして下さい。②子どもたちは必ず自分の愛にむくいてくれることを確信を持って下さい。③一日一日を楽しくすごして下さい。④苦しいことがあったら子どもに話して下さい。⑤交通事故に気をつけて下さい。⑥70歳まで生きて下さい。⑦疲れているでしょうが相談にのって下さい。⑧将来の希望を持って下さい。⑨母親のほこりをもって生きぬいて下さい。また別の生徒は，①若い人の気

持ちをわかって下さい。②夫婦げんかは人のいないところでやって下さい。③くどくいわないで下さい。④ボーイ・フレンドのことをいうと目を三角にするがやめて下さい。⑤お小遣いを値上げして下さい。
また次の男子は，①あまり期待をかけないで下さい。②自分の子が何を考え，悩んでいるかを考えてほしい。③父親に対して，母親がみにくいほど機嫌をとっているのはよくないと思う。
　①女の子だからというだけで，兄や他のきょうだいと比較しないで下さい。②口答えをするな，といったり，おとなと子どもの差を都合のよいときにすりかえるのはよくないと思う。
(2)　子へのねがい　父母の会での意見
父　親としての希望は，子どもに自分の過去をふませたくない。
母　お父さんのサラリーがあがらないのに世間が物価倍増だから，お小遣いを上げてくれというが，なかなかできない。
父　何でも子どもが努力と経験で，やり通せると思うから，あまり束縛しない。しかし親の甘さにたよりきって，小遣いなど要求するが計画的に使わなくて困る。
母　親はわかりがわるいというが，何かことを起こしては大変なので注意をする。いつまでもやはり子どもだと思っている。だから何でも相談してほしい。
母　最近の子は自分のことばかり考えて，目上を目上とも思わない。どうしても礼儀がおろそかになる。親をバカにすることがある。親の意見をきいた上で，考えてほしい。
母　女の子の親として男子にいいたいが，電話をかけるにも，もっとエチケットを持ってほしい。名前や用件をはっきり言ってほしい。偉い人にならなくてもいい，幸福な家庭，明るい家庭をつくってほしい。世間にめいわくをかけないように，もう少し意地をもって勉強にもはげんでほしい。

5. LHRの経過
　親の手紙と子の手紙を交互によむ，各班，親や子の立場で読みあげる。
司会　今読んだ手紙や録音テープで聞いたことなども考えて，僕たちは親子の人間関係をうまくするためにはどのように考えていったらいいだろうか。まず親への注文をだしてみよう。以下，討論をまとめると次のようである。
　小言は短かく要点だけにしてほしい／親は一つのことを廻りくどく言い，そのはてに自分の若いころの話をきかされる／話し合いの機会を持ってほしい／僕たちの気持ちを理解してほしい／禁止が多すぎる／子どもの意見を丁寧にきいてほしい／妹と兄の差をつけて，妹の私がいうことは頭から馬鹿にしているようだ／学校の帰りが遅いと，寄り道ではないかと心配する，信用されていないことに腹が立ち，反抗的な口答えをしてしまう／もっと子どものいい分を落ちついて聞いてほしい／親の身勝手をもっと反省してほしい／僕はカアさんのいうことは申し分ないと思う。以下略。

6. 指導上の留意点
　親子の問題は高1までの間になんでも話し合えるように，あるときには教師が生徒理解の上で親の子に対する態度，子が親に対する態度を観察し，どの点を個別に助言したらよいか，よい参考になる。ただし，表現が過大であったりすることがあるから，気がかりな点は個別面接，チャンス相談などの機会にただしておく。
　親に対して子として理解を深め，家族の一員としての子の責任や親の期待に応える心構えを考えさせるようにつとめる。

＊当時（昭和40年）平均寿命は女性72.9歳，男性67.7歳。平成13年は女性84.9歳，男性78.1歳　厚生労働省調べ。

3 自分の居場所——自分の城

　青年期になると自分の世界，自分の居場所を求めることが強くなる。この兆しは幼児期くらいから現われてくる。たとえばハンカチ一枚くらいでも，自分のものは他の人には使わせない。自分の物への執着が青年期には特に強くなる。そのようなことは誰にでもあるが自分探しの場所を親にも家族にも侵されたくないように，自分の居場所を確保したくなる。引き出しや部屋のドアに鍵をかけるのも，自分の心の居場所つまり，自分の城を守りたい気持ちの現われである。

■1 親の城・子の城

6月17日（晴）

今井文男

　友だちと大体7時間ぐらい野球をやった。わが青春に悔なし……。それに今日は僕の家の店が休みなので手伝いをしなくてもよい。静岡のおじさんは父と二人でどこかへ行った。ぼくのねる12時30分になっても父とおじさんは帰ってこなかった。わが家は狭い家に6人もつめているのできつくてしょうがない。それにこんなこと言うと，おこられるかも知れないが，僕たちには勉強机がないのです。だから勉強するときはデコラの店の机を使っている。父母はアパートを借りるというが，なかなか借りてくれない。

HR担任——今井君にとって，机がないのは不自由でしょう。また，家の人数と広さのこともなるほど困るとうなずけます。きっと姉さんも同じ悩みを持っていることでしょう。なかなかアパートを借りるのはむずかしいですよ。生活が2つに分かれるからです。2Bの友人で広い家の人がいたら間借りでもするとか，あるいは勉強だけでも図書室で落ちついてやれるといいですね。私もさがしてあげましょう。

6月28日（晴）

今井文男

第14章 親と子の問題を考える

　このところ，よく父と喧嘩する。けんかといっても口喧嘩なんだ。原因といっても，これということはないが，父は夜おそく酒を飲みにいく。それに父は誘われるとことわれないので，全くお酒に対する意志は弱い。それに筋の通らないことを言うので，僕がそれは間違っているよ，と言うと絶対に自分の意見が正しいと言うのだ。いい父だなと思ったのは今までに4分の1。あとは4分の3がいやな父だ。

HR担任──今井君の考えているお父さんの理想像と現実がくいちがっているんですね。おとなそして父，その人の意志が弱いことを発見し，そう感じた今井君の精神的成長が以前よりずっと立派になったからなのです。お父さんと，お酒をのまないときに，思っていることのいくつかを話し合ってみてはどうでしょう。お父さんも心の中で子どもに，すまないと思っているのではないかしら。また，私ともゆっくり話をしましょう。

　子どもの勉強机もないような家庭の親も高校だけは進学させる。子どもは結構がまんして，ミカン箱や食卓で勉強している。ところが，こんな例がある。S君という生徒，一見女性的で神経が細く頭はいい。HRでやった「親への手紙」に次のようなことが書いてあった。

　お母さんへおねがいします。僕は，女性ばかりの部屋に寝かされて（彼の家の職業は美容院で女性が住み込んでいる），勉強机だってその部屋の廊下の一部分だ。このごろは気が散って他人の目の中で僕はみつめられ通しだ。こんなことをお母さんに訴えたっていっこうに考えてはくれないが，僕が唯一のねがいの勉強部屋をつくってほしいということを聞いてもらいたい。お母さんはお店の都合で4畳半を一人で占領し，城をきづいて，踊りだ旅行だと楽しんでいる。そんなお金があるんだから，物干しでも何でもいいから改造して部屋をつくれるはずだ。僕でなくても女性たちの中に男性を置いておけばどうなるかは判るはずだ。世の中に，非行する子どもが出るのは，おとながあまりに勝手すぎて，子どもの気持ちが，どんな状態になっているかわからないからだと思う。僕はどんどん悪くなって，もっともっと親を困らしてやろうかと思うことが何度もあるんだ。

私はこの文を読んでまさか彼が，と思うと同時に激しい抗議の内容に驚いた。あのおだやかなS君のものとは思えない。早速，S君を呼び出して，私は家庭のこと，勉強部屋のことなどをきいてみた。S君は少しもかくすことなく今の現状を話し，何とか親に話してほしいという。家庭の事情，というが，母親一人で商売をしながら狭い土地に余裕なく軒を並べた繁華街の中ではどうにも建て増しようもない。「別に家を建てることもできない」という母親のなげきももっともで，母親の部屋を息子がほしいというが，母親は使用人（女子）たちと一緒に寝るということは，ちょっと急にはできないというのである。ところがいつの間にかS君は間借りをして勉強も大分はずみがでたが，しかしその部屋が悪い友だちにねらわれる溜り場になって問題が起きてしまった。
　「自分の城を持つ」という時期は人間の成長期にたいせつなことで，できれば小学校上級時代から勉強部屋（コーナー）を自分で管理するように訓練したい。一人で考え，読書したりするのもこのささやかな一隅（コーナー）から，生まれてくる。最低2畳あれば何とかなる。カーテン利用の区分も本箱でさえぎる方法もあろう。舞台装置のアイデアを生かすのも面白い。ツイタテ式のものがあれば自由に，勉強中だけでも区切りがつけられる。おとなの世界はこの場合，犠牲にしても子どものために努力したいものである。

2　親から一言

1）　親の手紙を各班で分類

Q1　司会　最近の高校生でよいと思う点は。
　(1)自分の思ったことははっきり言う。
　(2)物の考え方が自分を中心に，人に左右されないようなところが，自主的でよい。
　(3)考え方が合理的である。
　(4)因習，古い観念にとらわれない。
　(5)物ごとを明るく，こだわらずにみる。
　(6)適応が早くなってきた。
　(7)体格はすばらしくよくなってきた。
　(8)友だちと仲良く交際するのが上手になった。
　(9)男女の交際も伸びのびとできるようだ。

(10)グループの交際も上手になり，その力を余暇の善用や，社会奉仕に使うようになった。

(11)アルバイトなどで，父母の経済的な面で援助ができるようになった。

Q2　司会　悪いと思う点は。

(1)目上に対する言葉や態度ができていないことが目立つ。挨拶すら満足にできないし，おじぎなども下手である。言葉づかいも悪い。

(2)理屈や文句が多く，反抗的な態度に出る。

(3)自己本位で，権利は主張するが責任感がうすく，義務を果たさないことが多い。

(4)善悪を考えるより，スグ頭にきて行動する。

(5)根気が乏しい，忍耐強く辛抱するところが少ない，理屈を並べて実行力が乏しい。

(6)公衆道徳観念がうすい。電車内でのばかさわぎや，流行の変な服装などでまわりの雰囲気を乱したり，海・山で風紀を乱すなど。

(7)交通違反を平気でする。(スピード，無免許のバイクなど)

(8)友人間で，言葉づかいが特に悪いのが目立つ。

(9)おとなへの背のびをしたがる。テレビ，映画等の影響で，喫煙，飲酒をする。

(10)勉強をすることを嫌う。努力，向上心がないのではないか。

(11)家事の手伝い，用事を気持ちよくしない。

(12)友人などのいうことには重きをおき，親などの話は二の次である。

(13)奉仕の観念がなく計算づくである。

(14)感謝の気持ちが乏しい。

(15)悪い友だちとよい友だちと見さかいなく仲良くつき合い，うまくおよぎまわることが上手になる反面，本当の友だちの友情を知らない。

(16)素直なところが少なく，反抗的態度をとる，特に異性との交際ではその面の注意をきかない。

以上が親から出たものである。

2）　高校生の子どもがどう在ったら望ましいか，親の意見

要約すると，次のようである。

(1)善悪のけじめを考えて，正直で明朗で責任感のある人になってほしい。
(2)両親，きょうだいと話すとき，相手の立場も考えて反抗的にならずに人のいうことにも耳を傾けてほしい。
(3)自主的にするのはよいが，自分本位で親に相談もせず勝手な行動をしない（すきなものを買いたいため，親に相談せずアルバイトをして勝手に買ってきた例がでる）。
(4)行動に責任を持って社会に役立つ志を持ってほしい。
(5)礼儀正しく目上には態度で敬愛を表現し，また親を信頼してほしい。
(6)なんでも話してほしい。
(7)物を大切に，消費が主になってはいけないと思う。
(8)辛抱強い人，義務に忠実に，法を守る人になってほしい。
(9)男女の交友関係は節度をもって，1対1の交際をするなら家族で話し合いたい。

3 子から親へのねがい

LHRでまとめた意見を要約すると，次のようである。
(1)話すことがまわりくどくて困る。よくわからせるためかも知れないが。私は，わかっているわよ，と気短かに，つい，言ってしまって衝突します。
(2)もっとよく僕を理解してほしい。意見がときどきくいちがうときがある。そのときは父が自分の意見をおし通そうとしてすぐおこり出す。ひどいときには，ぶとうとする。実際ぶたれたこともよくある。そういうとき，子どもの意見をきいて和やかにいろいろなことを進めてくれたらと思う。もうひとつは，何かいやなことがあったとき，僕たちにやつあたりをしないでもらいたい。たとえば，ちょっと失敗しても機嫌がよいときは怒らないが嫌なことがあったりすると，すぐ怒りだす。こういうことはやめてもらいたいと思う。
(3)私の家では仕事をするのに母が病身のため当番がきまってるので，母と私との間にはあまり家事の手伝いについてのトラブルは起こりません。母は私にもっと手伝ってもらいたいのではないかと思います……そしてお母さんにのぞみたいのですが私たち，子どもの前でお父さんの愚知は絶対にこぼしてもらいたくありません。私は特にお父さんが好きだからかも知れませんが……。
(4)子どもだからといって軽視せずに，意見を聞ける人であってほしい。

(5)悪い点があったら感情的にならず，静かに話してほしい。

(6)男女の交際をしようと思っても，家へ友人をつれてくると嫌な顔をする。それでは，はじめから反対しているようで二度と友だちを連れてこられない。もっと理解してほしい。

(7)世間の噂ばかり気にしないでほしい。

(8)家族の団らんや話し合う機会を持ってほしい。

(9)仕事を持つことはいいが，お母さんは子どもの心を大切にしてほしい。なるべく早く帰ってもらいたい。「ただ今」という声で親がいないのは一番淋しいことだから。

(10)勉強をしろなどと命令しなくても，自分で考えているから心配しないでほしい。

(11)親の持つ人生の過去は長い，したがってそのあゆんだ道に試行錯誤もあったであろう，それを無視して子どもに多くのことを強要するのはよくない。子どもにもその誤りを話して，同じ誤りを繰りかえさぬように話してくれたらよい。

これらのいい分の中で一番子どもが親に対して嫌いなタイプの親は，

(1)理由もきかずに，ある出来事を悪いときめつけて叱る。あるいは叩くなど，(2)うるさく干渉する，(3)自分本位に期待過剰になる，(4)ワンマンで独裁的，(5)無理解あるいは放任，または，いいなりの服従型，(6)生活態度に不平不満が多くグチをこぼし，両親の仲が悪い，などがあげられた。

4 親と子の望んでいる共通点は

(1)自分本位にならないこと。

(2)信頼してほしい。もっと話し合いたいということ。

(3)相手の立場の理解をしたいということ。

(4)それらの要求そのものをまず自分から実行していかなければならないという点。

最後に親がまず積極的に改善していくことが親子の人間関係をつくるのに一番大切な点であると思う。

なお，一番むつかしいのは実際親がとる，理解のある態度とはどうすることなのか。話をきき合づちを打つことで子どもに態度で示すことがたいせつである。

「母さんにはよくわからないから，自分で責任を持っておやりなさい」というだけでは理解したのではなく放任したのである。「最近は小遣いに不自由させたり，ほしい物を買ってやらないと人さまのものに万一，手でも出したり悪いことを考え出すかも知れないからと子どものいう通りになる」ということは，親が何の権威も持たないいわゆる子どもへの服従型で，すでに子どもへの悪い影響を母親が示している。子どもが相談相手に一番多く望んでいるのは母親（現に一番多く子どもは相談をしている），その母親が理解と愛情を持って相談相手になるのには以上のことが少なくとも改善されたいものである。

娘ごころと親ごころ

6月20日（晴）　　　　　　　　　　　　　　　　　　　　中森優子

今朝からひんやりとしていた。これは晴天つづきで空気が乾燥していたからであろう。

今日のLHRは，特にあき時間があったので午前中2校時，「親子の願い」について，手紙を読み合った。

私は，こんなに私たちのことを親は思っているのかと思うと涙がでてくるほど感激した。毎日々々家事で忙しいのでお母さんは大変なのに，子どものためには，ほんとに献身的で，偉いと思う。家では母は毎朝5時ごろに起きて，夜は12時まで，私たちの勉強がすむまで待っている。

私はお母さんの存在無くして生きているなんて考えられない。お母さんが家にいるだけでこんなにうれしいことはありません。

HR担任——お母さんのことをみんな本当に考えていますね。私もママさん教師（Working Mother）ですが，HRでも話したように，たまに私が家にいるときは学校から帰ってきた子どもが，高校1年でも，「ママー，いる？」と大きな声で呼びます。返事をすると，「あーよかった。いたわ，いたわ」と，とびついてくるんです。いつもは，いないとあきらめている子どもの心も，私がいるときは，うれしくてしょうがないんですね。どんなに母親と子どもというのは，精神的なつながりを持っているか，単に世話をしてくれるから，などということだけで母親を求めているのではない，という子どもの言葉をかみしめてみるこの頃です。

第14章　親と子の問題を考える

*アンネ・フランク
ユダヤ人の少女（1929〜1945年）
『アンネの日記』深町眞理子訳，完全版，1999年，文春文庫。1942年から2年間アムステルダムにかくれ住んだときの生活記録。

アンネ・フランク*の日記より――私の誕生日にパパが書いてくれた詩は，とてもすてきなので，あなたにもご紹介します。――アンネ・フランク

（父より娘へ）
1943年6月13日
　おまえはここでいちばん年が少ないが，もう子どもではない。しかし人生は非常にむつかしいものだ。だからわたしたちは，みんなおまえの先生になってやろうと思っている。わたしたちの言う次のことをよくお聞き。
「わたしたちは経験をもっているのだから，わたしたちから学びなさい」
「わたしたちはずっと昔にやったから知っているのだ」
「年上の者は常に正しいということを，おまえは知っていなければいけない」これは少なくとも世界が始まって以来の法則なのだ。
　自分の欠点は小さく見えるものだ。だから他人の欠点は批判しやすい。他人の欠点は二倍にも見えるものだ。おまえの両親のことを我慢しなさい。わたしたちは公平に，同情をもって，おまえを批判しようとしているのだ。自分の欠点を直すのは，苦い薬を飲むようなものだが，自分の意思をおさえて，これをしなさい。
　家庭の平和を保とうとするなら，おまえはそうしなければならない。
　そのうちこの苦しみは終わるだろう。
　おまえは一日中，本を読んだり，勉強したりしている。
　だれがこんな変わった生活をしたことがあるだろうか。おまえは決して退屈せずに，わたしたちに新鮮な空気をもたらしてくれる。おまえのたった一つの愚痴はこうだ。
「わたしは着るものがない。ニッカーもない。わたしの着物はみんな小さくなってしまった。わたしの下着はつんつるてんだ。
　靴をはくのには，足の指を切らなければ入らない。あああ，わたしには苦労が絶えない。」

　父母の権威と愛情，おとなの権威というものが感じられる一文である。

5　親と子の深い結びつき

　親と子は根底においては深い結びつきを持っていながら，日常の生活には

資料2　親の子どもに接する態度と子どもの人格形成（サイモンズ（P. M. Symonds）の分類を活用）

	間違った親の態度	間違った親の態度に対する子どもの反応
拒否型	消極的拒否 ｛ 無視／おきざり／否定 ｝ 積極的拒否 ｛ 罰と虐待／威嚇／屈辱 ｝	○自分に注意をひくための行動 ○愛情を求める努力 ○攻撃的，反抗的，加ぎゃく的行動 ○異常人格（安定感，罪悪感，忍耐力の欠如） ○発達遅滞（知覚，運動能力） ○消極的反応（完全癖，孤立逃避，白昼夢，劣等感，転嫁，へりくつ，従順）愛情に対する神経過敏
		間違った親の態度の原因
		○経済的負担，共働きなどで子どもと接触不足 ○期待はずれの子ども，可愛らしくないと思う子ども（偏愛による，親からの離反） ○両親の不和，不健康，神経質（特に母親） ○親が子どものとき拒否的に扱われた ○子どもの理解不足
		適切な態度はどうするか
		○拒否的態度を極力少なくする ○子どもの楽しみに興味関心を持ち，ときには参加する ○はげまし，自信をつけてやる，叱るより認め，信じてやる ○話し合う ○子どもをよく理解する
	間違った親の態度	間違った親の態度に対する子どもの反応
過保護型	干　渉 ｛ 世話のやきすぎ／先回り ｝ 心　配（取越苦労）	○独立心の欠如，生活習慣の自立のおくれ ○依頼心が強い，引込み思案，臆病，孤独 ○忍耐力の欠如，責任感がうすい ○集団生活に不適応を起こしやすい ○神経質
		間違った親の態度の原因
		○子どもの身体的精神的発達の遅滞（身体虚弱，精薄，盲，ろう） ○家族構成（ひとりっ子，長女，すえっ子，おばあちゃん子，女の子の中の男の子等） ○のろのろした動作の親の子ども ○何年ぶりかで生まれた子ども，難産して生んだ子等
		適切な態度はどうするか
		○子どもの成長，発達の程度を考えて要求し，実践させる援助をする ○役割を与えて成就させる ○社会接触の機会を与える 　同年輩の子どもと遊ばせる ○子どもの要求を判断し適した許容
	間違った親の態度	間違った親の態度に対する子どもの反応
過支配型	厳　格（権威） 　｛ 命令，禁止，強制／独裁，批難 ｝ 期　待 ｛ 野心，投影／依存 ｝	○攻撃的，反抗的行動 ○服従的，従順，はにかみ，消極的行動 ○かげひなた ○劣等感，権力に卑屈，弱いものいじめ，ごうまん ○逃避的，空想，家出，不良化，自殺 ○自主性，創造性の欠如，内向的，暗い表情
		間違った親の態度の原因
		○子どもへの要求があまりにも多く高すぎる。親の果たせなかった野心を子どもに押しつける。期待をかけすぎ

第14章 親と子の問題を考える

	間違った親の態度	間違った親の態度に対する子どもの反応
		○家庭の中での子どもに対するしつけがちがう，甘やかしているどちらかの親に対して，逆に他方できびしくしつける ○劣等感，虚栄心の強い親
		適切な態度はどうするか
		○禁止よりも静かな統制（罰は徴候をおさえるだけで根本解決にはならない） ○子どもの自主的解決を重んずる ○子どもの立場に立って話し合いで問題解決にあたる ○おとなの尺度で子どもの行動をはからない
	間違った親の態度	間違った親の態度に対する子どもの反応
溺愛型	溺愛→献身→服従 盲愛，甘やかし 極端な子ども本位	○情緒的発達のおくれ，いつまでも幼児的 ○自己中心的，わがまま，自己統制ができない ○内べんけい ○自分の目的を果たすための手段をえらばない ○日課や規則を守れない，だらしがない，無責任，忍耐力の欠如 ○ボス的 ○早熟 ○神経症的傾向
		間違った親の態度の原因
		○親の欲求不満を子どもによって補っている ○夫とうまくいかない妻（愛情の代償） 　子どもにきびしい夫を持つ妻（補償） 　他の家族から拒否されている母親 ○姑と対立する嫁 ○情緒不安定の親 ○子どものとき愛情をかけられなかった母（父）
		適切な態度はどうするか
		○間違っていること，よくないことは子どものいいなりにならぬこと ○規律，日課を守らせること ○子どもを親のおもちゃにしない ○家庭の民主化をはかる ○両親の精神衛生
	間違った親の態度	間違った親の態度に対する子どもの反応
矛盾・不一致型	矛盾（気分本位のしつけ，態度の矛盾） 不一致（親や家族の態度の不一致）	○情緒不安（恐怖，警戒，さいぎ心，落ちつかない，イライラ） ○反社会的傾向→不良化 ○劣等感をいだく（おどおどする） ○自己統制ができず不満をいだき反抗的 ○道徳的判断がやしなわれない
		間違った親の態度の原因
		○矛盾型の親はその両親自身が情緒不安定（気分本位）である　神経症傾向があるか心身が不健康であることが多い ○不和（夫婦間の）からくるしつけの不一致
		適切な態度はどうするか
		○しつけの一貫性 ○両親，家族は子どもに対する教育方針を一致すること ○両親の精神衛生，特に情緒の安定 ○夫婦仲よく民主化をはかる

（出所）　玉井美知子『高校でのホームルーム指導の実際』学事出版，1974年，196-197頁。

それぞれの立場が理解されないところに問題がある。

家庭はすべての家族が気持ちを開放し，楽しく協調していく最も小さな社会集団であるから，親も子も反省すべき点は反省して互いに家族の理解を深めていくことが基本的な対策であろう。

青年期の子どもたちは親に何を強く望んでいるであろうか。第一に女子と男子では少しその望み方の度合いがちがうが，誰もが独立心を認めてもらいたいと望む。それと同時に親に友だちのような気持ちで話してもらいたいと望んでいる。第二は，子どもの世界を理解してほしいということ。だが親の年代の考えと経験をもとにして，親の考えを押しつけるようでは，子どもの理解ではなく干渉であると子どもはいうのである。親の立場から見れば都合のいい言い分であって子どもの世界を理解し，よりよい人間形成への責任を感じとり短時間に子どもへ多くの期待，要求を持ち，あやまりのないことを望んでしまう。

親子の考えや期待のズレが，子どもの場合敏感である。親には子どもの成長にまつわる過去がある。ここまでにした親自身の子育てや教育の過程にはいろいろな失敗や成功，ムダがあったことを思い常に反省する。ところが子どもは，現在と将来だけしか考えられない。だから自分の成長を土台として，自分を主張し，おとなと対等であることを要求し，親を批判する。また社会への不満もおとなの代表として親にぶちまける。それが親にとっては痛烈な，裏切られたようなものであることもあろう。家庭の平和も子どものわがままや無理解でこわされることもある。親も子もともに，家庭の団らんのために互いのムキ出しの感情を譲歩してほしいときもある。

4 生命の尊重と安全教育

■1 いじめ

「いじめ」は人間集団生活の中では無視できないものである。

現代，なぜ，大きく取り上げられるのか，それはいうまでもなく，情報網の驚異的な進歩によるテレビ・ラジオ・インターネットや携帯電話などによるためである。

たいせつなことは，「いじめ」を，現代人特有なものと考えることがない

第14章　親と子の問題を考える

ように，ということである。

1）　A子の場合

この非常に具体的な表題に対しては，一つの事例から始めよう。

A子はある高校の2年生，生物部に入っている。B子とは小学校，中学校からの親友である。共に生物部で仲良く小動物を飼育したりしていたが，あるとき，生物部で飼育していた蛍の研究を町の文化研究発表会で公開したところ，金賞を受賞した。ところが発表はA子がしたため，A子だけがマスコミでもクローズアップされ，B子のことは話題にならなかった。B子にはC子という多少不良がかった友だちがいた。B子はC子に，自分が話題にされないのはA子が悪いのだ，と告げたので，C子はA子に罰を加えることを約束した。

結果は，その後のある日，A子は，C子など数人の不良に（その中には男子生徒も含まれていた）全治2週間の傷を負わされた。さらに生物部の部屋で，A子は暴行された。注射針で腕や背中をチクチク刺されたり，硫酸を衣服にかけられたりした。

A子は，そのことを親にもいわず，自殺してしまい，それから学校内の大問題となったのである。結局B子，C子は自主退学をした。

このような「いじめ」の例は日本全国に見られるようになってきている。

2）　いじめの構造

いじめの構造は一体なんであろうか。

いじめは1対1の人間関係で起こることは稀である。多対1の形で多数が1人をいじめるのである。そしてその方法は近頃，特に残虐性を帯びるようになってきた。いじめの原因はもちろんないわけではないが，その原因のためというより，それを触媒としての自分のフラストレーションを発散させようとすると考える方が正しいようである。

その方法が残虐なのは，情報過多の世界的傾向により，極端なむごたらしい犯罪も無雑作に新聞，マンガ雑誌，テレビなどで茶の間に報道されるため，子どもたちもそれに馴れてしまって，真似することに抵抗を感じなくなっているためである。

いじめの場所は，学校内，あるいは近所の公園，空地等であるとか，いじ

めの中の1人の子の家などが多い。したがって、日中家庭を留守にしている親よりは学校の教師の方がいじめの現場に出合う確率が高い。

3） いじめの早期発見

いじめの早期発見は何といっても、同年齢前後の友人の情報によるのが一番である。それには、教師が平素よりすべての生徒に親しく接し、情報の収集に努力することがたいせつである。

いじめについて、子どもたちは、これは自分たちだけの問題でおとなには関係がない、といった考え方を持っている。親が気付いても手の施しようのない場合が多い。放っておくと前述のような結果になり、被害者も加害者も傷つくので、親、教師は積極的に連絡をとり、いじめ問題に関与すべきである。

2 暴　力

いじめと紙一重の関係にあるのが暴力である。区別するならば、暴力は身体的に損傷を与える程度が高く、また、加害者と被害者が知り合いでなくても起こりうることである。言論の暴力はおとなの世界には存在するが、子どもの場合は、単なる、言葉での脅しである。暴力では、被害者より加害者に焦点をあてて観察した方がよりよくその本質が理解できる。

1992年7月ドイツ・ハノーバー市で、国際家政学会の会議が開催され、その中でも「家庭内暴力」の問題が多く取り上げられていた。家庭内暴力は日本だけの問題ではないのである。

1） 家庭内と家庭外の暴力

暴力を、家庭内と家庭外に分けて考えよう。

① 家庭内暴力

プライバシー保護の立場から、家庭内暴力は、それが殺人、傷害等社会的に問題にならぬ限り公表されることは少ない。親と子が日常生活の中で話し合い、いつも喧嘩になってしまい、その結果、親または子が相手に暴力を振るう、という型が極く一般的である。夫婦間（両親）の暴力をみて育つ子どもは暴力を振るいやすい。

② 家庭外暴力

これは、加害者が全く見知らぬ他人である場合も含め、偶然の機会に暴力

行為が発生することが多い。おとな対おとなの場合もこの型に属することが多い。子ども同士では，盛り場徘徊中暴行されるという例が目立つ。親や教師が監視できない例としては学校内の暴力行為で，これは学校事故防止の立場からも是非とも研究，対策を考えておかねばならない。学校では生徒会活動を中心にそして親もそれに協力するならば暴力は激減するといってよい。

2） 暴力の加害者

一般的に，暴力の加害者の数は多くない。一人の加害者が多数の被害者をつくることが多く，親や教師はそのような子どもを見つけることが比較的やさしいのである。暴力行為の一つの特徴としては，加害者がその行為に対してなんらかの弁解の言葉を持っていることである。「悪いにはちがいないが，……の理由だから」と理由付けをして，自分の行為を正当化する傾向が強い。それが改まらない限りその生徒は何度も暴力を繰りかえす。そのような子どもを説得するのは親や教師の役割であるが時と場合によっては弁護士やスクールカウンセラー，警察などと協力してもらうことを忘れてはいけない。

3） 校内暴力発生時の対応（生徒間暴力）

学校内で生徒が教師や生徒に暴力を振るうことに対して，親（保護者）や全教師の取り組みが必要となる（文部科学省から検討会議の結果として，以下の対応図が発表された）。

いじめ，不登校，暴力など児童生徒の問題は子どもが生きるのに困難な社会状況の現われと言える。

子どもの心身の問題を単に押さえ込んでしまうのではなく，広い視野と柔軟な姿勢と豊かな知恵で学校・家庭・社会が協力し対応することが求められている。

第Ⅱ部　HR活動の具体的展開

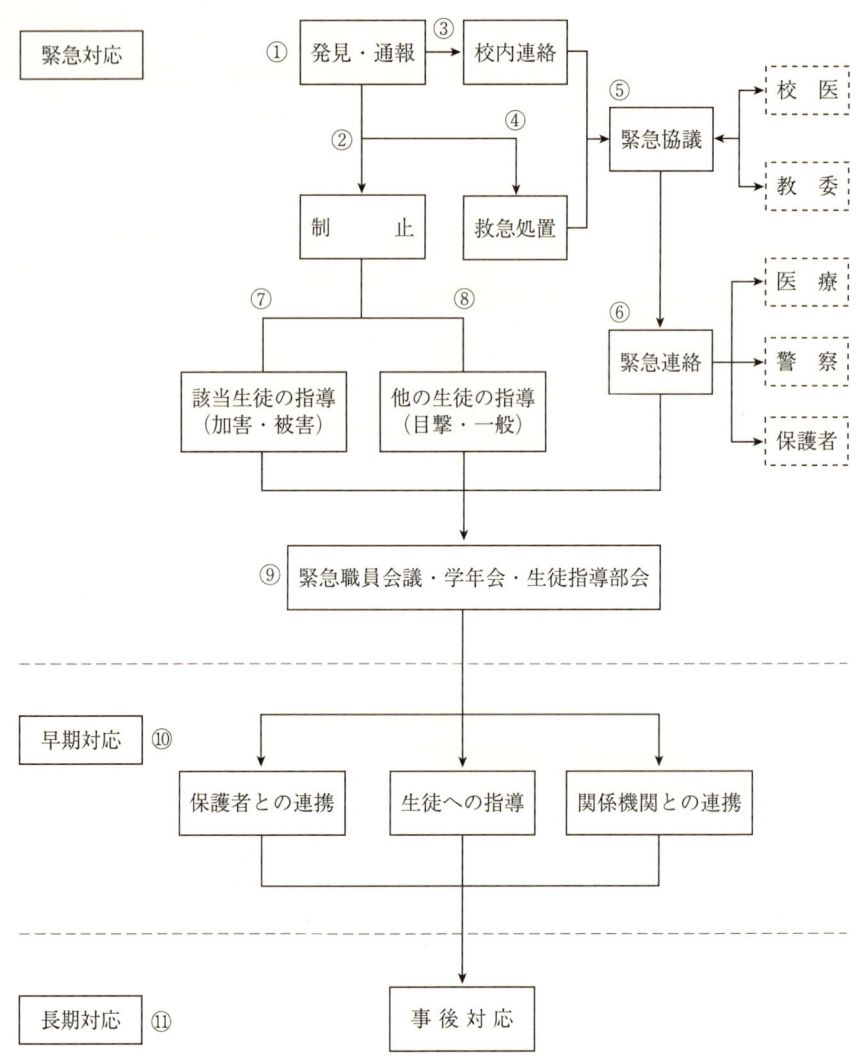

```
緊急対応      ①発見・通報 ③→ 校内連絡
                                    ⑤
                  ②       ④     → 緊急協議 → 校医
                                            → 教委
              制　止    救急処置

              ⑦        ⑧              ⑥
         該当生徒の指導  他の生徒の指導    緊急連絡 → 医療
         （加害・被害） （目撃・一般）            → 警察
                                              → 保護者

              ⑨ 緊急職員会議・学年会・生徒指導部会

早期対応 ⑩
         保護者との連携  生徒への指導  関係機関との連携

長期対応 ⑪
                      事後対応
```

（出所）「学校における校内暴力緊急対応マニュアル」『月刊生徒指導』1992年3月号。

第15章　HRと赤ペン先生

1　1年間のあゆみ

　高校へ入学したころは，一人ひとりの高校生活は新鮮で，また期待と不安に揺れ動きながら活動していた。HR担任は，机上に1年生時代の班日誌を読み上げ，この生活した重みの記録をいとおしみ感動しながら各班1名ずつの日誌を無作為に取り上げることにした。

国分光代

　私が高校に入ってもう1年。実に早い1年だった。アッという間に過ぎ去り，もうすぐ2年目になろうとしている。初め高校とは，どんな所なのかと不安と期待を持っていた。幸い私には同じ学校に来ていた姉がいたので，わずかではあるが，どんなものか知っていたものの，まず，入っておどろいたのは，高校は生徒の活動が盛んであると思ったことである。中学に比べ，なんでも生徒がやる。今は，もっと生徒会も，その他の活動も活発な方が良いと思うが，その頃はほんとうにおどろいた。中学に比べて物事を考えた。先生もそうである。中学の先生とはよほどかけ放れた存在で，非常にとっつきにくい感じだった。それに，勉強の仕方も変わった。数学，国語，英語が2つに分かれ，選択科目が出てきた。

　そして新たに友だちができた。しかし，中学のクラスの人たちとも，友だちでありたいため，どうしたらよいか迷うようなこともあった。そのうち，だんだんと高校生活に慣れ，先生方の気持ちも少しわかるようになり，自分の勉強の仕方も変わった。担任の先生は，私達を勉強にと，追い立てる。時には反発を感じることもあった。先生にあれだけ言われたから，少しずつでもするようになったのかもしれない。また，部活動も練習に励むようになり，6月の大会には，人数の関係で1年ながら，出場することもできた。

　そして夏休みがだんだん近づき，期末テストが行なわれ，割合良い成績で

1学期を終えた。今までの休みと変わった休みを過ごしたか……？
　今までは，ただなんとなく過ごした。今度は少し「しん」のあるような気もしたが，相変わらずのんびり過ごしたようにも思う。そして2学期始まってすぐの学力コンクール。休暇中さぼったのか，ガタンと落ちてしまった。中間，期末を私は頑張った。それなのに成績は1学期の2倍以上も下がり，私は自信を失った。そして冬休み，私は毎日少しずつ勉強するように，計画を立てた。しかしわずかに守れたのは英語だけだった。そして，代数はなおもわからなくなった。
　3学期に入り，私は英語はともかく，代数だけは確実にやろうと思った。しかし，その結果，二次関数のところはわからずじまいに終わってしまったようだ。こんど対数に入ってちょっとわかりかけてきた程度だ。このころ，私達のHRではいろいろな問題について話された。時にはテーマに対し反発して，話し合いを通じて，自分と同じようなことを考えている人が案外いたり，他人の意見を聞いて「なるほど」と思うようなことがたくさんあって，非常に役立ったと思った。今，自分は一体何に向いているのか，何を目的としたらよいかわからない。また，2，3年のコースも決めなければならない高校生活の曲がり角にいると思う。
　家庭においても，今までは何か相談ごとでも，深い所までは話さなかった母や姉も，1年のはじめとはちがい，ちかごろは一緒に，仲間に入れて考えさせてくれるようになった。また，その反面いろいろ知れば知るほど，人間の醜さや，矛盾がたくさん生じる。矛盾が多すぎていやになることもあった。ほんとうに大きくなればなるほど，いやなことが多くなるような気がする。反面，良いこともありそうだが……。とにかくこの1年，私にとって少しばかり「成長の1年」だった。

　　　　　　　　　　　　　　　　　　　　　　　　　　　　鳥居孝夫
　僕はあらゆる点で1年の間に成長したのではないかと思う。しかしそういうことは自分で知らず知らずのうちに成長していくのではないだろうか？特に精神面での成長は自分ではわからないものだ。入学してすぐ議長に指名された時はこんな大任が，僕につとまるか心配だったが1年たってみればなんだ，かんだとうまくいったように思う。
　この間ふりかえって思うことは，常に全部ではなく最大公約数が大切なこ

とがわかった。もっと早く気がつけば、「議長をやめさせて下さい」などとは言わなかったと思う。

そして議長として必要な協調性を以前に比べて増したと思う。それはペンを人に貸すのが何となくいやだったのに最近そういうことがなく、ペンを貸すのに無頓着になっていた。

このことからも察することができると思う。

杉田敏夫

またたくように1年が過ぎ去ろうとしている。この高校へ入学してもうすぐ1年たつ。

この1年の間に一体自分に何の進歩があったろうか。

勉強によって教養が身にすこしでもそなわったかもしれない。クラブに入って団体の協調性が、責任感がすこしでも身についたかもしれない。またこの1年、HRで毎週のように、いろいろなテーマについて討議をしたので、物事について真剣に考えたり、話し合ったりすることが好きになったのかもしれない。はっきりわからないがわずかでも進歩があったのはうれしいが、その半面、昔からそうであった「なまけ癖」がいまだに僕の心の中で、はばをきかしている。なんとかして追い出してしまいたい。いろいろな手段をこうじるがさっぱりだめだ。そんなとき、自分で自分が情なくなることがよくある。1年をふりかえって心残りなのはただいたずらに時間を浪費させて、たくさんの本が読めなかったことだ。

以上ごくわずかな進歩はあったろうが、すこしでも目についたり、自分で確信できるような進歩が何もなかったのは残念だ。

しかしこれが自分だ。

現在の自分をよく知ってつぎの1年間は自分の思ったように充実した日が過ごせるようになりたい。

飯吉ヨネ子

わたしは、この1年間ほど早く感じられた年はなかった。現在、もう新しい1年生の入学手続きが始まっている。わたしたちもこういうことがあったのだが、それもついこの間のように感じられる。この1年間を振り返ってみて心に残ることといったら、ただ勉強に追われていたということだ。入学す

る前に少し高校生活というのを甘く考えていたために，よけい勉強がきびしく感じられたようだ。今はもう3年生は卒業を控えて学校へ出ては来ないし，やっと2年生になるのだという実感がわいてきた。この1年間でわたしがしてきたことといえば，放送委員となってアナウンサーを担当してきたことだ。この仕事は中学からしているのだが，私にとってはとてもプラスになった。上級生とも接することができたし，校内に自分の声が流れるということによって，話す自信も出てきたようだ。そのためこれからもこの仕事を続けていきたいと思っている。勉強の方では，中学時代よりずっと欲が出てきたし，成績もずっと上がった。競争相手が多いということは，なんといっても自分にプラスになると思う。それに私たちのHRの人は，みな良い友だちばかりなので，中学時代だったら必ず争いがおきたものだが，そういうことは一度もなかった。それに私は，友だちもできたので，2年になってHR編成替えをするのがいやでしようがない。ずっとこのままで変わらなければいいな，といつも思っている。こう思っている人は少なくないと思う。

また，校内の雰囲気としては，先生方との交流が良いので少しもかたくるしいことはなく，柔道大会で先生と生徒とが試合をしたとき，高校生とはいいものだなあと，つくづく思うと同時に，先生方とこうして対等に試合ができ，若さを思う存分発揮できる男性がとてもうらやましく思った。

最後にわたしは，学校生活もあと2年あまりなので，この2年間をどうして過ごしたら心残りがないだろうと考えている。なんだかいつまでも学生でいたく，大人にはなりたくない気持ちだ。あと2年間もこの1年のように，あっという間に過ぎてしまうだろうからその間，勉強以外に，中学3年のときいろいろと経験したように，高校でも経験したいと思っている。

　　　　　　　　　　　　　　　　　　　　　　　　　　　船橋和子

中学時代に夢見ていた高校生活。それは，勉強に運動にファイトを燃やし，ある時は，HR全員でカンニングをしてスリルを味わい，長い休みはアルバイトをして働く苦しさ，お金の尊さを自分自身の身体で体験する，若さに希望に満ちあふれた高校生活。何とすばらしい青春時代だろうと。だが，現実はまったく正反対だった。私たちのHRが今のようになるまで，いろいろなことがあった。入ってすぐは慣れないためか，とても堅くるしく思った。お弁当の時間など，身の縮まるような気がした。本当は，私達にとって一番

第15章　HRと赤ペン先生

うれしい時のはずなのに……。というのは，ちょっとしたおはしの音，ボリボリというたくわんの音。こんなちょっとの音なのに，HRのみんなに聞こえてしまうのだ。私は，音がするたびにひや汗をかいた。そして毎日々々ご飯を半分以上残していった。母は心配して私に尋ねた。「どこか身体のぐあいでも悪いの？　おかずがまずかった？」と。そんなとき，私はいつも，「何でもないわ。この通りピンピンしているわ」と，飛んではねたりしたものだった。また，時には私の方から母に，「ねえ，お母さん，お願い，さやえんどう入れないで，朝，うちで食べて行くから」と，母が不思議がるのに，わけも言わず，持って行かなかったことも，いく度かあった。部活動（バレー部）に入っていたときももう今では，過去の出来事となった。練習がいやで，何かしら理由を考え，家へ帰って来たりした。そんなときの理由は，「家庭教師に勉強を習っているので帰ります」「母が病気なので帰ります」と，いつも同じようなことしか，思いつけなかった。あの頃を思い出すと，おかしくなる。そして，帰り道は，いつも友だちと，「うちのお母さん病気にさせてばかりいるの。でもまだ，死んだっていったことないわよ」なんて，顔を見合わせ，にや笑いをしたりした。

滝沢康子

　1年間が，あっというまに，過ぎてしまったので，どう歩んできたのか，はっきりしません。しかし，1年前を思い出してみますと，入学当時の毎日，毎時間の授業の緊張のしどおしや，朝の満員電車，高校の坂の上り下りなどで，家へかえると，疲れがいっぺんに出てしまったものでした。

　それもだんだんと，慣れてきましたが，学校の坂を，時計を見い見い上るのだけは，今でも閉口しています。

　そして，学期末には，学校の内容，授業中の要領など，わかりました。

　また，夏休みの宿題が，沢山あるのに，やらなかったので，31日までかかってしまい，順調に2年になれたら，二度と，こんな苦労はしまいと決心しました。

　T先生が強く言われる自主性というものが，尊いことがわかりました。

　最初の頃，LHRが，つまらなかったのですが，このごろは，考えることが苦痛でなくなり，みんなの考えることがわかり，私の考えと比較することができるので，よい勉強になると思っています。

一番思うようにならなかったのは，試験勉強でした。

　やろうと思っても，思うようにできないので，環境に支配されないように，心掛けることにしました。

　はずかしいことですが，高校に入り，不注意により物をなくすことが，多かったのです。

　この1年，いろいろな失敗，反省をしました。

　これからは，失敗などしないよう，心掛けます。

村松和枝

　私はこの1年間というものは，学校になれるということで，せいいっぱいだったと思う。最初のうちは3年生がとてもおとなに見えて，少しこわかった。でも，そんなことは学校に慣れるに従って，解消していった。この頃では，3年生への不満もいろいろ出てきた。それだけ以前より，いろいろなことを考えるようになったのだと思う。

　変な言い方かもしれないが，正直いうと，高校という所は，もっと，自由な所かと思っていた。どこの学校でもそうかもしれないが校則というものがとても幅をきかせている。でも，これが自然になにかの役に立つようになるのだと思う。

　勉強についてみると，高校入学のしたてのころは，余りよく覚えてはいないが，中学のときの悪い習慣というのか試験のとき等，一夜づけ的な勉強の仕方が多分にのこっていた。これではいけないと思って，自分なりに打開策を考えたのだが……。

　結局は計画というものが，物をいうことがわかった。

　生徒祭の時は，私は非協力的であったことを反省しているが，部活動としては，よい英語劇ができたと思う。でも3年生の送別会のときは，私たち自身で考え，実行して，3年生を送ることができたのは1年間のうちの2つの収穫だったと思う。が，しかし，そんなことは，あたりまえだと，いうかもしれないが，私たちの部活動みたいに発足したばかりの部活動は，前例もなにもないので，1年の私達がまごつくのはあたりまえだと思う。

　1年なんて，すぎてしまえば早いものであるが，それまでにおこるさまざまな事件（？）その他が，大変であった。

　私ももう，2年生になろうとしているのだから，この1年間の反省を，怠

らず，悪い所はどんどん指摘して，直していく，という考え方こそ，進歩の始まりではないかと思う。

　何事も，終わりというものの次には，何かの出発という事が待っているのだから……。

　　　　　　　　　　　　　　　　　　　　　　　　　　　　　田辺和子

　合格の喜び，新しい教科書，初めて接するクラスメート，そして先生。まだ記憶も新しい入学当時，あれからすでに1年がたとうとしている。この1年を振り返ってみると自分がいろいろな面で成長してきたことを感じる。
「内気だ，内気だ」と思っていた自分の性格。その「内気」の，からを破ってきたのも1つの成長だ。たとえば中学の頃クラス内で失敗したとき，みなから笑われそれこそ恥ずかしくて顔も上げられないくらいだったのに今では，あまり苦にならないばかりか，「機会があったら，みんなを笑わせてやろう」ぐらいのことを考えたりするようになった。友人の間でも比較的聞き手だった私が，今では積極的に話し，行動できるようになった。他人からみれば，あまり気づかないことかも知れないが，これでも自分自身ではずいぶん心臓が強くなったつもりでいる。しかし積極的になったのは良いが，それだけおしゃべりになったようだ。口べたのくせにおしゃべりとはちょっと変だが……。また友人との話でも口が悪くなったようだ。以前はとっさに出なかったユーモア（くだらないことだが）も最近はふいに口に出るようになった。人を笑わせるのはむずかしいことだという考えも今では変ってきた。私の変化が単におしゃべりで口が悪くなり図々しくなったといえばそれまでだが，こんなことでも対人関係において，私に自信がついたと考えれば大した進歩だ。このことが，私にとって大きな進歩であるためにはこれからの進み方によると思う。また，家庭においても私を一人のおとなとして相談の仲間入りをさせてくれるようになった。子どもが口を出す問題でなくても私の意見を聞いてくれるので，自分の考えに自信を持てるようになった。この1年間に，私が特に変化したと感じるのは，これらのことだが他にもいろいろあると思う。
　具体的には，自分自身にもよくわからないが……。
　この1年は私にとって，多くの経験ができたよい年であり，また，多忙な年であったことはたしかだ。

HR担任の私は生徒自身の心と戦っているその問題を取り出す援助をする役割を自覚して，最終的には生徒が自力で更正するようにと，赤ペンで意見や助言を書いてきた。時には私自身が至らないために生徒の気持ちにきづかず，私の意見を押し付けていることもあった。それでも生徒との間には共感的な信頼関係が確立していたことは，大きな救いであった。

2 卒業前の班日誌から

卒業が近づくとHRの友だちが，あの人もこの人もみんな，それぞれに最後の班日誌をつけていく。

1月25日

A

　これで紙面がつきる。おそらくこれを書くことも最後になるだろう。もういくばくもなく卒業かと思うと感無量である。

　ふだんふとしたときに，書きたいことがたくさん浮かんでくるのに，いざ書く段になると，書くことがなにもなくなる。私の日常における生活もかくのごとくであった。自分はみなにとってお調子者で，チャカチャカしたイヤらしい男であったにちがいない。自分自身はそうではないと思っているが，しかし皆と接したときの態度をかえりみると，他の人からは，やはりそうとしか受けとれない態度をとっている。

　これは私に誠実さがないからである，と気がついた。今ごろ気がついても遅いのだが，私は，卒業して社会へ出るこの機会を転機として，心機一転，真摯な気持ち，というより，生活態度で自分の人生に臨もうと思う。今までの自分の姿は虚偽であると今は言えなくても，近い将来，必ずそう言えるようになりたいと思っている。信用という言葉は今まで私は信じられなかった。だが，私は自分で自分を信じるようになりたい。思えば私自身，自分をいつわり，信じていなかったような気がする。それがはなはだしすぎた。

　最後に僕を本当にわかってくれた先生や友だちに感謝する。

1月26日

N

第15章　HRと赤ペン先生

　　とうとう勉強も明日1日で終る。
　明日が終ってしまえば，もう高校で皆と机をならべて授業を受ける日は二度とないのだ。なんて短かった3年間。そしてなんと楽しかった3年間。今となってはいやな思い出なんて一つもない。『月と六ペンス』を英語の時間によんだ。他人の羨望の的である高い地位が自分にあわないといって，貧民のその日ぐらしの生活に好んではいっていった男の話，
『人は生まれるべき場所をまちがえて生まれでることがある。そんなとき，その人間にとって両親や兄弟さえも他人で，生まれた土地さえ見しらぬ地である』と記してある。最近この話に感じる所がある。高校を出てどうなるかしらないが，私の到達したところは，当然，私のはいるべきところであってほしいと思う。そして同じ場所にいる人たちと『和』をもって仲よくやっていくことができ，私のするなんらかの仕事は社会の何かの役にたっている，ソシテイツカハ皆ニ信頼サレル人間ニナレタラ……これが私の理想です。

2月21日

　　　　　　　　　　　　　　　　　　　　　　　　　　　　R

　これが最後の班日誌だと思うと，書きたいことがたくさん浮かんでくる。今は1時30分つまり深夜だ。別にねむくない。
　今日（いや，きのうだな）5，6時間目に体育をした。最後の体育だ，実に充実していた。そしてみんなラグビーの試合にハッスルしていた。僕は体が細いが運動はなんでもやるし好きだ。特にラグビーは大好きだ。男性らしく若者のエネルギーをぶつけ合って消耗する。これを書いているうちに今日の3分間スピーチは僕の番であることに気がついた。最後の3分間スピーチなので中味の充実したものをやります。あと5日，なんだかわかりますか，授業日数です。悲しいんだかうれしいんだかわからないが何しろ複雑な気持ちです。
　先生には3年間めんどうを見ていただきましたが，本当に3年間，よく勉強ができました。2年のとき，この班日誌反対をさけんだり，先生の言うことにさからったりしたのが今はたのしい想い出になりました。あれから大分成長しました。
　3年B組といえば最高にLHRの充実したHRであることは誰でも認めています。いいHRだと思います。みんな先生の努力のおかげだと思います。

卒業後の話ですが，僕は卒業してもすぐには家業をつぎません。2，3年どこかへ働きに出ます。なるべく同業の店に住み込んで自分の身分，おでん屋の息子だということを明かさないで働きます。父母も賛成してくれました。人間を作るためと，根性をつけるため，そしてどんな苦しいことでも明るく笑いとばして絶対にくじけない人間になるために。2，3年じゃ短かすぎるから，4，5年でもいい。立派な根性のある人間，そして考えて行動する人間になりたい。そして横浜一，いや日本一のおでん屋に築きあげていく。夢でもいい，大きな希望を持っていこう。これで終ります。
　先生どうもありがとうございました。

2月26日

　　　　　　　　　　　　　　　　　　　　　　　　　　　　　　　　H

　これが，3年間で最後の日誌をつけるのだとたくさん書いてやろうと思ってみたが，思うだけで書くことが頭に浮かんでこない。3年間ずっとそうしてきたように，最後の最後まですらすらと書けないなんて情けなくなる。
　苦しかったこと，つらかったこと，悲しかったこと，いろいろあったが，とにかくその高校生活もほんのわずかで終る。いままで過ごした思い出の日々は二度と決して帰ってこない。後悔ばかり多いが，果たして悔いのない高校生活を送っただろうかと考えてみた。
　最初に思ったことは，部活動で未知の運動競技に足をつっこみ，下手ながらも3年間無事にやり通したこと。その中で知ったいろいろな技術的な面や自分のこと，団体の中の個人などについて学んだことなどである。今の自分の性格にこれらが相当影響しているのがわかる。
　私たちはまだ本当の社会を知らない。そして見ていないことや知らないことが社会にはたくさんあるはずだ。これから私はそれらを知りたい。「一度しかない神さまからのこの世への招待」（以前先生が私の班日誌に書いてくれたことば）をなんにもしないで終りたくない。人生への招待状をうまくつかいたいものだ。これが私の今の心境です。
　小学校の時も中学のときも親しかった友人と，遠くはなれてしまった。ただ今は年賀状だけ。たまに訪ねても彼女は昼間は職場に，夜は学校でいそがしい毎日である。だから互いに環境がちがうと会えなくなる。せめて高校時代の友人は末永くよき友だちとしてなんでも話しあえる友として交際して

いきたい。そして先生，いつまでも私たちが甘えることができる皆のよき助言者であるようにおねがい致します。

　高校三年間，高校生としてさまざまな喜びや悲しみを語り合ったり助け合った経験は，一人ひとり人間関係に自信を持つようになったと思う。また時間のたつのも忘れて異なった考えを持つ友だちを説きふせるために激しい討論は決して無駄な時間ではなかったと班日誌に記録がのこっている。高校生活で多様な性格や考え方の友だちと交際し理解しあう経験を持ったことはどれほど，人間性を豊かにしていることであろう。
　人間が集団で生活をしていく上で，最も大切なことは，自分と異なった相手を理解し共に行動するということである。

3　赤ペン先生からみんなへ

　あなたたちが入学したのは昨日のような気がします。全く月日が経つのは早いものです。
　入学当時は，お互い同士，誰が誰だかわからず，最初の一カ月くらいは，ほとんど私の指示通り動いていました。
　そのうちにHRの組織づくりが始まり，中学校では学級活動や道徳の時間を経験していたので，いろいろな活動はよく知っているわけですが，高校生になるとその活動は自主性をより重視するようになり，あなたたちの中から出てきた問題を多く取り上げるようになりました。私はHR担任として，それらに助力してきました。はじめは，LHRはあなたたちの思うように進展しなかったようです。「LHR活動展開実践記録」を読んでみると，結論が早く出ないことを，無駄なことだと決めつけたりする生徒がいて司会者になった生徒たちは，大分悩んでいることがわかりました。しかし，あなたたちで反省し話し合って，乗り切ってきたこともわかりました。
　「班日誌」を毎日書いた記録は貴重なものです。私は班日誌に毎日続けて赤ペンで，意見を書いたので「赤ペン先生」というニックネームをあなたたちからもらいました。
　私とあなたたちは班日誌を通してわかり合えるようになってきました。

「3分間スピーチ」や「Xからの手紙」など，いろいろな討議のしかたも覚えるようになりました。自分の性格や欠点を友だちにズバリ言ってもらって，みんなで謙虚に反省し合ったあなたたちの顔を一人ひとり思い出します。おとなの世界ではとても考えられないすばらしい雰囲気でした。LHRで自分たちの真実が語り合え，良いことは伸ばしていこうという集団は，学校という社会環境の中だからこそできるのだと思います。その経験が何よりもあなたたちの将来の生き方にプラスとなるでしょう。

　人間の，集団生活で一番たいせつなのは「相互信頼」です。どんなに優れた人の集まりでも，これを欠いていたらだめです。世界の平和が国と国との相互信頼によって確立されるように，HRの経営は先生と生徒の相互信頼から出発していなければなりません。

　教育の効果は一朝一夕に現れるものではありません。LHRを三年間運営してきたことはあなたたちにとって稔りの多いことだと思っています。近い将来社会人になり，家庭を持ったり，家族をはじめ，職場の仲間や地域社会の友だちと協力し，ボランティア活動に参加することもあるでしょう。そのとき一人ひとりが体験したLHRを思い出すことでしょう。手応えのある充実したこれからの人生を築いてください。私はあなたたちからたくさんのことを学びました。ありがとうございます。

玉井美知子

付　録

HR 活動を助けるキーワード

1　生徒指導の理解を助けるキーワード
2　進路指導の理解を助けるキーワード
3　教育相談の理解を助けるキーワード

1　生徒指導の理解を助けるキーワード

● 目的と内容

　生徒指導は，学習指導と同様に学校教育の最も重要な機能といえる。言い換えれば，学習指導と生徒指導によって学校教育は成り立っているのである。生徒指導の究極の目的は，端的に言えば，児童・生徒の自己指導能力を育成することであり，それは一人ひとりの児童・生徒の健全な成長を促し，人間的価値の実現に向かい，自主的・意欲的に物事に取り組み，自己の直面する問題を自力で解決する能力と態度といった精神的資質の獲得をめざすというものである。したがって，生徒指導は単に児童・生徒の問題行動のみに目を向けるといった消極的な面にとどまらず，積極的にすべての児童・生徒のそれぞれの人格のよりよき発達をめざすこと（『生徒指導の手引』）にある。しかしながら，近年，教師は，問題行動を起こす児童・生徒への対応に迫られ，そこに生徒指導としての時間と労力が費やされているという現状がある。

　生徒指導は，教育課程の特定の領域にあるものではなく，全領域において，すべての活動を通して行うものである。また，生徒指導の対象とする内容（領域）は多様であり，児童・生徒の直面する問題分野によって，一般に学業指導，進路指導，個人的適応指導，社会性・公民性・道徳性指導，余暇指導，健康・安全指導の6つに分けられる。尚，類似の用語・概念として「生活指導[1]」があるが，文部省（現・文部科学省）は1965年より「生徒指導」を統一的に使用している。

いじめ

いじめとは、「自分より弱いものに対して一方的に、身体的・心理的な攻撃を継続的に加え、相手が深刻な苦痛を感じているものであって、学校としてその事実（関係児童生徒、いじめの内容等）を確認しているもの。なお、起こった場所は学校の内外を問わないものとする。」（文部科学省調査基準より）とされている。具体的には、冷やかし・からかい、仲間はずれ、言葉による脅し、暴力、持ち物隠し、無視などがあげられるが、いじめの特徴や傾向は次のようなところに見られる。陰湿化し、残忍性を帯びてきている。長期化の傾向があり、歯止めがきかない過剰な攻撃により相手を死（自殺など）に至らしめることがある。逆に、いじめを受けた者が、自己防衛としていじめる側を殺傷することもある。いじめの構造において、学級全体がいじめる側であったり、同調者や傍観者であったりする。等々。

いじめへの対応は、学級担任だけに任されても当然ながら限りがある。いじめの解決や防止には、校内の指導・協力体制の充実と学校と家庭・地域社会・関係機関との連携、そして保護者間の連携といったことが不可欠になってくる。

文部省（現・文部科学省）は、これまでに、いじめ問題への取り組みについてのいくつかの通達[2]を行っている。そこでは、いじめの問題は学校・家庭・社会が総合的に取り組むべき問題であり、すべての学校においていじめが存在するのではないかという問題意識をもつこと。また、弱い者をいじめることは人間として絶対に許されないとの強い認識に立つことなどが表明されている。これらを共通の基本認識として、実効性のある取り組みがなされることが教育現場に要請されている。

ガイダンス

1998（平成10）年改訂の中学・高等学校学習指導要領に「ガイダンスの機能の充実」ということがはじめて示された。これは生徒が学校生活によりよく適応するとともに、学業や進路における選択、さらに自己の生き方などに関して、主体的な選択やよりよい自己決定ができるよう導くための適切な情報提供や案内・説明などの指導・援助を一層進めるという観点から示されたものである。

ガイダンスという用語・概念そのものは、戦後アメリカから生徒指導の領域に導入され、学校教育における生徒指導の基本原理のひとつをなしてきた。しかしながら、ガイダンスが生徒指導における成熟した用語・概念となっているかというと見解が分かれるところである。

学業指導（educational guidance）

生徒指導の領域のひとつである。学業指導とは、学業（生活）全般についての修学指導であり、児童・生徒が学校生活や教育課程に適応し、自主的、意欲的に学業に取り組むことができるように指導することをねらいとしている。指導内容としては、教科、単位、コースの選択などをはじめとして、学業意欲の喚起、学習習慣の形成、成績不振・怠学などに見られる学業への不適応の解消、学習環境の整備・改善などがある。

学級崩壊

近年、教育現場において深刻な問題として注目を集めているのは、学級崩壊という現象である。児童・生徒の立ち歩きや私語によって、ときには児童・生徒同士のけんか（暴力）により授業が成立しない状況をさし、そこでは学級担任や教科担当の指示や指導は伝わっていかない。それどころか教師を無視、拒絶するような状況もあり、教師と児童・生徒の人間関係は崩れてしまっている。

学級崩壊は、学級づくり、学級経営の難しさを示唆してくれるが、何もそれは経験の少ない新任教師の学級だけでのことではなく、教歴20～30年以上のいわゆるベテラン教師の学級でも起きている現象なのである。原因としては、過保護で育った子どもの忍耐力の欠如、個性化とは言い難い自分の主義・主張を唱えるだけの身勝手な行動をとる子どもの存在、あるいは教師の指導力不足などが指摘されているが、その解明は容易ではない。教育現場や研究機関は、学級崩壊の原因とともに実効的方策の解明が急務となっている。

家庭内暴力

家族間の暴力をいう。家庭内暴力は、家庭の外から把握しにくい上に、分かっても介入するのが困難ということがある。家庭内暴力は、情緒的・社会的な面での問題である不登校やいじめと同様に治療・適応指導を要するため、学校教育相談や専門機関でのカウンセラーによる相談などが必要になってくる。

警察との連携（警察官の導入）

学校が最大限の指導努力を払っても、正常な教育活動を行えず、正常な教育環境を維持できない場合、そ

こでは他の児童・生徒の教育に著しい支障を来たすことになる。その際、学校としては警察を含めた関係機関の支援や協力を求めて対処することは必要であろう。

これまで学校の内外を問わず、学校と警察との連携に対し、拒否反応や警戒感が示されてきたことは周知のところであるが、連携を図ることがより問題解決に迫れることもある。児童・生徒の問題行動に対して、学校ができる限りの指導を行うことは当然であり、安易な形での警察の導入は問題であろう。しかし、こと人身傷害に及ぶようなケースなど、学校の対応ではその能力・権限に限界がある場合を認識すべきである。学校だけでは対処できない（生徒指導の限界を超えた）危機的な場合を考えれば、問題状況を外部に知らせたくないとか、学校が教育を放棄したとの非難を受けるとかなどの心配より、その連携のあり方を模索し、確立することが肝要であろうし、警察官導入を要請する事態についても教職員の共通理解を図っておく必要があろう。

健康・安全指導（health-safety guidance）

生徒指導の領域のひとつであり、健康指導については保健指導ともいう。健康・安全指導とは、健康と安全に関する知識や技術を習得して、健全で安全な生活の実現を促すことをねらいとしている。健康指導面では、定期的な身体検査や健康診断の実施、検査・診断結果の情報提供を通して、心身の発達や健康の維持や増進、保健衛生（性の問題）などに関して指導する。安全指導面では、生命の尊さを自覚させ、安全意識を高め、交通安全・災害時の安全、事故やけがの防止に応急処置といった具体的で実際的な実地指導、訓練に基づいた指導を行う。

校則及び生徒心得

校則とは、児童・生徒の学校生活における行為や行動の基準・約束ごとなどを定めた生徒心得のことである。これまで同様に扱われてきた校則と生徒心得であるが、実際には学校施設の利用規定という意味合いが強い校則と児童・生徒の本分を示している生徒心得はその性質を異にする。

学校は、校則や生徒心得などで児童・生徒の学校内外での生活を規制している。勿論、学校が教育のための機関であり、集団生活の場である以上、校則や生徒心得があって当然ともいえる。しかし、その規則の細かさ、厳しさに対して管理主義的教育であるとの批判を受けることも少なくない。ところで、こうした規制にはどのような根拠があるのだろうか。

校則といえば、髪型、服装、バイク、アルバイトの規制等々をあげることができる。校則を決めるにあたっては、学校側に裁量権があるが、時には、児童・生徒の自主性を侵しかねないものもある。また、違反した場合には懲戒の対象となることもある。これらの規制の根拠は、学校と児童・生徒の間に「特別権力関係（論）」が成立していることがある。学校における児童・生徒は公法上の営造物利用者で、そこでは設置者の意思の優位性が認められるため、児童・生徒は従うべきであるという考え方である。

校内暴力

校内暴力が注目を集め始めたのは昭和40年代であり、ピークは昭和50年代半ばである。当時、マスメディアはその荒廃した教育状況を伝え、教育現場を扱ったテレビドラマなどでも教室の窓ガラスを叩き割るシーン、教師に反抗し、つかみかかるシーンが登場していた。まさに、校内暴力は、児童・生徒が教職員や仲間、そして校舎や器物に対して暴力を振るうことである。現在、沈静化したとはいえ、なくなってはいない。

自校の児童・生徒が起こした暴力行為を指す校内暴力は、対教師暴力、生徒間暴力、対人暴力、学校の施設・設備等の器物損壊といった4つに分けられる。これら校内暴力の原因は、子どもたちの教育的環境が受験体制のなかで閉塞感をもたらしたことや子どもがそのエネルギーやストレスを発散し、解消する遊びやスポーツに出会う機会が保障されていないこと。あるいは、過保護と甘えのなかで育った子どもが、ストレスに耐え切れず短絡的で暴発的な行動をとってしまう。など指摘されている。

校内暴力のピーク時には、学校全体が団結し、協力体制の下、対処し、場合によっては警察と連携し、鎮静化を図ってきた。しかし、再発を防ぐために、校則などの規制を過度に強めたり、管理の強化を図ってきたことで、暴力が内向化し、いじめなどに向いてしまっていることも指摘されている。

個人的適応指導（personality guidance）

生徒指導の領域のひとつである。個人的適応指導は、児童・生徒を発達可能性のある一人の人格として捉え、性格などに関する助言・援助を通して、人間性の調和的発達を図るものであり、生徒指導の中で最も基本的なものといえる。これは、不安や悩みを抱える児童・生徒の情緒不安を解消したり、社会（集団）への不適

応を改善したり，と精神的な健康による生活適応のための指導といえる。

個別指導

生徒指導を進めていく際の方法として個別指導と集団指導とがある。個別指導は，文字通り教師が一人ひとりの児童・生徒に対して個別に行う指導をいう。これは，教師と児童・生徒との一対一の直接的な人間関係に基づくという点において，生徒指導の本質的な指導形態といえる。現実には，目立つ問題を抱える児童・生徒への対応に迫られているが，本来的には，積極的に一人ひとりの児童・生徒にとられる指導である。

近年，心理学領域の理論や技術を導入した科学的かつ合理的な方法としての教育相談（カウンセリング）が進歩し，それを活かした個別指導の重要性がクローズアップされている。

自殺

近年の傾向として，多くの小，中，高校生が学校生活での悩みや不安を理由に自殺を図っていることは注目される。具体的には，不登校，教師の叱責や体罰，そして，特にいじめは自殺の原因として深刻である。

現代の子どものなかには，どのようなことでも自殺の契機となり，自殺という手段をもって答えを出そうとする子どもがいることは憂慮すべきである。生徒指導ということにとどまらず，学校，教師はその子どもの出すサインを読みとることに注意を払う必要があろう。

社会性・公民性・道徳性指導[3]（social guidance）

生徒指導の領域のひとつである。社会性・公民性・道徳性指導とは，児童・生徒が自身の個性を理解・把握し，健全な生活態度を形成し，人生観や価値観を形成していくこと，また，学校生活や社会生活のあり方を十分に理解し，社会集団の一員として共通目標を達成しようとするための資質（能力と態度）を育成することをねらいとしている。その指導内容としては，人間としての望ましい生き方，人間関係のあり方に対する指導や友人との協調性を保ち，協力の態度を身につけるといった健全な集団活動と集団への適応指導などがある。

集団指導

生徒指導における個別指導の方法に対して集団指導がある。子どもは，社会生活における人間関係のなかで，自身の人格を形成していくものであり，それは，集団の中で生活することを通して，自分自身と集団との関係を自覚しながら集団内における役割や責任を学習していくことを意味する。このようなことから，子どもは，共通の目的を持った集団のなかで，話し合い，努力や励ましなどによって，目的達成に至るまでの困難や達成後の喜びを通して，一人ひとりの自主性，社会性が育成されていくのである。こうした子どもの心の拠り所となる準拠集団のもつ教育的効果を生徒指導に活かしたのが集団指導である。

具体的に，対象となる集団は，数名の小集団から学級集団，学年集団，全校集団などがあるが，その方法としては，情報提供・助言，集団討議，集団活動などをあげることができる。

出席停止[4]

出席停止とは，学校教育の秩序を維持し，円滑な実施を図るため，また，他の児童・生徒の教育を受ける権利を保障するという観点から，児童・生徒に学籍を保有させながら，一定期間にわたり登校させないという措置のことである。学校教育法第26条では「市町村の教育委員会は，性行不良であって他の児童の教育に妨げがあると認める児童があるときは，その保護者に対して，児童の出席停止を命ずることができる。」と規定されている。出席停止は，懲戒という意味でとる措置ではないので，出席停止期間中の児童・生徒の学習は守られる必要がある。以上のように性行不良による出席停止に加えて，もうひとつの出席停止があるが，それは伝染病予防の観点から行われるものである。学校保健法第12条には，伝染病にかかっている（おそれがある）場合には，校長は出席を停止することができるとあり，出席停止期間は病種に応じるとなっている。

→ 懲戒

進路指導（career guidance）

生徒指導の領域のひとつである。進路指導とは，自己の能力や適性などを理解・把握して，個性に応じて自らの将来の進路を自覚的に選択できる能力の育成をねらいとしている。その内容としては，個々の児童・生徒の能力・適性についての自己理解を深化させ，能力，適性を伸長させる指導である。また，これらは卒業時の就職や進学の指導・斡旋はもとより自己理解の深化，情報提供，啓発的経験[5]，進路相談などが学校での全期間において計画的，継続的に行われることを含んでいる。

わが国においては，戦前からの職業指導との呼称は1958年，学習指導要領改訂により進路指導に改称された。

生活綴方
学級の児童・生徒に現実の生活について作文（綴方）させ，そこに描かれた家庭や地域での出来事（社会的事柄）を題材に，学級（集団）で討議し，共通理解・認識を得るとともに，それら生活認識と生活実践とを統合的に高めていくという指導法である。当初，綴方教育として1930年代初頭に教育現場に広がり，戦前のわが国の生活指導としての役割を果たしてきた。戦後，無着成恭の『山びこ学校』(1951)により学校教育において生活指導のひとつの生活綴方として発展し，確立されていった。綴り方という表現活動を通して，生徒指導（当時は生活指導と呼称）において効果がみられたことで教育現場で支持されていった。

性非行（性の商品化）
性の商品化とは，性に係わる行為や情報が商品という形で金銭を媒介として流通することを意味する。特に，問題となっているのは女子中学生・高校生の売春や性（風俗）産業への関わりである。これらの実態は，マスメディア等で知るところであるが，最近ではテレクラや援助交際が注目されている。テレクラや援助交際を経験した当事者に聞くと，自己決定したことであり，誰にも迷惑をかけていないと正当性を主張する。つまり，当事者にとってこのような行為は一種の経済行為で売春行為とは区別されるものなのである。

性非行の多様化，低年齢化が認められ，社会問題となっているが，教育現場においては，性非行に関する指導とともに，正しい性意識や道徳性を育成する組織的，計画的な指導が必要である。ここでは女性を対象としたが，性非行は，強姦や強制わいせつ，あるいは性的動機による窃盗といった性犯罪と，売春，淫行，不純異性交遊といった虞犯，不良行為があり，当然，男性も対象になりうる。

体罰[6]
学校教育法第11条は，教育上必要があると認めるときは校長及び教員は，児童・生徒に懲戒を加えることができるが，体罰は禁止と規定している。教師のどのような行為が体罰にあたるのかというその範囲についての規定はないが，通常の教育活動に伴う事実上の懲戒行為がどのような場合に体罰にあたるのかについては次の法務庁の見解が参考になる。身体に対する侵害を内容とする懲戒としてのなぐる，ける，特定の姿勢を長時間にわたって保持させるような正座，直立，また，用便や食事の制限，罰当番などで体に肉体的苦痛を与えるものは体罰となる。このような教師による体罰が児童・生徒の不登校の原因にもなっている。

懲戒（児童・生徒への懲戒）
児童・生徒が義務違反や問題行動を起こしたとき，必要に応じて生徒指導上，一定のペナルティーが与えられるがこれを懲戒と呼ぶ。学校教育法第11条は，「校長及び教員は，教育上必要があると認めるときは，文部科学大臣[7]の定めるところにより，学生，生徒及び児童に懲戒を加えることができる。ただし，体罰を加えることはできない。」と定めている。懲戒には，性格上，法的効果を伴うものと事実行為として行われるものに分かれる。前者は，訓告，停学，退学があり，後者は，学校での日常生活で，通常の教育活動に伴う懲戒行為としての説諭，叱責，罰行為，つまり，口頭で注意したり，授業中立たせたり，といったものである。肉体的苦痛を伴う懲戒としての体罰は法律で禁止されている。

非行少年[8]
一般に，非行とは未成年によって起こされる犯罪及びこれに準じる逸脱行為（反社会的行動）のことをいう。少年とは，「少年の健全な育成を期し，非行のある少年に対して性格の矯正及び環境の調整に関する保護処分を行うとともに，少年（中略）の刑事事件について特別の措置を講ずること」を目的とした少年法において定義されているように，未成年者を男女ともにさす。

14歳以上の少年は刑事責任を問われ，その行為が刑罰法令に触れるか，刑事責任を問われるかにより，家庭裁判所の審判に付す非行少年は3つに分けられる。それは①犯罪少年（14歳以上20歳未満に刑罰法令に違反した少年），②触法少年（刑罰法令に触れる行為をした14歳未満の少年），③虞犯少年（刑罰法令に触れないが，保護者の正当な監督に服しない怠学，性癖，飲酒，乱暴，家出，薬物乱用，不良交流等，性格や環境から見て将来刑罰法令に触れる行為をするおそれがあると認められる少年）である。

尚，非行少年や保護者の監督不十分な者などに対しては，指導の限界を超えると判断した場合，校長は，児童福祉法や少年法により福祉事務所，児童相談所に

通告し、犯罪少年の場合は家庭裁判所に通告しなければならないことになっている。

不登校

わが国において「不登校」が注目を集めたのは、昭和30年代前半である。当時、「学校恐怖症」と呼ばれていたがその後「登校拒否」となり、近年では、児童・生徒は必ずしも登校を拒否しているわけではないなどの理由から不登校ということばが用いられている。文部科学省の調査は、年間30日以上欠席した児童・生徒を不登校としている。

不登校とは、心理的、情緒的、身体的、社会的要因により、児童・生徒が学校に行きたいと思っているが行くことができない、行かなければと自覚しているが登校できないでいる状況をさす。対策としては、治療的対策と予防的対策がとられている。前者は、担任教師一人ではなく、生徒指導担当や学年主任と協力・連携体制を確立する。不登校の内容を把握し、対応した治療法を選択する。家庭との協力・連携体制を取る。必要に応じて教育相談所、病院、施設等の関係諸機関との連携を図る。そして、後者としては、問題の早期発見・早期解決に努める。学校の指導体制の改善を図る。等々をあげることができる。

不登校については、適応指導教室や民間の相談・指導施設など学外で一定の要件の下で指導・援助を受けた場合は、指導要録上、出席扱いできる措置がとられている（中央教育審議会）。

フリースクール

文字通り参加自由の学校であるが、その意味は多義的である。本来は、1970年代アメリカでの子どもの自由や自主性を尊重した教育実践を指す。つまり、フリースクールは、伝統的な管理主義学校に対し、学級、学年、教科内容、教育方法において自由で融通性のある学校をめざしたところに始まる。オープンスクールと同義で、壁のない教室という意味ももつ。

生徒指導上では、不登校や退学した児童・生徒にとっての新たな居場所としてフリースクールがあると言える。設置主体は、教育委員会、学習塾、社会教育施設、NPO、保護者など様々であり、1980年代後半から急増し、今日においても注目されている。

保健室登校

児童・生徒のなかには、保健室なら安心して居られるという者がいる。保健室以外にも、例えば、相談室、校長室に登校してくる者もいるという。友達と会いたくない、友達に会えば嫌がらせを受ける、いじめられる、担任や教科担当と会いたくないなどの理由により、登校できない児童・生徒にとって教室に居場所があれば登校する意思がある（学校を休みたくない）児童・生徒もいる。教室以外の場所である保健室に自分の居場所を見つけた児童・生徒のことである。

重要なのは、保健室がなぜ居場所となったのかということである。そこには、養護教諭と児童・生徒の一対一の関係がある。養護教諭は、児童・生徒の様々な情報やサインを得やすいので、担任は、養護教諭との連絡を密にして、共同指導・支援していくように心がけることが大切である。

問題行動（反社会的行動と非社会的行動）

現実にその多くを身近で見受けられる家庭内・校内暴力、いじめ、無気力化や自殺、非行化、性的非行、薬物乱用、凶器不法所持、学級崩壊等々を問題行動という。問題行動は、社会的に認知されている規範や行動から逸脱した行動をいい、それは反社会的行動と非社会的行動に分けられる。反社会的行動は、反道徳的行動、攻撃的な行動であり、喫煙、反抗、無断欠席など学校の規則を破り、秩序を乱したりする行動である。窃盗、傷害、暴力など他の人に危害を及ぼすもの、加えて性的な逸脱行為も含まれる。

非社会的行動は、他の人に直接危害を及ぼすものではないが、本人が現在や将来の生活に対して不安を抱いたり、自信を喪失したり、また、極度の孤独感や劣等感のなかで、正常な社会的行動がとれなくなっている状況にあることをいう。例えば、無気力、孤独、自閉といったことである。生徒指導上、重要なのは両者とも現実の社会において不適応の状態を示しているのであり、学校は家庭と連携を図り、いち早く行動の原因を解明し、取り除いていくことである。ただ、これらが反社会的行動・非社会的行動は同時に、あるいは交互に児童・生徒に起こることもあり、峻別できないことが問題解決を難しくさせている。

薬物乱用

近年、青少年の間での覚醒剤汚染が浸透している。遊び感覚からその深みへと入っていくのだろうが、少年や少女の薬物乱用は深刻な問題となっている。薬物乱用と言った場合、法的に禁止されている薬物の使用をいうのであるが、医療上の用途を超えて使用することも乱用といえる。一般には、シンナー、塗料、接着

剤といったものから覚醒剤，大麻などがあげられる。

　薬物自体，それを使用した者には何らかの害があるが，薬物の最大の問題点は，その依存性にあるとされる。薬物の供給が止まると身体症状が起こり（身体的依存），薬物が断たれることで集中力が高められない（精神的依存）といった状況に陥る。学校での指導として，第一に薬物の恐ろしさを理解させること，つまり防止的指導を行うことである。また，万が一使用する者があれば，早期発見・早期指導が重要となってくる。薬物乱用により，使用した者がグループ化したり，怠学，無断外泊，不純異性交遊，喫煙，飲酒，暴走行為を行うといった問題が起こる。さらに，問題化するのは薬物を手に入れるために，恐喝，窃盗，暴力団との接触などといった行動を起こすということである。また，薬物の使用後に暴力行為，交通事故などが引き起こされることもある。薬物乱用については，使用の程度により関係機関や専門医師たちと連携して取り組んでいく必要がある。

　　余暇指導（leisure-time guidance）
　余暇指導は，余暇活動の重要性を自覚させ，自己の人生をより有意義で豊かなものにするために，余暇を積極的に活用する能力と態度の育成をめざす指導である。内容としては，児童・生徒が自身に適した余暇活動を選択し，余暇を適正に活用できるように促すことを目的としている。最近では，生涯学習社会や完全学校週5日制といったゆとりある教育の政策のなかでその重要性が指摘されている。

　注
(1)　文部省（現・文部科学省）は，1965（昭和40）年に『生徒指導の手引』を作成し，大正期より用いられてきた多義的な教育用語（学校教育において定着したのは戦後，アメリカよりガイダンス理論が導入されてから）である「生活指導」に代えて「生徒指導」を公式用語とした。
(2)　平成6年，文部省は「いじめ対策緊急会議」を開催し，12月9日に「いじめ対策会議緊急アピール」が発表された。同月16日には「いじめ問題について当面緊急に対応すべき点について」が通達として出された。
　　先に続いて，平成7年3月13日「いじめ問題の解決のために当面取るべき方策等について」，同年12月15日「いじめ問題への取組の徹底等について」，平成8年7月26日「いじめ問題に関する総合的な取組について」が通達として出された。
　　「いじめ問題の解決のために当面取るべき方策等についいて」には，いじめであるか否かの判断は，あくまでもいじめられている子どもの認識の問題であると示されている。つまり，いじめと思えばいじめなのである。
(3)　社会性・公民性指導と道徳性指導に分ける場合もある。
(4)　中学校での準用規定は第40条である。
　　学齢児童生徒は義務教育にあり，懲戒処分としての停学は禁じられている。性行不良であっても国公私立を通じて小・中学校等では懲戒としての停学処分を，公立小・中学校等では退学処分を禁じている。詳しくは，学校教育法施行規則13条を参照。
(5)　啓発的経験とは，体験入学，職場体験，ボランティア活動，あるいは地域の活動への参加などである。
(6)　体罰の意味や範囲については，法務庁の見解として「児童懲戒権の限界について」（昭和23年12月22日）に説明されている。また，「生徒に対する体罰禁止に関する教師の心得」（昭和24年8月2日）にも示されている。
(7)　法令は，これまで「監督庁」としてきたが，平成12年の改正により具体的内容が「文部科学大臣」の定めによるということが明確になった。
(8)　14歳未満の少年は，児童福祉法による保護が優先される。14歳以上18歳未満の少年に対しては，児童福祉法による福祉の措置と少年法による保護処分が併存している。18，19歳の少年は，少年法に基づく取り扱いがなされる。

2　進路指導の理解を助けるキーワード

● 目的と内容

　進路指導は一般に上級学校への進学を希望する者に対する受験指導，あるいは就職を希望する者に対する就職先の紹介・斡旋などを含む職業指導とみられることが多かった。しかし，本来，進路指導のもつ意味は試験対策にとどまるものではなく，児童・生徒が長い一生を通じて自らの進路を主体的に選択・決定できる能力を養い，確固たる勤労観，職業観を身につけ，社会人・職業人として自立できる総合的な能力を確立させるところにある。日々の生活に明確な目的意識をもち，人生のそれぞれの局面で遭遇する様々な課題に積極的に，また柔軟に取り組み乗りこえていく力を養うことが目的である。

　近年の産業構造・雇用形態の変化，価値観の多様化は児童・生徒が進路を考える際に迷いを生じさせる大きな要因となっている。自らの将来像がつかめない，あるいは適職イメージが見出せない，即戦力志向を強める企業の要求についていけないなどの理由で学ぶことの意味を見出せず，ニート状態に陥ったり，就職しても早期離職する者が急増している。早期離職者はその後フリーターに移行する可能性が高い。

　このような状況の下，進路指導にはより具体的，実践的な指導が求められ，ボランティア活動やインターンシップなどの体験学習を積極的に取り入れる傾向が強まっている。

アルバイト（Arbeit）

ドイツ語の「労働」を指す語を語源とするが，一般には本業に対する副業や臨時の仕事，特に，学生のパートタイム労働を指す言葉として使われている。近年，ファーストフード産業やコンビニエンスストアなどのパートタイム労働を前提とした産業が急速に発展したため，アルバイト経験率は高校生の5割，大学生の9割前後と高くなっている[1]。

アルバイトは自己の適性発見や職業訓練の場として教育的側面をもつが，一方で，拘束の少ない自由な労働条件で収入を得られることから，学校卒業後も定職に就かず，フリーターとして生活を続ける若者を増大させるという問題もはらんでいる。

インターンシップ（internship）[2]

学生が，自らの専攻や将来の職業上の希望に関連した就業体験をする制度。学生に職業生活の体験の場や実際的な情報を提供し，自らの適性を確実に把握させ，早期の離職や転職を防いだり，大学の研究と社会のニーズを結びつけたりする効果が期待されている。

産学官連携の一環として文部科学省，経済産業省，厚生労働省の三省と大学，企業，官庁などが中心になって推進し，インターンシップ実施のための全国フォーラムやガイドブックの作成，財政支援などがはじめられている。

文部科学省は，大学だけでなく，高校生のインターンシップの実施も進めていて，望ましい職業観・勤労観の育成や学校での学習と職業との関係についての理解，保護者や教師以外の大人と接することによるコミュニケーション能力の向上などの教育効果を期待している（平成14年板『文部科学白書』）。

AO入試

大学の中で入学試験を専門に担当する部署（アドミッション・オフィス）が，受験生の高校時代の学業成績や高校内外の活動記録，自己推薦書，面接などを総合的に評価して行う入学試験の形式。アメリカの一部の大学で行われている方法を大学改革の一貫として導入したもの。従来，日本の大学の入試は学部，学科が主体になって，指定された受験科目の筆記試験で選抜を行う一般入試が主流であったが，偏差値偏重を産んだ反省から，また，多様な人材を採用しようとする目的もあり1990年代から導入する大学が増えてきた[6]。

企業内教育

企業の中で従業員に対して行われる教育の総称で，直接的に企業活動の維持，発展に必要となる知識や技術，態度などの教育・訓練と啓発教育にかかわる一般教養や精神衛生に関する講座，そして公的資格取得のための教育や退職準備教育などを含む。

これまで日本企業は職業人としての人材育成についてもっぱら企業内教育による独自の方法をとってきた。そのため新入社員の採用にあたっては，学校教育で受けてきた教育内容や，すでに習得している技術や知識，あるいは経歴よりも，入社後の企業内教育に対する適応力や人間関係での協調性を重視する傾向が強かった。終身雇用制に基づく日本型雇用慣行が崩壊しつつあるといわれる現在でも，採用については学卒一括採用の慣行が根強く残っているのはその現われである。

キャリア・エデュケーション（career education）

諸個人がその発達段階に応じたふさわしいキャリア（進路）を主体的に選択し，職業生活を含むその後の人生で適正な自己実現を可能にするための組織的，総合的教育を指す。1970年代から主にアメリカ合衆国で推進された教育改革運動から生まれた理念で，初等教育から高等教育，成人教育にいたるあらゆる発達段階の人々に対して，知的教科と職業的教科を同時併行して教育し自己実現に必要な技能，知識，態度，価値観などを育成しようとするものである。

この運動は1960年代の合衆国の激しい社会変化，とりわけ産業界の質的，量的変化，初等，中等教育の停滞，学校教育と実社会とのギャップなどが背景となったものだが，社会変化が加速度的に激化する日本において，教育と職業生活の統合は現代的な課題でもある。

公共職業安定所（ハローワーク）

会社などの求人情報と個人の求職情報を結びつけるための公的機関。日本の完全失業率は2001年7月にはじめて5.0％を超えた。厚生労働省は職業紹介機能を強化し求職活動を円滑にするため，全国のハローワークにキャリアコンサルタントを配置したり，ハローワーク内に自己検索端末装置を設置，全国にわたるインターネットによる求人情報を提供するようになった。

また，職業紹介の官民連携もすすめられ，インターネット上に「しごと情報ネット」を設置し，ハローワークがもっている求人情報だけでなく，民間の職業紹介会社や求職情報誌，経済団体などの求人情報も提供するようになっている。

公務員

　公務員は大別して，国家公務員と地方公務員に分けられる。現在，公務員の総数は436万1000人，そのうち国家公務員は111万4000人（25.6％），地方公務員324万7000人（74.4％）である（『公務員白書』平成13年度）。また公務員は国家公務員法，地方公務員法の規制をうける一般職と，規制を受けない特別職に分けられる。内閣総理大臣や国務大臣，国会議員，防衛庁職員，都道府県知事，副知事，市町村長，助役などは特別職で，これら以外の約9割の公務員は一般職である。一般職の公務員は公務員法の定める各種の権利を保障されているが，政治活動や労働運動の権利について制限を受ける(3)。

公務員採用試験

　国家公務員採用試験については，各省庁共通の職員の試験がⅠ種，Ⅱ種（ともに大学卒業程度），Ⅲ種（高校卒程度）に分けて実施されている。このうちⅠ種試験に合格し本省庁に採用された職員は，いわゆる「キャリア組」と呼ばれ，幹部候補生としての昇進ルートに乗る。現在，本省庁の幹部の大部分はキャリア組によって占められている。近年，人事院と各省庁は，このような硬直的な人事慣行を改めるため，Ⅱ種，Ⅲ種職員を含めて，広く幹部登用が行えるよう制度改革を進めている。

　この他に，国家公務員採用試験には，個別省庁の専門官を対象とする試験がある。大学卒業程度の応募者を対象としたものでは国税専門官，労働基準監督官，法務教官，航空管制官，家庭裁判所調査官など，高校卒程度では，入国警備官，皇宮護衛官，刑務官などがある。

　地方公務員採用試験では，各地方自治体(4)の人事委員会が行う都道府県市町村の職員募集の他に様々な局や部署が専門職員の採用を行う。例えば平成15年度の東京都庁の例では，人事委員会が行うⅠ類，Ⅱ類，Ⅲ類，経験者対象などの職員採用試験の他，中央卸売市場職員，公立学校教員，福祉局職員，健康局職員，産業労働局職員，病院経営本部職員，警視庁職員，東京消防庁職員などの採用試験が実施されている。

職業教育

　特定の職業につくために必要な知識や技術の習得を目的にした教育で，普通教育を基礎として成立する。学校教育の中で行われる職業教育は農業，工業，商業，水産，家庭，看護などの専門高等学校で行われている。平成13年5月現在，約91万人（全高校生の22.4％）が専門高校に学んでいる。また，1970年代以降から高まってきた高学歴志向とあいまって，高等学校卒業を入学資格とする専門学校も即戦力を目指した職業教育の場として大きな役割をはたすようになった。これは，産業のIT化，情報化がすすみ，コンピューター関連の知識や技術の必要性が急速に増加した事や，社会変化の過程で様々な新しい業種や職種が出現した事が背景となっている。また。バブル経済崩壊後，学生の就職状況の悪化にともない，大学や短大に通う学生が，併行して専門学校や各種学校にも通い，公的資格を取得したり，司法試験，公認会計士試験，公務員試験などの合格をめざし，就職に有利な条件をつくろうとする，いわゆるダブルスクール現象も多くみられるようになっている(5)。

職業資格制度

　現在，特定の職業につくための職業資格は600種以上ある。資格試験を実施する機関は様々であるが，大別して，国の行政機関が行うものに司法試験，公認会計士試験，医師国家試験，1級建築士試験，不動産鑑定士試験などがあり，都道府県などの地方自治体が実施するものに，調理師試験，理容師・美容師試験，宅地建物取引主任者試験などがある。また，国や地方自治体が指定する団体が実施する試験に中小企業診断士試験，旅行業務取扱主任者試験などがある。

　各職業資格と実際の職業上の地位との関連をみると，大別して，資格取得が法律上その職業に就く必要条件となっているものと，必要条件とはなっていないが，特定の知識や技術の水準を認定する資格試験に分けられる。通常，後者の資格には1級，2級などの等級が設定されている場合が多い。

　弁護士，公認会計士，医師，建築士，税理士，司法書士，幼稚園・小学校・中学校・高等学校教諭，保育士，看護師などは必要条件となる資格で，資格がないとその職業に就くことができない。公務員試験もこのような資格試験の一種とみることができる。国家公務員採用試験や都道府県職員の採用試験，公立学校教員採用試験などは公務員，教員としての能力や適性の認定を行うもので，合格しなければ職に就く事ができない。ただし，合格がただちに採用を意味するわけではなく，合格者は有資格者として登録され，そのなかから適格者が選考されて実際に採用されることになる。

　これに対して，英語検定試験や情報処理技術者試験などは必要条件ではなく，資格がなくてもその職業に

就くことができる。しかし，これらの資格試験に合格して高い知識や技術が認定されていれば，採用時やその後の労働条件で有利になる可能性が高いのはいうまでもない。

大学入学資格検定（大検）

学校教育法は大学受験資格に高等学校卒業を条件としているが，文部科学省は何らかの理由で高校を卒業できなかった者に対して大学受験資格を認定するために検定試験を実施している。この試験は1951年から実施され，当時は旧制中学卒業者や経済的理由等で高校を卒業できなかった者を主たる対象としていたが，近年は高校中退者や様々な理由で高校教育を受けなかった者の受験が多数をしめるようになっている。2000年度からは外国人学校の卒業生も受験が認められ，2001年には年2回，試験が実施されるようになり，出願者は増加し続けている。

派遣社員

労働者派遣会社に勤務または登録し，その会社とは別の，労働者を必要としている会社に派遣されて働く労働者。派遣会社に勤務している場合を常用型派遣，登録だけして仕事があるときだけ派遣されて働くものを登録型派遣という。

派遣社員は派遣先の会社と契約した期間，定められた仕事について勤務するため，一般に正社員に要請される残業や転勤，勤務時間外の付き合いなど会社勤めに伴う様々な拘束から解放されている場合が多く，生活の自由度は高い。しかし，景気の低迷や年齢制限などによって派遣先が見つけられなくなったり，派遣先がしばしば変わり，仕事の内容が非熟練労働に偏る傾向があり，職業的な経歴を積み重ねる事が難しいなどのデメリットがある。

パラサイトシングル

学校卒業後も定職に就かず，親と同居して暮す独身者。住居費，食費など日常生活の大部分を同居する親に依存して，アルバイトなどで稼いだ金は自分で自由に使うことから，社会学者・山田昌弘が命名した造語。山田は国勢調査の統計をもとに，親に寄生（パラサイト）して豊かな生活をしている独身者は500万人以上，その7割が女性であると推計し，この独身者達の非婚・晩婚傾向が現代日本の少子化や不況の一因となっていると指摘している。

フリーター

フリー（自由）とアルバイター（労働者）を合わせた造語。学校に在学せず，パートタイムの仕事をしながら，比較的自由な生活を続ける若者を指す。正確な統計はないが，現在およそ200万人から300万人の数にのぼると推計されている。フリーター急増の背景には，拘束の多い正社員の仕事を嫌う若者の意識変化があげられるが，長引く不況で望んだ職を得られないということも大きな要因である。男女比は男性3に対して女性7の割合で，女性の雇用水準が低迷状態にあることとも関連している。

企業の側も人件費の高い常勤の社員を減らし，コストが低く，不況時に解雇しやすいパートタイムの労働力を求める動きがでてきた。フリーターは本来の希望する仕事に就くための準備段階とみることもできる。しかし一方で，継続性のない不安定な労働では，職業的能力の養成がむずかしく，将来の経済的自立を困難にする危険性があることも指摘されている。

ボランティア

自発的に行う社会奉仕活動の総称。原則として無償で行われるが，活動に必要な交通費や食費などの実費を受けとるものや，一般より安い報酬を受けて行う有償の活動もボランティア活動に含む場合がある。日本ではボランティア活動の歴史が浅く，活動を支える社会的基盤が充分でなく，一般の関心も高いとはいえない状態だった。しかし，1992年の生涯学習審議会答申の中でボランティア活動の推進が重要な課題とされ，2002年の中央教育審議会答申では小中高校の授業の中でボランティア活動が実施されるべき事が示されるにいたって，にわかに関心が高まりつつある。大学の教職課程の中に社会福祉施設などでの介護体験が義務付けられたり，高校，大学の入学試験や企業の採用試験などでボランティア経験が評価対象にされるようになった。

ボランティア活動は社会的貢献の側面ばかりでなく，その体験を通じた自己実現や生きがい，自己形成という教育的側面が重要視されている。

ライフサイクル（lifecycle）

人の一生における生活状態の周期的な変化を指す。人の一生は規則的に推移するいくつかの段階に分けて理解することができる。誕生，親に養育される時期，職業選択時期，配偶者選択時期，子どもを養育する時期，老後の引退生活，やがて迎える死。これらの過程

は個人的事情や歴史的社会状況の相違によって順序や期間がいくぶん異なることがあるにしても，大部分の人が世代を超えて共通に経験する過程である。親の世代や子どもの世代との関係も含めて，自らの一生を展望し，将来の生活を計画的に送ろうとする場合，有効な示唆を提供する考え方である。

リカレント教育

OECD（経済協力開発機構）が1970年に提唱した，学校教育と職業生活を人の一生のなかで循環的に配置できるようにしようとする提言。かつては学校教育を終えて職業生活をはじめると引退まで働き続ける一方向的な生活が主流だった。これを職業生活の途中でも，大学や大学院にもどって新たな知識や技術，資格などを獲得して，また職業生活にもどったり，一定期間職業生活から離れてボランティア活動等に参加し，その体験を生かしながらまた職業生活に復帰するといったライフスタイルへ変えていこうとするものである。近年，多くの大学，大学院に設置されるようになった社会人入学制度や昼夜開講制，夜間大学院，専門職大学院(8)，企業が導入をはじめたボランティア休暇・休職制度などはこの提言に沿うものである。

向のものも増加傾向にあり，大学生の職業に対する志向は二極分化しているとみる意見もある。
(6) 大学の入試制度は大学内外の要請もあり，近年，多様化の一途をたどっている。一般入試，AO入試以外にも，推薦入試，社会人入試，帰国生入試，大学入試センター試験，一芸入試，欧米の学年暦に合わせた9月入試など様々な形式が実施され，頻繁に変更されるため，受験生の選択肢が増えるという利点がある一方，入学への過程が複雑になり，混乱を招くという問題点もある。
(7) 民間非営利団体。営利目的ではない民間団体はすべて含まれる広い概念で，主に環境や福祉に対する活動を行なっている。1998年にNPO活動を支援するNPO法案が国会で採択されている。
(8) 日本の大学院はこれまで研究者養成を目的としたものが主だったが，国際化の進展や科学技術の高度化，生涯学習社会の推進の要請などとあいまって，高度専門職業人の養成を目指した大学院の創設が進められている。すでに経営学修士号（MBA）の取得可能な大学院は設置され，2004年度から全国の大学で法科大学院（ロースクール）の学生募集が始まっている。法科大学院は司法制度改革とあわせて新たな法律家養成機関として位置付けられている。

注

(1) 1999年の全国高等学校PTA連合会の調査では，高校の校則におけるアルバイトに関する規定では，全体の約40％が許可制，30％が届出制，25％が禁止であった。「内容による」という条件つきを含めると父母の80％以上が高校生のアルバイトに対して肯定的で，生徒のアルバイトをする動機は「自分の欲しいものを買うため」が80％をしめた。
(2) 職場における実習生，研修生を指す言葉で，これまで病院などの研修医の制度がよく知られていたが，これを一般企業や官庁などにも広く適用しようとするものである。
(3) 国家公務員の給与は人事院勧告に基いて国会で決定される。最高額は内閣総理大臣の月額222万7000円。ボーナスを含む年収は3652万2800円である（2003年度）。
(4) 国から独立して一定の地域内の政治や行政を行うことが法律で認められている地方公共団体のこと。この場合は主に都道府県と市町村を指す。
(5) ダブルスクールに通う学生数は1997年度の調査時点で3万5000人を超え，現在も増え続けているとみられる。このように専門的な職業獲得に意欲を示す学生がいる一方で，学校卒業後も定職につかない，あるいは就職しても明確な理由なしに早期に退職してしまうフリーター志

3 教育相談の理解を助けるキーワード

● 目的と内容

　学校における教育相談は，不登校やいじめ，生活習慣の乱れ，学習意欲の減退や交友関係といった教育上の諸問題について，子ども自らが正しい自己理解を深めることで，望ましい解決に向かっていけるように助言・指導を行なうことである。そして，こうした教育相談を支えているのが，現場の教師一人ひとりである。

　しかし，学校における教育相談は，呼び出し面談や定期的面接相談といった非自発的な相談といった形からなされることも多く，日常生活において子どもとの信頼関係が確立されているかが鍵となる。さらに，教育相談は，生徒自身の自己信頼感に支えられた全人格的育成に関わる教育的働きかけであることを考えると，子どもの発達の特性やその対応についての十分な知識をもつことが教師に求められる。

　また，特別支援教育の導入で軽度の発達障害を抱えた子どもたちへの対応と育成など，校内相談体制に支えられた教育相談の組織的対応が欠かせない。今後は学校・家庭・医療・地域社会との連携が教育相談においてもさらに求められてくることであろう。

　この「教育相談の理解を助けるキーワード」は，①思春期の子どもが罹りやすいこころの病，②生徒理解のためのカウンセリング理論，③生徒理解のための心の発達の基礎理論，④様々な教育・医療機関との連携で理解が求められる心理テストと心理療法，⑤軽度発達障害の理解といった領域から抽出されたものである。いずれも身体・精神ともに発達途上にある子ども一人ひとりの特性の理解・援助に必要な基礎知識と言えよう。

アサーション・トレーニング

自己表現トレーニング。相手の気持ちを踏みにじることなく，自分の気持ちや，考えを伝えられるようにする自己主張訓練法。1950年代に，アメリカで，対人関係で悩んでいる人のためのカウンセリングの一手法として行動療法の中で開発された。その後，1960年から70年代の基本的人権運動や差別撤廃運動の影響を受け，より積極的な人間関係の促進にも活用されるようになった。現在では，社会的行動技能の訓練として位置づけられており，教育現場でも活用されている。

アスペルガー症候群

アスペルガー*によって提唱された小児期の発達障害のひとつ。他人と感情疎通が難しく，交友関係を作る能力が乏しい。また一方通行の会話，ぎこちない動作，環境の変化に対する過敏性などの症状がみられる。男女比は8対1で，男子に多い。自閉症とともに広汎性発達障害に分類される。原則として精神遅滞や言語面の障害は認められない。→　自閉症

いじめの四層構造

学校内で起きているいじめに対して，どのように児童・生徒が関わっているかで，構造的に①いじめっ子（加害者），②いじめられっ子（被害者），③いじめをはやしたてて，面白がっている子（観衆），④見てみぬ振りをしている子（傍観者）の四つの層でいじめをとらえたもの。いじめは，こうした四つの層の密接な係わりの中で展開されている。

インテーク（受理）

相談を開始するに当たり，今後の治療方針を決めるために，相談課題を明確にしたり，生育暦や家族関係など，相談者（クライエント）から，必要な情報を聴取し整理すること。インテークの結果により，相談課題への対応に当該機関が適当かどうか，他の専門機関を勧める必要があるかどうかも判断される。

ウェクスラー知能テスト

ウェクスラー*によって開発された個別的知能検査。6種類の言語性検査と5種類の動作性検査から構成されている。言語性IQ，動作性IQ，全検査IQが算出され，下位検査のプロフィールパターンも評価される。幼児用（4〜7歳）のウィプシィ（WPPSI），児童用（6〜16歳）のウィスク（WISC），成人用（16〜74歳）のウェイス（WAIS）がある。知能の水準や，発達程度をみることができ，発達障害や，精神遅滞，痴呆などの診断の補助として用いられる。現在は改訂版WISC-Ⅲ，WAIS-Rが使用されている。

内田クレペリンテスト

一定の作業を課し，作業経過をみることによって被験者の性格を測定しようとする作業検査法の代表的テスト。クレペリン*が行った連続加算法を日本の内田勇三郎が改変したもの。横に並んだ隣同士の数字を加算して書いてもらい，その作業内容と能力を分析，測定する。精神障害者の診断の補助の他，知的能力，性格傾向も判断できるため，就職試験などでも使用されている。

エディプス・コンプレックス

精神分析の創始者フロイト*が重視した概念の一つ。エディプスという名称は，父親と知らずに実父を殺害し，母親と結婚したギリシャ神話に登場するエディプス王に由来している。5〜6歳ごろの男児は，母親に愛着を感じ，父親に対して無意識のうちに敵視や競争心（エディプス・コンプレックス）を経験し，この感情が父親の怒りを呼ぶのではないかといった恐怖感を強く感じる時期を迎える。この葛藤が上手く処理されると，幼児は同性の親をモデルとして同一化を行い，性役割を獲得していく。

エンカウンター・グループ

対人関係の改善や自己成長を目的としたグループ。エンカウンターとは二人の出会いまたは対峙を意味する。グループはその運営のされかたによって，非指示的なもの（非構成的エンカウンター・グループ）と，指示的なもの（構成的エンカウンター・グループ）に大別される。日本には，1970年から，ロジャーズのもとで学んできた畠瀬稔により導入された。小・中・高校の教育現場においても，生徒相互の感受性育成などに活用されている。

絵画療法

描画という非言語的な表現方法を用いて，内的な自分の感情や考えを，視覚的イメージとして表現することで治療を行おうとするもの。自由画と課題画に大別される。絵を描くこと自体に，鬱積していた気持ちを開放する（カタルシス・浄化）作用があるだけでなく，相談者の自発性や活動性，創造性を高める働きがある。描画には，不安や葛藤，欲求など子供の内的世界が表

現されやすいということから，いくつかの課題画は人格診断の方法としても活用されている。代表的なものに，家，木，人の絵を一枚の絵に，あるいは別々の紙に描画してもらう家・人・木描画検査（HTP）やバウムテストがある。→ バウムテスト

カウンセリング

カウンセリングの目標は，相談を受理している場（医療現場，学校など）やその相談内容や相談者などの条件により異なってくる。しかしながら，現場によって援助の方向性に大差があったとしても，相談者理解というカウンセリング・マインドは不可欠である。来談者中心療法の創始者であるロジャーズ*はカウンセラーのとるべき基本的な姿勢を提示し，その精神は，現在も様々な相談の現場で支持されている。カウンセリング技法としては，相談者が語る内容を，相談者が用いた言葉にできるだけ忠実に要点を押さえて繰り返していく，繰り返し技法。相談者の体験している感情をカウンセラーが言葉にして伝え返す，感情の明確化などがある。→ 来談者中心療法

過換起症候群（過呼吸症候群）

何らかのストレスを契機に発症。動悸，不安などを伴って，突然速くて深い呼吸が起こり，呼吸困難やしびれ，意識障害といった神経症状を示す。死の恐怖や過度の不安などが誘発される。発症年齢は10代後半から20代にかけての女性に多い。発作時の治療法としては，炭酸ガスを多く含んだ呼気を再び吸うことによって血中二酸化炭素を回復させるために，紙袋を口にあてて呼吸させる方法がとられたりする。

学習障害（LD, learning disabilities）

カーク*（Kirk, S. A.）により提唱された用語。知能水準は正常範囲内であるものの，読字障害（読みの正確さと理解の障害），算数障害，書字能力の障害がみられる。多くの場合，精神遅滞，広汎性発達障害，ADHD，行為障害などに随伴すると考えられている。診断にはITPA，WISC-Ⅲが活用されている。

家族療法

家族全体を治療の対象とする集団療法的な方法。心の病気は，患者を取り巻いている人間関係の中で起きている現象だという認識が出発点となっている。

家族が持っている問題解決への対処能力を引き出すことによって治療していこうとするもの。1950年代に米国で生まれ，その理論的立場により①精神分析理論による家族療法②行動療法理論による家族療法③家族システム理論による家族療法が挙げられる。日本においては，1980年代から，摂食障害の治療をはじめ臨床現場で活用されている。

緘黙（かん黙）

発声上の器官的問題や，言語能力に問題がないにもかかわらず，言語を発しないこと。完全緘黙（全ての生活場面での緘黙）と家庭では話すが，学校では話せないといった選択的緘黙に大別される。後者の場合，親も楽観視してしまい，専門家への相談をすることなく経過してしまうことがよくあるといわれている。自分を表現することに対しての心的外傷体験（いじめなど）をしている場合もあり，社会性が失われる前に心のケアが必要とされる。→ 箱庭療法

危機介入

危機とは，病気，災害，事件，身近な人の死などといった外的なストレスが，個人の心の調整機構を超えて，心身ともに病的な症状を呈してしまう状況のことをいう。危機介入の方法としては，混乱をこれ以上拡散させず，危機状態に出会う前の通常の心理的状態を取り戻すことを主眼にした短期集中型の援助が有効とされる。学校での問題行動に対処する生徒指導の方法として活用が期待されている。→ PTSD

気分障害（躁うつ病，うつ病，躁病）

感情がひどく高揚したり落ち込んだりする病気で，高揚と落ち込みが交互にあるものを躁うつ病，落ち込みだけが起こるものをうつ病，高揚だけがあるものを躁病という。うつ病は子供にも起こりうる病気であり，精神状態として，不安感，悲哀感，集中力低下が見られ，身体状態としては疲れやすさ，全身倦怠感，食欲低下，不眠などがあげられる。子供の場合は，自責傾向は大人ほど目立たないものの，行動制止（おっくうで動けない）が中心となり，身体症状（腹痛や食欲低下）を伴いやすい。原因として神経伝達物質*の働きが悪くなっていることが分かっており，治療法として薬物療法や認知行動療法など心理療法が併用されている。→ 行動療法

強迫性障害（強迫神経症）

強迫障害は，自分でもばかげていると分かっていながら，ナイフですれ違う人をさしてしまうのではない

かといった繰り返し頭に浮かぶイメージや衝動（強迫観念）や，手洗いなど，何度も同じ行為を繰り返してしまう（強迫行為）といった症状がみられる。原因としては，本人の素因，受験，親子関係，友人関係といった様々なストレスや脳内の神経伝達物質（セロトニン）の機能異常も考えられている。治療法としては，薬物療法や認知行動療法，暴露療法，自律訓練法などが併用されている。→行動療法，自律訓練法

行動療法

不適応行動は間違った行動を学習してしまった結果だという学習理論に基づいた治療法。ワトソン*の行動主義を基礎とする。問題行動がどのような場面や状況で生じているかを分析し（行動分析），問題行動を減らし，望ましい行動を獲得するにはどのような経験がよいかを指導していく。その方法としては，系統的脱感法，暴露法（エクスポージャー法），オペラント法などがある。現在は行動療法で開発された多様な技法に，患者の認知の修正を治療に取り入れた認知行動療法が用いられている。不安障害や強迫性障害，自閉症の治療でも用いられている。今後は不登校等，教育相談でもさらなる活用が期待される。

行為障害

人や動物に対する攻撃性や所有物への破壊行為，うそや窃盗といった反社会的行為が6カ月以上続く場合をいう。10歳までに発症する小児期発症型と思春期以降発症する青年期発症型がある。→　少年法

交流分析（TA/transactional analysis）

1950年代に米国のバーン（Berne, E.）によって創始された性格理論。精神分析の口語版とも言われる。人は誰でも，5つの自我状態（批判的な親の自我状態，保護的な親の自我状態，大人の自我状態，自由な子供の自我状態，順応した子供の自我状態）をもつとされる。人との交流においても，必ずどれかの自我状態で応答していて，そのエネルギーの方向性を図解したものは交流分析といわれ，人間関係を変えていこうとする心理療法にも活用されている。

コンサルテーション

精神科医，心理臨床家が，問題を抱えた人の相談，援助に直接かかわっている専門家（教師，担当医）に別の専門家としての視点から，相談者に対する適切な対応ができるように助言や指導を行うことをコンサルテーションという。助言をする側の専門家をコンサルタント，助言を受ける側をコンサルティーと呼ぶ。両者とも対等な専門家同士の関係であり，コンサルタントの助言を採用するかしないかを決定するのは，コンサルティーである。

児童虐待

近年の児童虐待事件の増加に伴い，日本でも2000年11月に「児童虐待の防止等に関する法律」が施行された。その中で保護者がその監護する児童（18歳未満）に対し，①身体的虐待（身体に外傷が生じる又は生じる虞のある暴力を加えること②性的虐待（わいせつな行為をすること又はさせること）③養育の拒否又は保護の怠慢（児童の心身の正常な発達を妨げるような著しい減食又は長時間の放置など，保護者としての看護を著しく怠ること④心理的虐待（児童に著しい心理的外相を与える言動を行うこと）といった行為を虐待と定義している。2004年10月，「児童虐待防止法」が改正された。いくつかの改正ポイントがあるが，そのひとつに虐待を受けているとの確証がなくとも，合理的に判断して虐待が疑われる場合には，通告義務が発生することがあげられる。被虐待児童は，家族からの暴力行為に深い傷（心的外傷）を負っており，多分野における継続な専門家援助が必要とされる。

自閉症（広汎性発達障害）

1944年にカナー*が早期自閉症を報告した。当初は最早期に発症した統合失調症とする考え方が主流であった。DSM-Ⅳの診断基準では，①他者と情緒的な相互関係を持つことができない，発達に応じた仲間関係をつくることができないといった社会的相互反応の質的障害に関するもの。②社会性をもった物まね遊びといった想像上の話に興味がもてなかったり，反復的な言葉の使用が見られるといった意思伝達の質的障害に関するもの。③特定の習慣や儀式にかたくなにこだわるといった制限的な行動レパートリーといった，主に3つの視点から診断される。精神遅滞を伴っている場合もある。認知理論と行動理論を組み合わせた治療プログラムも開発されている。→　アスペルガー症候群

自律訓練法

1930年代にシュルツ*によって確立された。自己催眠状態を体験することで，ストレスによる心身の不調を改善しようという治療法。自分で催眠状態を作り出

す方法として，公式言語を用いた標準練習が用いられる。公式言語は，背景公式「気持ちが落ち着いている」，第一公式「両手両足が重たい」（重感練習），第二公式「両手両足が温かい」（温感練習）の他，心臓調整・呼吸調整・腹部の温感・額の涼感の第六公式まである。心身のリラクセーションがもたらされるため，神経症や心身症の治療に併用されている。

事例研究（ケース・スタディ）
問題を持つ個人の問題を，生育暦，家庭環境などの様々な資料・情報をもとに周囲とのかかわりあいを含めて，全体像を明確にする。そして，今後の理解・援助・指導・治療の方向性を討議し，問題解決を見いだそうとするもの。学校教育相談の資質向上のためにも校内での事例研究会の果たす役割は大きい。

少年法
非行行為を行った少年（20歳未満）の処遇などを定める法律。少年の保護・育成が尊重されているため，罪を犯した少年に対しても，なるべく刑罰を科さずに処理しようという精神で貫かれていた。しかし，近年の少年による凶悪犯罪の続発により，2000年11月に少年法が改正された。それにより，それまで16歳以上とされていた刑法の責任能力が14歳に引き下げられ，14歳以上の少年にも刑事責任能力が問われるようになった。→ 行為障害

人格障害
小児期，ないし青年期から，ある個人を持続的に特徴づける人格の歪みを意味する。人格障害は精神病ではないものの，平均から逸脱した性格特性の偏りで，リストカット，対人関係のトラブルなど，様々な行動化が繰り返される。しかしながら，自分自身の問題として捉えられないため，周囲の人が困っていても，治療への動機づけに，つながらない場合も多い。DSM-Ⅳでは，奇妙で風変わりな考えをもつ人たちや，激しい感情表出や言動で周囲に多大な影響を与える人たち，不安が強い人たちという視点から，9つの人格障害をあげている。

人格検査（性格検査）
人格検査は，被験者（検査を受ける人）の人格をなるべく多次元的に理解するためにいくつかのテストを組み合わせて（テスト・バッテリー）を用いたりする。検査が扱う被験者の意識の水準によって，①意識的なレヴェルを扱う質問紙法，②性格テストと気づかれにくいため，前意識レヴェルが扱える作業検査法，③無意識下の葛藤や人格の歪みが読み取れる投影法に分けられる。→ 投影法，YGテスト

摂食障害
過度の食事制限と運動で体重の減少をみる拒食型と，気晴らし食いの程度を超えた過食型に大別される。いずれも自己誘発の嘔吐や大量の下剤使用がみられることも多い。体重に対するこだわり，肥満に対する恐怖は強く，頭の中は食べ物のことで一杯という状態である。客観的なボディイメージを持つことができなくなるため，いくら痩せても肥満に対する恐怖は治まることがない。そのため，治療に対する動機づけがつけにくくなる。治療法として，薬物療法や認知行動療法，家族療法が取られている。→ 家族療法

心的外傷（トラウマ）／PTSD（外傷後ストレス症候群）
過去に経験された身体的苦痛や打撃的な体験が心に及ぼした傷のこと。PTSDは，こうした心的外傷体験後に見られる様々な症状を示す障害のことをいう。PTSDに見られる症状として不眠，憂うつ，外傷が想像される場所の回避，夢の中での外傷の再体験があげられる。いずれも，強い不安や恐怖感を伴う。

心理劇（サイコドラマ）
モレノ*によって創始された集団心理療法の一つ。8〜15人程度の患者が演じる即興劇。監督と呼ばれる主治療者と，主役の自我を補助する補助自我，演者，観客，舞台の5要素から成り立っている。劇の開始はウォーミングアップでリラックスさせ，テーマを引き出し，劇終了後は必ずシェアリング（ドラマの体験について共有し，現実体験と統合すること）を行い，主役を保護する。自発性を高め，多面的に自分の問題を見つめることを援助する。→ ソシオメトリック・テスト

スクールカウンセラー
学校内で児童・生徒の心の支援，ならびに保護者や教師の援助を行う専門家のこと。平成7年に文部省（現文部科学省）により，全国154の小・中・高等学校に試験的に配置され，2000年度には2250校へと脅威的速さで広げられた。東京都でも，2003年度より都内全公立中学校にスクールカウンセラーが配置されている。

スクールカウンセラーの多くは，日本臨床心理士資格認定協会の認定する臨床心理士である。

ストーカー規制法
2000年11月から施行されたストーカー行為を規制する法律。この法律が対象とするのは，特定の人物またはその家族を標的にして，つけ狙い，待ち伏せし，尾行，住居侵入，中傷といった「つきまとい等」と，「つきまとい等」が繰り返して行われる「ストーカー行為」である。「つきまとい等」は，被害者の申し出により，警察本部長等が警告を出すことができ，警告に従わない場合には，都道府県公安委員会が禁止命令を行うことができる。禁止命令に違反して「ストーカー行為」をすると，1年以下の懲役又は100万円以下の罰金が課せられる。ストーカーの多くは，病的な自己愛の持ち主で，屈折した恋愛感情が背景にあることが多い。

性同一性障害
自分の生得的な性が，男性，女性のどちらかに属しているかはっきり分かっていながら，自分の肉体的性に対する嫌悪感が強く，反対の性がふさわしいと確信している状態とされている。性同一性障害の原因は明確にされていないが，有力なものとして，胎生期や出生前後のホルモン環境の異常によるという説が挙げられる。成長の過程でも，性役割の混乱を伴い，第二次性徴が目立つようになる思春期には性別に対する違和感，嫌悪感は高まる。

ソシオメトリック・テスト
モレノにより考案された社会測定法。学級内の児童・生徒間の選択・排斥関係（好き・嫌い）や孤立状況，下位集団を明らかにし，指導に生かすことを目的としている。テストは，「誰の隣に座りたいですか？」「一緒に遊びたくない人は誰ですか？」といった具体的な質問がされる。テスト結果は学級内の子供間の親和反発関係が視覚的に理解されるソシオグラムなどに整理され，クラス運営に生かされる。→　心理劇

ダブルバインド
1950年代半ば，統合失調症の家族には独特のコミュニケーションルールがあることに気づいたベイトソンの提唱した理論。二重拘束理論ともいう。例えば，母親が子供に「こっちにおいで」と言葉では呼んでおきながら，母親の表情や体全体からだされる非言語的なメッセージは拒絶を示しているといったような同時に相反するメッセージの縛りが伝えられること。矛盾するメッセージが頻繁に伝えられた子供は，混乱してしまい，病的コミュニケーション行動をとらざるをえなくなるという理論。統合失調症に限らず，不登校やひきこもりなど現代の問題行動を家族システムの面から捉える中心的概念にもなっている。

チック障害
まばたき，しかめっ面を一日に何度も繰り返す運動性のチックと，咳払いや特定の発声を繰り返す音声チックがある。チックの継続が一年未満かどうかで一過性のチックと慢性のチックとを分けている。いくつもの運動性チックと音声チックを伴う場合はトゥレット障害と呼ばれる。チックの原因は不随意運動に関する脳機能の問題にあると考えられている。

DSM (Diagnostic and Statistical Manual of Mental disorders)
アメリカ精神医学会が発行している精神障害の診断と統計のマニュアル（DSM）。精神障害の診断を下す時のガイドラインとなるもの。1952年に第一版が発表されてから，現在は2000年に出されたDSM-Ⅳ-TRが使用されている。一人の患者を同時に5つの軸（①臨床疾患，②人格障害と精神遅滞，③一般身体疾患，④心理社会的および環境的問題，⑤機能の全体評価）から評価する多軸評定法が採用されている。その他，WHO（世界保健機関）のICD（国際疾病分類）も精神障害の診断のガイドラインとして用いられている。

投影法
意味のあいまいな図版，言語などを与えて，できるだけ自由な反応を引き出すことで，被験者の抑圧されている欲求，衝動，感情，思考傾向などを力動的に見ようとするテスト。ロールシャッハ・テストや言語連想の他，人物が描かれている一枚の絵を提示して，自由に物語を作ってもらうTAT（絵画統覚テスト），絵画によるテスト（バウムテスト）等が挙げられる。

バウムテスト
コッホ*が創案した描画による投影法性格検査の一つ。A4用紙に「実のなる木を描いて下さい」と教示を与え，一本の樹木を描いてもらう。児童から成人まで適用できるだけでなく，言語表出が難しい緘黙児等にも適用できる。描かれている樹木の大きさ，実のな

り方といった形態的特徴や鉛筆の濃淡，木の描かれている空間的配置等多面的側面から解釈される。一般的人格診断だけでなく精神障害，知能障害の診断の補助にも用いられる。→　投影法

箱庭療法

子供の心理療法としてローウェンフェルト＊が考案した「世界技法」にヒントを得て，カルフ＊が発展させた遊戯療法の一つ。カルフに教えを受けた河合隼雄＊が1965年に日本に導入し「箱庭療法」と命名した。57×72×7cmの大きさの砂箱に砂を敷き，そこに人間・動物・植物・家・車等，様々なミニチュア玩具を自由に配置作品を作り上げていくことが求められている。作品を作り上げる過程にも浄化作用があるだけでなく，作品全体の統合性や，玩具の空間配置や，テーマなどから作成者の内面の問題が映し出されたりする。何回かの箱庭をシリーズとして時系列的にみていくことは，心の変化をとらえることが可能になる。言葉で表現しないでいいため，緘黙児の治療にも活用されている。→　遊戯療法

発達障害者支援法

2005年4月に施行。発達障害の対応には早期発見・早期支援が不可欠と捉え，発達支援を行なう国・地方公共団体の責務を明確にし，学校教育における支援や発達障害支援センターの指定などについて規定している。これまで，知的障害を伴わない軽度の発達障害（高機能自閉症，アスペルガー症候群その他の広汎性発達障害，学習障害，注意欠陥/多動性障害など）は，障害児教育の対象外とされ，特別な教育的対応がなされないままであった。

しかし，発達障害者支援法により，今後は，学校内においては発達障害の子ども一人ひとりのニーズに応じた教育支援計画の策定がなされ，学校外においては障害者に対する医療・保健・福祉・教育機関などの支援体制が推進されることが期待されている。

発達段階説

人間は生まれてから老年になるまで様々な発達をとげていく。それだけに，人間の発達をどの視点から見ているかで多様な発達段階説が出されている。中でも，社会という人とのつながりの中で，いかに精神的な人間の発達がなされるかといった視点から人間の発達を捉えているエリクソン＊の発達段階説は代表的である。彼は，人間の一生を8つのステージに分け，各ステージには身につけなければならない特有の課題（発達課題）があると考えた。その他，身体的な成熟，社会文化的な見地からのハヴィガースト＊の発達課題説も有名である。

ピグマリオン効果

R. ローゼンソール＊らによって見出された原理。教師期待効果とも言われている。教師が伸びるだろうと期待をかけた子供は，そうでない子供よりも知能テストの成績の伸びがよかったことが見出された。このことから，教師の期待が子供の学習意欲に与える影響が注目された。

非構成的エンカウンター・グループ／構成的エンカウンター・グループ

エンカウンター・グループは，その運営のされ方によって，非構成的エンカウンター・グループと構成的エンカウンター・グループとに大別される。前者の活動には，時間的，内容的，空間的枠組みが取られない反面，ファシリテーター（スタッフ）に豊かなカウンセラーの資質（受容性／共感性）が必要とされる。後者は，前もって，取り入れるエクササイズを用意したり，参加者全体の状況に応じてプログラムを変更したり，リーダーの積極的介入がなされたりする。

防衛機制

フロイト＊は，パーソナリティは3つの構造で成り立っていると考えた。つまり，生得的に人間が持っている欲動や本能（イド）の部分と，現実を考慮しながら，イドの欲求に見通しを立てる（自我），現実だけでなく，理想を追求し，道徳的なことに価値を置く（超自我）の部分である。これら3つの機能が相互に力動的に作用しあいながら，人間の心のあり方を決めていく。中でも，自我は超自我の要請に応じながらも，イドの衝動性を抑えながら現実を検討していかなくてはならないが，自我の能力では対処しきれないために非常手段が用いられることがある。このときに用いられる手段が防衛規制といわれるものである。代表的なものに，そのままの形で外に表出するのがためらわれるとき，実際の行動では正反対の行動にでる反動形成や，発達が後戻りしてしまう退行等が挙げられる。

ホスピタリズム

病院，乳児院，養護施設などに長期間収容されて育った児童に，知的・身体情緒・社会性の遅れの他，

指しゃぶり，かんしゃく，夜尿といった神経症的傾向が報告されたため施設病（ホスピタリズム）と呼ばれた。その後，そのメカニズムが解明されたことによって，家庭で育っていてもホスピタリズムの症状に陥ることがあると指摘されている。ボウルビィは早期の母子相互作用の欠如をマターナル・デプリベーション（母親剥奪）と呼び，乳児における母親という環境はその後の子供の発達においてきわめて重要な意味を及ぼすとした。

森田療法

1920年頃に森田正馬*が創り出した精神療法。森田は，内向的で心身の状態に対する過敏さが強いという心理的傾向を持つ神経症の人々は，一度ある感覚にこだわるとその部分の感覚が増幅され，ますますこだわるという悪循環に陥ると考えた。森田療法では，不安や症状の軽減を直接の目的とせず，不安を抱きながらも，必要な行動が行えるようになることを目標とする。入院治療と外来治療がある。入院治療はひたすら寝ることが求められる絶対臥褥期，軽作業期，作業期，社会復帰の4期に分かれており，平均3カ月を要する。不安や葛藤をかかえながらも，そのままの自分自身を受け入れながら，なすべきことはやるといったプロセスは学校教育相談でも活用される解決策を提示している。

遊戯療法

プレイ・セラピーと呼ばれ，相談者と遊びを媒介にして行われる心理療法の一種。遊びそのものに子供の衝動や葛藤を解放するカタルシス作用があるため，遊びの行為自体に治療効果も認められる。アクスライン*は来談者中心療法の考えに基づいて治療を行い，児童の遊戯療法においても精神分析的な解釈を行えるとしたアンナ・フロイト*と意を異にした。→ 箱庭療法

来談者中心療法（クライエント中心療法）

ロジャーズ*は，来談者（クライエント）の持つ自己成長力や自己実現傾向に全面的信頼をおき，クライエントが抱えている問題に対して，進むべき答えを知っているのはクライエント本人だけであり，治療者はできるだけ受容的な関係をクライエントとの間に作り上げることで，クライエント本人が主体的に自己選択していく立場，来談者中心療法を主張した。治療者の基本的な態度として，①自分自身の気持ちに正直で

あり，感情や態度などに気がついていること（自己一致・純粋性），②クライエントの体験のあらゆる側面を評価せずありのまま受け入れる（無条件の肯定的配慮），③クライエントの内的世界をあたかも自分自身のものであるかのように体験すること（共感的理解）の3つをあげ，これらが揃って，初めて有効なカウンセリングが成立するとした。

ロールシャッハ・テスト

ロールシャッハ*によって考案された投影法に分類される心理テスト。左右対称の無意味なインクのしみ（インクブロット）が描かれた10枚のカードを使用する。インクのしみが何に見えるかを問い，その反応内容が，図版のどこにそれが見えたのか（反応領域），どのような特徴からそれが見えたのか（決定因子），何が見えたのか（反応内容）を分類し，記号化（スコアリング）され評価される。精神障害の病態水準が見られるだけでなく，適用範囲は広く，欲求，情緒の処理の仕方，現実吟味力などの情報が得られる。→ 投影法

矢田部・ギルフォード性格検査（YGテスト）

ギルフォード*が作成した質問紙をもとに，1900年に矢田部達郎*らが標準化した性格検査。社会適応を中心とした人格の特性や傾向に関する12尺度からなる。検査結果のプロフィールにより平均型・情緒不安定積極型・情緒安定消極型・情緒安定積極型・情緒不安定消極型に分類される。社会適応を中心とした特性が見られるため，教育，産業，臨床など様々な現場で活用されている。

参考文献

(1) 長谷川寿一・東條正城・大島尚・丹野義彦『はじめて出会う心理学』有斐閣，2000年。
(2) 一丸藤太郎・菅野信夫『学校教育相談』ミネルヴァ書房，2002年。
(3) 小此木啓吾・深津千賀子・大野裕『精神医学ハンドブック』創元社，2004年。
(4) 市川宏伸『思春期のこころの病気』主婦の友社，2002年。
(5) 桂載作ほか『よくわかる心療内科』金原出版，1997年。
(6) 野村総一郎ほか（監）『こころの医学事典』講談社，2003年。
(7) 原野広太郎（編）『学校カウンセリング辞典』金子書房，1995年。
(8) 三宅和夫（編）『教育心理学小辞典』有斐閣，1991年。

執筆者（50音順・＊は編者）

＊玉井美知子（たまい・みちこ）————奥付編著者紹介参照　　　　　　　第Ⅰ部, 第Ⅱ部

井口祥子（いぐち・しょうこ）————臨床心理士, スクールカウンセラー　付録3

石川雅信（いしかわ・まさのぶ）————明治大学助教授　　　　　　　　　付録2

田中正浩（たなか・まさひろ）————駒沢女子短期大学助教授　　　　　付録1

《編著者紹介》
玉井美知子（たまい・みちこ）

東京都生まれ。
日本女子大学家政学部卒業。
神奈川県立横浜立野高校教諭，同県教育委員会指導主事・主幹
県立横浜幼稚園長，県立中原養護学校校長，県立藤沢高校校長，
文教大学女子短期大学部教授，日本女子大学教育学科講師，
東京成徳短期大学幼児教育科講師。歴任。
その他，教育課程審議会委員，高等学校学習指導要領改訂協力者委員，
幼稚園教育要領指導書作成委員，総理府「青少年の性意識調査」企画調査委員，
NHK，文化放送，テレビ朝日番組審議会委員を歴任。
全日本家庭教育研究会「文書による教育相談」の担当。

著　書　『虹子と啓介の交換日記』秋元書房，1962年。日活映画化1963年。
　　　　『お母さん合格よ』秋元書房，1962年。
　　　　『青年期の探究（Ⅰ）（Ⅱ）』日本放送出版協会，1966・72年。
　　　　『思春期の子の導き方』暁教育図書，1967年。
　　　　『高校でのホームルームの指導の実際』学事出版，1974年。
　　　　『思春期青年期の娘の指導』学事出版，1985年。
　　　　『心理と非行Q＆A』ミネルヴァ書房，1994年。
編　著　『新しい家庭教育』ミネルヴァ書房，1993年。
　　　　『わかりやすい家族関係学』ミネルヴァ書房，1996年。
　　　　『新しい家庭教育の実際──子どもの自立をめざして』ミネルヴァ書房，2000年。
　　　　『現代保育者論』学事出版，2004年。
共　著　『保育内容研究シリーズ』
　　　　『保育の実践アイデア・実例集』
　　　　　　1巻『日・週・月別保育計画の作り方』
　　　　　　2巻『せんせいと親の心をつなぐ連絡帳』
　　　　　　3巻『園だより12カ月の作り方と行事実践のコツ』
　　　　監修，学事出版，1999年。
　　　　『免許取得に対応した幼稚園教育実習』監修，学事出版，2002年。

　　　　　　　　　　　　　　　　　　　　　　ホームルーム活動
　　　　　　　　　　　　　　　　　　　　　　──理論と実践──

2006年3月30日　初版第1刷発行　　　　　　　　〈検印廃止〉
　　　　　　　　　　　　　　　　　　　　　定価はカバーに
　　　　　　　　　　　　　　　　　　　　　表示しています

　　　　　　　　　　編著者　玉　井　美知子
　　　　　　　　　　発行者　杉　田　啓　三
　　　　　　　　　　印刷者　今　西　典　子

　　　　　　　　　　　　　株式
　　　　　発行所　　　　会社　ミネルヴァ書房
　　　　　　　　607-8494　京都市山科区日ノ岡堤谷町1
　　　　　　　　　　　　電話　(075)581-5191（代表）
　　　　　　　　　　　　振替口座　01020-0-8076番

　　　　　©玉井美知子，2006　　　　冨山房インターナショナル・清水製本
　　　　　　　　　ISBN 4-623-04570-6
　　　　　　　　　　Printed in Japan

新しい家庭教育

玉井美知子編著
Ａ５判／316頁／本体2600円

実践的な経験と豊富な資料に基づいて，家庭教育の新しい指針を提示する。

新しい家庭教育の実際

玉井美知子編著
Ａ５判／282頁／本体2600円

●子どもの自立をめざして 「ひとりでできた」達成感を子どもに与えながら習得させる方法をＱ＆Ａで紹介。

―― ミネルヴァ書房 ――

http://www.minervashobo.co.jp/